湖南省教育学会"十三五"教育科研课题成果一等奖

教师必备：
家校互动策略、规程与实施

JIAOSHI BIBEI
JIAXIAO HUDONG CELÜE GUICHENG YU SHISHI

陈全宝　骆习群　汤　灵　等◎编著

湖南人民出版社

图书在版编目（CIP）数据

教师必备：家校互动策略、规程与实施 / 陈全宝等编著. —长沙：湖南人民出版社，2021.9

ISBN 978-7-5561-2797-9

I . ①教… II . ①陈… III . ①中等专业学校—学校教育—合作—家庭教育 IV . ①G718.3

中国版本图书馆CIP数据核字（2021）第190545号

JIANSHI BIBEI: JIAXIAO HUDONG CELÜE、GUICHENG YU SHISHI

教师必备：家校互动策略、规程与实施

编 著 者	陈全宝　骆习群　汤　灵　等
统　　筹	蒋小丰
责任编辑	文志雄　肖贵飞　杨丁丁
装帧设计	谢俊平
责任印制	肖　晖
责任校对	唐水兰

出版发行	湖南人民出版社［http://www.hnppp.com］
地　　址	长沙市营盘东路3号
邮　　编	410005
经　　销	湖南省新华书店

印　　刷	湖南省汇昌印务有限公司
版　　次	2021年9月第1版
印　　次	2021年9月第1次印刷
开　　本	710 mm × 1000 mm　　1/16
印　　张	18.5
字　　数	282千字
书　　号	ISBN 978-7-5561-2797-9
定　　价	48.00元

营销电话：0731-82221529　　（如发现印装质量问题，请与出版社调换）

课题结题鉴定组专家名单

孙智明　长沙市教育科学研究院院长，湖南省教育学会学术
　　　　　委员，中学高级教师，专家组组长

郭丽君　湖南农业大学教育学院院长，二级教授，教育学博
　　　　　士，博士生导师

成群芳　长沙市教育局关工委常务副主任，副调研员

谢　喜　长沙市教育局关工委副主任，中学高级教师

蔡　星　长沙市教育科学研究院理论教研员，中学高级教师

课题结题鉴定组专家鉴定意见

一、课题研究结题鉴定

1. 该课题研究目标明确，研究过程与方法科学，圆满完成研究任务，成果丰硕，可以结题。

该课题着眼于解决最接地气的、广大老师们最需要研究的实际问题，以家校互动策略、规程与实施作为研究目标，主要运用经验总结法，从学校整体层面和教师个体层面总结和分析家校互动经验，以每学期一次的频率，在 4 年间共举行 9 次大型研讨会议展开集中研讨，推动课题研究工作，得到五大成果：

一是若干家校互动策略，包括适应所有家校互动的一般性策略、与家校互动常规活动相对应的策略。

二是若干关于家校互动规程与实施的理论研究，并形成家校互动规程示例 14 个、实施方案示例或案例 13 个（注：本书收录 12 个）。

三是家校互动常识经典问答 100 题，约 3 万字。

四是 13 篇"家校互动"主题论文（注：本书收录 9 篇），或已发表，知网可查，或获省一等奖。

五是从教师必备角度形成的家校互动策略、规程与实施的知识准备与理论框架，这些理论成果构成教师必备视角的比较完整的家校互动理论体系。

课题成果汇总，形成近 30 万字的书稿《教师必备：家校互动策略、规程与实施》提交湖南人民出版社，已列入该社出版计划，待出版发行。该课题达到预期目标，可以结题。

2. 该课题研究实践性成效显著，从社会声誉、家校关系方面支持学校高位运行。

该课题与该校湖南省示范家长学校建设、湖南省文明标兵校园申报与建设工作及关工委等工作同步，提升了教师们的家校互动能力，支持了教师能力建设、家长学校建设与和谐校园构建，其研究成果从环境营建、社会声誉处理、家校关系构建等方面支持了学校的高位运行。该校多年获评湖南省文明单位、湖南省文明标兵校园、湖南省示范家长学校、长沙市关心下一代工作先进集体，曾6次在全国、省、市有关会议上做典型发言介绍学校相关工作经验，该校汤灵老师2019年被教育部授予"全国教育系统关心下一代工作先进个人"荣誉称号。

3. 该课题提出的理论有创新，具有填补国内"家校互动研究"空白的意义。

第一，所提家校互动策略研究结论，包括一般性策略和常规活动策略的研究结论，两者相互配套和支持，构成比较完整的、可以揭示和反映家校互动规律的策略体系。

第二，所提家校互动规程与实施的研究结论，从学校层面到班级或教师个人层面，对6类重要常规活动中的家校互动展开研讨，合计得到规程示例14个、实施方案示例或案例13个，它们同样相互配套和支持，也构成了一个完整的、可以揭示和反映家校互动规律的规程与实施体系。

第三，本课题从"概述""家校互动策略""家校互动规程与实施""家校互动常识经典问答""家校互动典型经验论文选"五个角度提出教师关于家校互动的知识准备，它们同样相互配套和支持，也构成一个比较完整的、比较切合家校互动规律的教师家校互动知识准备体系，形成《教师必备：家校互动策略、规程与实施》理论框架。

上述研究在国内相关研究中均属首次，该作品出版将填补目前国内该主题图书出版的空白。因此，本课题研究理论上有创新，具有填补国内"家校互动研究"空白的意义。

4. 该课题从研究人员构成到研究过程与方法都具科学性，其研究成果也具科学性。

该课题主要研究人员从该校约400名教师中产生，涵盖学校主要领导、学生科负责人、德育管理人员、教研室主任、教科研人员、优秀班主任老师，他们的教龄或担任班主任的年龄从5年到30年不等，他们的职称从中级、副高级到正高级均有分布，具备多元性与代表性；课题组通过开展同主题、多维度、多层次、多平台、多主体的研究，依据源于实践的整体与个体的经验分析，既带着问题调研，又沉淀、反思和总结多年积累的家校互动实践经验，所形成的研究成果源于实践，源于经验分析，源于共识凝集，具有可操作性、实践性与典型性，也就具备科学性。

5. 该课题研究成果具有比较广泛的现实借鉴意义。

该课题成果，尤其是即将出版的《教师必备：家校互动策略、规程与实施》，从理论到实操都接地气，对中职学校教师和管理者，对基层关工委、相关教育管理人员，对社会基层社区等其他可能参与家校互动的基层组织和个人，都有现实指导和借鉴意义，对普通中小学的家校互动也有借鉴意义。

经专家组研究鉴定，同意结题。

二、后续研究建议

第一，后续研究考虑加入其他类型有代表性的学校，使其案例具备更加广泛的代表性。

第二，在研究方法的使用上引入大数据统计以及模型构建等方法。

第三，在研究结果体例上可以考虑增加家校互动的小故事，采用一策略对应多个小故事的方法，用小故事诠释策略与规程。

专家组组长签名：孙智明

2021 年 5 月 10 日

课题组主要研究人员名单

陈全宝　男，1968 年 7 月生，中学正高级教师，研究生导师，校长，课题主持人，著作主编

骆习群　男，1963 年 4 月生，中学高级教师，课题副主持人，著作副主编

汤　灵　男，1974 年 6 月生，中学高级教师，研究生导师，副校长，课题副主持人，著作副主编

翟芳华　男，1974 年 1 月生，中学高级教师，研究生导师，部分书稿统稿

易去劣　男，1966 年 8 月生，中学高级教师，管理学硕士，部分书稿统稿

李爱清　女，1969 年 3 月生，中学高级教师，研究生学历，部分书稿统稿

杨　迪　男，1982 年 5 月生，中学高级教师，部分书稿统稿

贺　红　女，1972 年 7 月生，中学高级教师，教育硕士，部分书稿统稿

康　丽　女，1978 年 6 月生，中学高级教师，教育硕士，部分书稿统稿

王朝辉　女，1969 年 4 月生，中专正高级讲师，管理学硕士，研究生导师，部分书稿统稿

李　蓓　女，1970 年 5 月生，中学高级教师，部分书稿统稿

杨琛兰　女，1978 年 11 月生，高级讲师，部分书稿统稿

杜永微　女，1987 年 12 月生，中学一级教师，硕士研究生，文学硕士

徐理文　女，1976 年 2 月生，中学高级教师，教育硕士

曾　锋　男，1970 年 9 月生，中学高级教师

吴琼军　女，1968 年 11 月生，中学高级教师

顾　竞　女，1974 年 7 月生，中学高级教师

涂倚明　男，1962 年 7 月生，中学高级教师

彭　为　女，1976 年 11 月生，中学高级教师，研究生导师，教育硕士

高娅头 女，1972 年 4 月生，中学高级教师

向 征 男，1973 年 2 月生，中学高级教师

蔡 宇 女，1981 年 9 月生，中学一级教师

余艳萍 女，1977 年 12 月生，中学一级教师，教育硕士

邓腊良 男，1973 年 12 月生，中学高级教师

贺 佳 女，1977 年 10 月生，中学高级教师，教育硕士

王 容 女，1973 年 4 月生，中学高级教师，教育硕士

邓玮玲 女，1974 年 2 月生，中学高级教师，教育硕士

前　言

　　本书是"基于家校互动策略的家校互动规程（手册）的研究"课题（以下简称为"家校互动规程课题"或"本课题"）的研究成果，同时也是"中职学校学生家庭特点与家校互动策略的实证研究"课题（以下简称为"家校互动策略课题"）的拓展性研究成果。

　　"家校互动规程课题"由长沙财经学校校长陈全宝先生主持，2016年7月立项为湖南省教育学会"十三五"规划教育科研重点课题，2017年6月通过专家开题论证，2021年5月通过长沙市教育学会组织的专家结题鉴定，2021年8月获评湖南省教育学会"十三五"教育科研课题成果评奖一等奖。

　　"家校互动策略课题"由长沙财经学校前任党委书记李志彬先生主持，2011年12月立项，2016年4月结题，2016年11月获评为湖南省家庭教育"十二五"规划课题成果一等奖。在课题结题鉴定会上，由时任湖南省教育厅副厅长、关工委副主任兼湖南省家长学校研究会常务副会长李铖任组长的结题鉴定专家组强烈建议开展后续拓展研究，由此产生了"家校互动规程课题"。

　　于是，长沙财经学校在开展了历时五年的"家校互动策略课题"研究的基础上，又开展了"家校互动规程课题"的研究。又是一个五年过去，长沙财经学校关于"家校互动"课题的研究前后持续了十年之久！

十年磨一剑，甘苦寸心知！"一分耕耘"是否有"一分收获"？本课题结题鉴定专家组给出了答案。专家们经鉴定后认为：本课题"着眼于解决最接地气的广大老师们最需要研究的实际问题""研究目标明确、研究过程与方法科学""从研究人员构成到研究过程与方法都具科学性，其研究成果也具科学性""圆满完成研究任务，成果丰硕""研究实践性成效显著"，本课题研究成果"理论有创新，具有填补国内家校互动研究空白的意义""具有比较广泛的现实借鉴作用"。得到如此高度评价，课题组同仁们备感欣慰！

根据专家们的建议与课题自身的设计，这两个课题的研究实为同一主题的前后两个阶段。前一课题从研究"中职学校学生家庭特点"入手，研究"家校互动策略"；后一课题是前一课题的延伸、拓展与转化，开展"家校互动规程（手册）"研究，注重应用性、实操性研究。十年含辛茹苦，取得丰硕成果，得到专家组高度评价！汇总、提炼课题成果，按研究篇、应用篇、论文篇思路编写，遂成本书。

本书作者全部为长沙财经学校奋战在教育教学一线的教师，他们在繁杂的工作之余完成了本课题的研究与本书的编写。本书收录的材料全部来源于相关作者多年的积累，所举方案、案例均为相关作者在班主任或教师家校互动工作中的原创，书中所持观点全部来源于相关作者多年经验的总结和提炼。本书因接地气而具代表性，可推广；也因接地气而具个性化，具可信度。而个性化，既是本课题与本书的特质，也不可避免地使其材料芜杂，使其视角受到局限，其观点难免会有失偏颇。所以，受作者能力所限，本书仅供借鉴和参考，希望得到广大读者的批评与指正。

借本书出版的机会，感谢"家校互动策略课题"主持人、学校前任党委书记李志彬先生的大力支持！感谢学校现任党委书记彭建成先生的大力支持！感谢学校副校长陈朝辉先生的大力支持!

长沙财经学校近 400 名老师几乎都参与了本课题的研究,160 多人提交了论文、方案等课题研究成果,80 多人参与了课题研究集体活动,60 多人参与了本书的编写,40 多人提交了本书相关资料。众多为课题研究和本书编写做出过努力与贡献的好同事、好同仁的名字没有出现在本书的主要研究人员名单中,借本书出版机会,在此对他们表示深深的感谢!他们是(排名不分先后):曾皓、杨威、梁芳、熊骥锋、张平、潘代斌、童孟良、李芳勇、聂波、丰平、文会英、冯江林、曾佳、王慧、罗宁、陈虹波、熊曙明、梁科、严霞、胡忠湘、赵建交、杨建明……

本课题研究与本书编写过程中,得到了许多领导、专家和有关单位的关心和帮助。长沙市教育科学研究院院长孙智明先生、湖南农业大学教育学院院长郭丽君女士、长沙市教育局关工委常务副主任成群芳女士、长沙市教育局关工委副主任谢喜女士、长沙市教育科学研究院理论教研员蔡星女士等对本课题研究与本书编写给予了悉心指导与大力帮助,湖南省家长学校研究会学术委员会原主任、特级教师薛根生先生对前后两课题的研究都给予悉心指导与帮助,借本书出版的机会,在此表示衷心的感谢!

本书的出版得到了湖南人民出版社的大力支持与帮助,在此一并表示感谢!

骆习群

2021 年 9 月

目　录

应用篇　家校互动常识经典问答 100 题

论文篇 **家校互动典型经验论文选**

研究篇

家校互动策略、规程与实施

第一章

概　述

一、问题的提出

提出"家校互动"这个问题，是因为，作为中小学教育教学工作者，常年身处一线，有感于此项工作愈来愈重要。近些年，家校冲突案例不胜枚举，家校群体性事件呈高发趋势，对学校形象造成了很大的冲击。在家校冲突中，无论学生、家长，还是教师、学校，或者教育行政管理部门，相关各方没有赢家。

梳理研究相关事件可以发现，此类事件往往是由小事发端，最后酿成大事的。而实际上，家校之间没有根本性的利害冲突，只要互动得当，是完全可以避免酿成群体性事件的。

研究还发现，家校互动是重要的学校教育工作，是学校教育行为中独特的不可替代的一部分，既是学校层面的基础性、常规性教育工作，也是教师个体的职务行为。该项工作关联的是学校教师与家长两个主体，关系到家校群体性事件的防范，关系到教育工作对学生家庭特点的适应，关系到良好家校关系的营建，关系到教师能力建设与教育质量的提高，关系到学校品牌的打造、校园文化建设的开展。

深入研究后发现，不管家校互动是否受到重视，家校互动工作在所有学校一直存在并开展着。部分学校尽管成绩突出，但其工作推动主要依靠的是经验积累。为什么品牌学校有很好的家长口碑，有良好的社会声誉？为什么资深优秀教师总是与家长保持着良好关系，互动顺畅？显然，从学校到教师个体的家校互动都有经验可以总结，都有规律可以遵循，都有策略可以参考，并且可以提炼成相关规程。

课题组由此提出：品牌学校的办学经验与众多资深教师的经验是可靠的，源于经验的策略是可靠的。研究品牌学校与资深教师关于家校互动的经验，总结规律，形成策略、规程，就具有普遍的现实指导意义与参考价值。有实力的品牌学校就有责任率先开展相关研究，运用经验总结法、案例研究法、问卷调查法、行动研究法等研究方法，总结经验或教训，为其他学校和老师提供借鉴。

长沙财经学校作为首批国家中等职业教育改革发展示范学校、首批湖南省卓越职业院校建设立项单位、首批国家级重点中等职业学校、全国教育系统先进集体、全国职业教育先进单位，办学规模、办学质量、社会声誉位居全省中等职业学校前列。该校在职教师370人，其中特级教师2人，正高级教师4人，副高级教师104人，研究生学历教师69人，省级专业带头人11人，其中不少教师从教并担任班主任20多年。为了总结家校互动工作的实践经验，探讨其工作规律，找到提升家校互动工作效率与质量的方法，该校专门成立了课题组，分步骤对家校互动相关问题做了研究探索。课题组第一步组织了"家校互动策略经验"主题征文评比；第二步对200余篇经验论文予以梳理，提炼了若干具有共性的经验提法；第三步组织了问卷调查，选择支持度较高的一些经验；第四步组织座谈，对这些支持度高的经验结合个案做深层次的研讨；第五步在年轻教师中开展行动研究，对支持度高的经验策略予以检验；最后形成课题成果。

二、基本概念与活动形式

本书将家校互动界定为学校教育行为，并对具体概念界定如下：

家校："校"指中小学阶段的学校，包括中等职业学校。中职学校既有中职学校的特性，也有一般学校的共性。就家校互动主题而言，来源于中职学校的研究可以代表广大的中小学。本书相关研究人员主要来源于中职学校，相关案例多来源于中职学校。所以，本书的"校"泛指中职学校时，通常也包含一般的中小学。"家"指对应的学生家庭与家长。"家校"指实施教育行为的相互关联、不可分割的特定双方与主体，泛指时指家庭与学校双方，有时具体指家长与学校老师双方，常特指家长与班主任双方。

互动："互"是交替、相互，"动"是起作用或变化。从社会学角度解释，互动是一种使对象之间相互作用而促使彼此发生积极的改变的过程，本书所称的家校互动指家长与学校出于对就读小孩（学生）予以教育的共同目的进行联系、交流、沟通从而相互作用的行为过程。

家校互动的活动形式：是指家长与学校出于对就读小孩（学生）予以教育的共同目的进行联系、交流、沟通从而相互作用的教育行为的组织形式和行为方式。主要互动形式即互动常规活动为：一是家长座谈会；二是家访；三是家长接待与重大或突发事件应对；四是信函、电话、短信、QQ、微信私聊以及QQ群、微信群互动。

家校互动策略：关于"策略"的释义，大致有以下几种：（1）可以实现目标的方案集合；（2）根据形势发展而制定的行动方针和斗争方法；（3）有斗争艺术，能注意方式方法；（4）计谋，谋略；（5）在做当前决策时即将未来的决策考虑在内的一种计划。根据该释义和本书研究需要，本书将"家校互动策略"定义为：将家校互动作为学校教育活动的组成部分，为了使家校互动更顺畅、家校关系更和谐、教育质量进一步提高，对家校互动的程序、方法、形式、媒介等因素做出的总体考虑与安排，即在家校互动时所选择的能获得更好效果的家校互动谋略或方案。比如说，打电话，这是基本的家校互动方法，本书要研究的不是打电话的技术问题，而是整体考虑在什么时间节点、什么情况下打电话，电话打给谁和怎么样打电话，家校互动的效果会更好。

家校互动规程：规程，简单说就是"规则＋流程"。"规"即规范、规则、规定、标准或要求；"程"即程序、流程，是为实现特定目标而采取的一系列前后相继的行动组合，即多个活动组成的工作程序。因此，本研究将规程定义为根据一定的标准、要求和规定制定的规范性的系列行动组合或程序。家校互动规程指在一个教育教学周期内，如学期、学年或自然年度等，开展家校互动工作的规则、流程、内容与要求，包括学校主体层面、班级主体层面、班主任或老师个人层面的规程。

家校互动"策略"与"规程"是家校互动的两个不同侧面，一个是从"策略"角度阐释，一个是从"规程"的角度要求。把成熟的、大家都认可的、约定俗成的"策略"予以明确和规范，就是"规程"。比如，与某种类型的家长互动，是先打电话、发信息，还是先通过别人进行商讨，还是先拜访，这种考虑和选择就是"策略"，如果这种"策略"得到许多人认同，成了约定俗成的状态，为了提高效率，防范风险，指导其他类型互动，就对这种类型家校互动的方式、方法、途径等由权威机构予以认定并由行政部门做出安排或提出要求，这种安排或要求，就是"规程"。

三、现状与现实意义

目前，从实践到研究，学校对家校互动工作普遍不够重视。众所周知，中小学学校工作繁杂，相对于招生、教育教学、校园安全、教师队伍建设、实习、校企合作、创业就业指导、专业建设、项目建设等任何一项工作，家校互动在实际的学校运转中显然不那么重要，因此通常处于边缘地位，几乎不作为一个单项工作被提及。许多学校家校互动工作的常态是：有事时疲于应付，无事时被边缘化。在中国知网上搜寻"家校互动"，找到的大多是类似于运用微信群、QQ群进行家校沟通的研究，或类似于基于互联网技术的"家校互动平台技术"的研究，难以找到把家校互动作为教育行为研究的学术成果，也难以找到以学校家校互动策略为研究对象的科研论文。

然而，缺少相关方面的研究并不能说明家校互动工作不重要。重视家校互动工作实践，开展相关研究，提升家校互动工作效率和质量，具有下列现实意义：

第一，可以作为学校教育管理的战略安排，未雨绸缪，防范与化解群体性家校突发事件。这些年，家校群体事件呈高发趋势，特别是在现在的网络"发酵"时代，这对学校形象造成了非常严重的负面影响。对相关事件的事后推演表明，只要互动得当，这些"大事"完全可以避免。显然，着眼于未雨绸缪，高度重视家校互动工作的研究与实践，应成为学校教育管理的战略安排。

第二，可以作为家校关系建设推手，营建良好家校互动关系，提高教育的效率与质量。学校教育的对象是学生，但学生生活在学校与家庭两个时空里，在家里是子女，家庭、家长对子女的影响与教育比学校更重要。尽管家校双方对学生（子女）的教育愿望是一致的，但因为家庭或家长的差异，不同的家庭或家长对学校的诉求不同，家长与学生对学校的诉求也不一致，家校在教育理念、教育方法、教育手段上不仅有很多分歧，有时甚至南辕北辙。如何让家校相互认同、相互配合、相互支持，形成合力，达到对学生（子女）的影响趋同直至一致，是每一个教育工作者都需要深入思考的问题。显然，重视家校互动工作，可以推动和营建良好家校互动关系，有利于提高教育的效率与质量。

第三，可以作为教师能力建设平台，常规化开展家校互动培训与研究，提高教师专业化水平。互动能力是人际交往的基础性能力，家校互动能力是教师的职务能力，也是教师专业水平的组成部分。根据"教师即研究者"的理论，教师在实践中的学习更有利于其专业提升，教师只有在自己的实践中提出问题、解决问题才能获得专业的成长和发展。学校高度重视家校互动工作，常规化开展家校互动培训与研究，从学校层面看，是搭建了教师能力建设与教科研校本培训的大平台，把教师的日常家校互动工作与课题研究结合起来，把教师的个人行为转化为有组织的行为，有利于更好地总结家校互动经验，高质量地指导家校互动活动的开展；从教师个体层面看，是搭建了教师专业自主发展自我成长的个性化小平台，不仅让教师的家校互动经验转换为研究资源，物化为高质量的教科研成果，更重要的是让教师自己解决教育实际问题，养成自我分析与反思的思维习惯，促进教师自我专业化成长。

第四，可以作为整体研究学校工作方法的前瞻举措，适应学生家庭特点，探讨切合实际的中职学校家校互动工作经验。适应学生家庭特点是学校工作开展的前提。基于长沙财经学校的问卷调查与访谈数据，对比普通中小学，中职学校学生的家庭呈现出"两低三多"的特点：从学历层次看，家庭文化程度低；从工作与待遇看，家庭地位与收入低；从家庭的城乡地域分布看，农村家庭多；从家庭结构看，留守家庭、单亲家庭、重组家庭多；从配合学校教育角度看，问题家庭多。不少家长在行为习惯上不能以身作则，或者心理问题严重，表现出对抗社会、消极、偏激、脆弱，不能较好承担对孩子的教育责任，或者教育方式不得当。一些家长或忙于生计，无暇照顾孩子，或游手好闲，不愿意照顾孩子，将教育孩子的任务完全委之于学校和老师，使老师不得不承担起"义务劳动"，担任"高级保姆"和"代理父母"角色。而且，比较多的家长把就读中职学校作为放弃性选择，亲子关系淡漠或紧张；这些家长在家校互动上更多地表现为被动、不负责任、推诿塞责。显然，学校重视家校互动工作，探讨其经验，总结其规律，形成切合实际的家校互动的策略或规程，十分必要。

（执笔：陈全宝、骆习群。统稿：骆习群）

第二章

家校互动策略

第一节　家校互动一般性策略

从学校整体层面和教师个体层面分析，家校互动一般性策略有：一是学校主动化；二是学校的互动活动规律化；三是家校互动的途径、方式、方法运用综合化；四是家校互动的形式与内容通俗化；五是家校互动的家校工作关系亲情化；六是家校互动中的重点家庭互动个性化。

一、家校互动学校主动化

家校互动学校这方要主动，是因为：一方面，学校一方是天然的主动方，小孩子在学校接受教育，学校掌握了学生的受教育情况，有必要及时主动联系家长；另一方面，是出于对中职学校家庭特点的考虑，这些家长在家校互动角色中常常是被动的，甚至是不回应的，或者说是拒绝的，很少是主动的。所以，家校互动作为一种策略，首要的是学校主动化。

家校互动涉及家庭与学校双方，家长参与到学校教育中，双方相互了解、相互回应、相互支持、相互配合，其关键点是"双向"与"相互"。一般情况下，出于人际交往的礼仪考虑，作为小孩法定监护人、小孩教育的第一责任人，家长会是家校互动中的主动一方和积极回应方。在普通中小学的家校互动情况通常是，家长会很主动与学校、与老师接近，会很积极地回应学校的各种沟通交流意愿，不会漏掉来自校方的哪怕是一个电话、一个通知、一个短信等，几乎没有家长轻易放弃参加家长会，而是很早就积极准备，外地家长会为参加家长会做好专程安排。但是，在中职学校，却是另外一种情况。根据前述中职学生家庭特点，不少家长忙于生计，往往第一时间接不到学校电话或短信，有的事后看到也疏于及时处理，这部分占到约35%；部分家长频繁变换手机号码等联系方式却不主动告知学校，这类家长约占25%。至于家长参加家长会，面临的困难更多。由于家长分布广且远、工作忙不能离开、认为到不到会无所谓等各种原因，中职学校家长会的到会率很低，整体上难以达到70%。就个别班而言，有时50%都难以达到。个别家校沟通困难的极端案例，是找不到家长，或者虽然找到了，但家长拒绝与学校配合。在这种情况下，把家长的回应作为进一步互动的前提或依据是不现实的，不能坐等家长的回应，也不能把家长没有回应等同于默认，更不能把家长的不回应作为免责的依据。因此，中职学校家校互动的首要策略就是学校主动化，不把家长的回应作为进一步互动的前提或依据，而以解决相关工作问题、提高工作效率与质量为导向，以积极的心态主动作为，在可能的时间里，穷尽、优化和创新可选择的手段、方式、方法，主动联系家长，主动与家长沟通、交流。

二、家校互动中学校的互动活动规律化

学校的互动活动规律化，是指在学校主动化的基础上，让家校互动活动形成规律，让家长适应并认可这种互动规律，形成对学校的期待，既便于家长配合，也便于相关老师进行家校互动。

学校应遵循家校互动规律，建立家校互动的有关制度，形成家校互动的运转机制，让有关老师遵照制度进行家校互动，让家长培养成良好的互动习惯。这些家校互动机制包括但不限于：成立家长学校、家长委员会，包括学校一级

的家长委员会、班一级的家长委员会；开通家校通或家长QQ群、微信群；开展家长学校授课培训；组织各种形式的家校互动活动，如家长会，致家长的公开信，各种节假日、重大活动的通知与回执，吸引家长参与的家庭教育有奖征文、亲子活动运动会，等等，并且让家校互动活动进入校历，进入各级工作计划，在每一个时间节点，针对各注意事项，都按制度与家长进行互动。

三、家校互动的途径、方式、方法运用综合化

家校互动的途径、方式、方法运用综合化，是根据中职学校学生家庭特点与各种家校互动的途径、方式、方法的特点，综合运用各种家校互动途径、方式和方法，力求家校互动的全覆盖和高效率。

根据老师的问卷调查及有关班主任工作体验，当前的家校互动一般包括但不限于下列途径、方式或方法：家长会，家长学校会议、培训、授课；板报，宣传栏，校园网，家校通；通知或公开信；电话，短信，微信，QQ，微信群，QQ群；家访，接待来访；等等。这些互动主体，既有学校层面的，也有班主任和任课老师个体层面的。其中，学校层面的有家长会，家长学校会议、培训、授课，板报，宣传栏，校园网，家校通，通知或公开信，电话，短信，微信，QQ，微信群，QQ群，接待来访，等；班主任与任课老师个体层面的有家校通、通知或公开信、电话、短信、微信、QQ、微信群、QQ群、家访、接待来访等。

这些家校互动的途径、方式或方法，各有其特点，可以起到不同的作用，但单一运用作用都有限，单一的互动方式效果显然不好，满足不了实际工作的需要。为了让互动的家长参与覆盖面尽可能的广，知晓度尽可能的高，影响度尽可能的大，为了让家校关系更为密切，相关工作能够切实落地，家校互动的途径、方式或方法要综合化运用，而不是单一地运用，要根据实际，多渠道、多平台、多角度地开展互动。如，开家长会，为了提高到会率，可以先以学校的名义发通知，既在校园网上发布，也在家校通上发布，再将纸质通知发给学生，让学生带回家里给家长签字并带回回执；之后班主任老师及时跟进，在

班级 QQ 群或微信群里互动，对个别家长微信或电话互动；还可通过家长相互做工作、同学之间相互做工作、小组间互帮互助形成氛围等来达到目的。

四、家校互动的形式与内容通俗化

家校互动的形式与内容通俗化，是指根据学生家庭文化程度普遍较低这个特点，家校互动的形式与内容必须是通俗化的，是大家喜闻乐见的，必须让家长乐于参与、愿意互动、听得清楚、搞得明白，让家长感觉被尊重，有成就感。

比如，课题组实验班班主任介绍他召开家长会的经验：将教室精心布置，播放优美的背景音乐，给人以温馨之感；让家长坐到自家小孩子的座位上，将小孩子的成绩置于课桌上，让家长感到有归属感、愉悦感；老师发言前都制作好 PPT，里面配上新颖的动画，再结合展板及其他演示材料，而且将老师发言的主要观点以纸质稿形式发到家长手中；会上安排学生表演，让学生主持，让学生汇报，安排亲子互动环节，用亲情动人，让家长不会有或少有听讲座、听报告的感觉；安排家长与老师互动环节，让双方关系更密切。这样，家长就会有被尊重感和成就感，就会更专心、专注于会议，就会乐于参加以后再次召开的家长会。

五、家校互动的家校工作关系亲情化

家校工作关系亲情化，是指把家长当亲人看待。

严格地说，家长与学校、与老师的关系是工作关系，双方是平等的。但在实际生活中，双方关系并不对等，既有心理上的不对等，也有所受教育的不对等。而中职学校家庭所具备的特点，使这种不对等更加突出。在实际工作中，中职学校的老师们，特别是班主任，相对于普通中学的老师们，面对学生的教育工作难度更大，再面对其家长，特别是当家长不配合学校工作时，很难控制自己的心态和情绪。这个时候，处理好家校两者的关系，让家校工作关系亲情化，成了一种重要策略。与家长互动，核心的当然是讲道理，但是，首先讲的不是道理，而是处理好两者的关系，与其说是讲道理，不如说是引导。重引导，要情在理先。老师们用到的比较有效的策略，是平时利用各种机会，运用各种家校互动途径、平台和方法，努力与家长建立良好关系，把工作关系亲情化。如逢年过节发短信、邮件或通过学生发贺卡，打电话嘘寒问暖，家访，热情接待家长来访并注意迎接礼节。家校关系亲情化的策略，可以让家长感受到尊重、感受到亲情、感受到温暖，可以让家校互动更加顺畅，即使老师偶尔出现失误，也会因双方良好的关系而得到家长的谅解。

六、家校互动中的重点家庭互动个性化

家校互动中的重点家庭互动个性化，是指在做好群体互动的基础上，具体问题具体分析，对重点家庭的家长予以特别关注，并注意用有针对性的方法开展个别互动。

所谓重点家庭，是指除了有共性的沟通障碍外，还因家庭或家长个人的特殊性而导致互动与沟通障碍的家庭。有的是因为客观原因，如家庭地域遥远，交通不便，家长在外打工，实际上很难做到与学校互动；也有的是主观上不配合或者拒绝与学校互动，比较极端的案例表现为：子女在校读书三年，家长没有来过一次学校，通过电话也难以找到家长，或者好不容易找到了，家长却拒绝与学校配合甚至带有敌意。对这部分家长，特别需要进行个性化的互动。所谓个性化，是指根据家庭特点，对问题特别突出的部分家庭，即重点家庭，要特别掌握其家庭、家长的情况，研究相关互动规律，与其保持密切的联系，进行个性化的互动。互动前有预案，互动中灵活调整，互动后注意跟踪反馈。个性化互动的目的，一是提高互动效率与质量，二是针对重点家庭及其家长采取有针对性的措施，防止出现意外情况，防患于未然。

第二节　家校互动常规活动策略

家校互动常规活动主要有四种类型：一是家长座谈会；二是家访；三是家长接待与突发事件的处理；四是电话、短信、QQ（群）、微信（群）互动。从策略视角分析，每种常规活动的策略各有侧重，合计可归纳十大策略。

一、家长座谈会三策略

家长座谈会，也称家长会，是学校与家长互动的常规的、基础的平台，一般一个学期召开一次。家长座谈会既是集中推介学校的机会，也是学校（校方、班主任老师）与家长（集体）面对面集中交流沟通的机会。一方面，通过家长座谈会，让家长对学校有全面的了解，认同学校的管理；另一方面，家长和老师要就学生成长过程中的问题达成共识，并找到解决问题的思路和办法。总结多年的家长座谈会经验，课题组认为开好家长座谈会，主要有三大策略。

（一）主题鲜明，重点突出，让家长产生获得感

召开座谈会的最大的策略是主题鲜明，重点突出，不可蜻蜓点水，泛泛而谈。不同时段召开不同内容的家长座谈会，把握好不同的主题，突出不同的重点。比如，新生的第一次家长座谈会，班主任可以把重点放在介绍学校，介绍老师，介绍专业方面。主题则可以放在"如何让学生成长成熟成功"上，为此，要讲清学校的要求及其理由，达到让家长对学校全面了解、对学生未来充满希望的效果。又比如，学生走向实习岗位前的家长座谈会，则要重点介绍学生实习的主要流程、请假手续、注意事项、安全措施等，主题则要以"让学生学会吃苦，学会社交，学会应对"为主，使家长知道孩子将干什么，怎么干，

会遇到什么困难，该怎么解决。总之，学校（校方、班主任老师）要因时因事定出家长座谈会的重点和主题，要让学生家长做到心中有数，手中有策，实现家校互动的预期。

（二）关注每一个学生，满足家长的成就感

就每一位家长而言，他更关注的是自己的孩子。学校对他孩子的教育产生了良好的效果，他就赞扬学校；反之，就有很大可能是失望、责备和指责。参加家长座谈会，家长最关心的是自己孩子在学校的表现，更期待的是听到对自己孩子的评价和介绍。所以，老师在班上介绍情况时，一定要尽可能地把每一位学生的情况都讲到，要做到"一个都不能少"。特别是在多媒体展示时，一定要想方设法让每一个学生都有图像、有声音。因为家长看屏幕时，最期待的是见到自己的孩子，哪怕只有几秒钟，只要孩子的表现是他没有见到过的，家长内心都会很受用，尤其是看到孩子在学校的表现得到了老师和同学的认同时，那更是甜丝丝的。可以说，家校互动良性循环的核心，就是得到家长的认同，而得到家长的认同，则是从家长看到自己孩子的进步开始的。家长在家长会上看到了自己孩子的进步，就会产生成就感，就会对学校的教育和管理给予认可和支持。

（三）满足个别家长的特殊要求，力争做到有的放矢

家长座谈会一般是先开全校家长会，再开班级家长会进行集中交流。这种集中交流着眼于公共信息传递，缺乏针对性。很多家长平时比较忙，关注孩子的时间和精力都不够，非常珍惜到学校的机会，总希望听到关于自己孩子的更多情况，希望得到老师的个别指导。因此，作为一种策略，家长会一定要设置单独交流环节，想方设法满足个别家长的特殊要求，力争做到有的放矢。家长座谈会结束时，老师一定要交代："如果家长们对孩子的具体情况要做更详细的了解，请会后到办公室来，我们再进一步交流。"一般说来，会后会有不

少家长围住班主任问这问那。凡是留下来的家长，都是比较关注孩子、希望得到老师帮助的家长，老师通过个别交流，也可以了解学生更多的情况。在这方面，许多老师都深有体会。例如，有个实验班班主任谈到，有一次，一个家长会后找她聊他小孩是否早恋，引起了她的注意，她就更多地关注那个学生，果真发现了问题，于是她适时介入，有意无意地敲他的警钟，遏制了其早恋的势头。后来，那个小男孩通过对口招生顺利考上了本科大学。家长座谈会有点像吃大锅饭，饭做得好，大家满意。但总有口味与众不同的，要"开点小灶"才可以兼顾。既满足全体，也要满足个别，这也是策略。

二、家访三策略

家访是一种传统的家校互动方式。随着通信技术、互联网技术的发展，教师上门家访比较少了，然而实践中，家访仍然是一种必要的家校互动方式，特别是在学生出现一些问题，其他互动方式不适宜解决问题的情况下，必须家访。但是，这种家访，就常常成了"上门告状"，而"上门告状"一般是不受欢迎的。课题组认为，家访应该定位在了解学生成长的家庭环境、为老师制订教育学生的方案提供帮助上，应该打破"上门告状"的思维模式，将其变化为"上门做客"。

（一）用"走亲戚"的心态上门，以"做朋友"的心态出门

当老师以一种"走亲戚"的心态进行家访，让学生家长感到是一个远方朋友来访，整个氛围就会变得轻松自然。家长愿意讲，学生也没有负担，不知不觉中，家校关系就会拉得更近。

有位实验班班主任给我们介绍了一个典型案例。有一个问题学生，当老师提出要对她进行家访时，她很紧张，找了些理由拒绝，老师就耐心地给她做工作，说："老师主要是去给家长提建议，你对家长有什么要求我帮你提。你放心，老师绝不是去你家告状的。"她被说服了。到了她家后，老师了解到

她家是单亲家庭，母亲在外面打工，家务主要是她做，妈妈忙不过来的时候，她就住到外婆那里，上学也比较远。其实，她母亲私下也觉得对不住这个孩子，但又没有办法，自己得打工谋生。家访下来，老师倒觉得这个学生不容易，虽然问题不少，但就她个人来说已经尽力了。基于这种实际，老师就和她一起制订了改进方案，指导她如何处理好生活与学习的关系，引导她不要因为单亲而苦恼，同时告诉她，老师向她妈妈提出了建议，她妈妈也向老师保证会尽可能地多陪陪她，为她成长创造条件。经过一番努力，学生、家长、老师达成了共识，密切了关系，学生进步较快，脸上有了更多的笑容，家访取得了效果。

（二）以表扬鼓励为主，尽量不要批评

既然是老师，当然就会对学生进行批评，基于这种思维模式，现实中，老师容易有意无意地把批评的武器用到极致。课题组以为，家访要实现思维模式的转变，尽量不要带上这个武器。在家访这个特定的时空，老师要慎之又慎，要尽量保持"客人"的身份，这样更有利于家校互动。万一忍不住要讲学生的缺点，也要轻描淡写。家长听到老师表扬自己的孩子的长处有成就感，学生觉得老师比在学校里温和有感激心理，家校互动也就进入了良性循环。虽然网络上有不少声音认为现在的学生过于娇惯，只给表扬不给批评的做法不可取，但是只听得进表扬听不进批评这种情况的形成是从小到大的长期的过程，要改变也不可能在朝夕之间，何况中职学生心理相对更为脆弱，求变但更宜求稳，作为一种策略，仍然应以表扬鼓励为主，尽量不要批评。

（三）在家里讲"家里话"，家访就是"访家"

家访是学校教育的一种延伸，带去的应该是学生在校的成长经历，使家长充满希望和信心；带回的应该是学生在家里的表现。教师通过家访，找到帮助学生进步的策略和路径。所以，我们认为家访一定要成为"访家"，即充分了解学生的家庭情况。家访的主要话题应该是：学生几点起床，几点睡觉；平常

有什么爱好；朋友多不多；在家爱不爱做家务；父母亲陪他的时间多不多；小时候爷爷奶奶带得多不多；有几个表兄弟表姊妹；喜欢吃什么菜，穿什么衣服；零用钱多不多；等等。凡是在学校里难以了解的情况都要作为家访的主要内容，至于回答家长的提问，则如上文所述，要尽量地把学生的闪光点描述出来。当一次家访能把学生在家里的各种表现都摸清楚时，可以肯定地讲，老师会更容易找到学生成长的路径。简单地说，家访就是聊家常，聊让人愉悦的话题，别聊敏感话题，家访机会难得，应该尽可能把握机会，获得大量第一手的、感性化的、细节性的资料，把家校之间的关系拉近再拉近。

三、家长接待与突发事件应对两策略

这里包括家长自己主动来校访谈和家长应学校要求来校两种情况，后一种比较多见。在后一种情况中，既有一般性的约谈，也有发生一些突发事件后的约谈。这种约谈，往往出现在学生教育出现问题、希望得到家长的配合时，此时家长心情比较忐忑。

（一）尊重家长，使家校互动没有隔阂

在家长接待过程中，老师，特别是年轻老师，最容易忽视的就是对家长的尊重。家长被约到学校来，一般都会很尴尬：不来，自己的孩子老是犯错误；来了，老师那里总是没有好脸色看。所以，在家校互动中，尊重家长成了一个非常重要的策略。一般说来，尊重家长有三个基本要求：第一，要把家长当作大哥大姐、小叔小姨、老弟老妹看待，打招呼开口说"您"，要礼遇家长，进门先请坐上茶。第二，要让家长把话说完，不论家长讲什么，都要细心倾听。因为学生表现不好，家长也急，有的家长会找借口推卸责任，父怪母、母怪父、怪爷爷奶奶的都有。老师一定要耐心倾听，不要一听到家长推卸责任就打断他的话，等他讲完了，再做说服工作。第三，家长毕竟是家长，不是我们的学生，不应该"孩子违纪，老子受罪"。我们请家长来学校，或者给家长打电话，目

的不是把责任推给家长，而是要搞清孩子出问题的根源，寻找对策。家长来了，当面沟通交流，应该多鼓励，多请其一起想办法出主意，少批评指责，千万不要当着学生的面责怪家长，使之无地自容。有位老教师描述年轻老师接待家长的效果时，说过一句话："没有请家长之前，还只一个不听话；家长来了之后，有两个不听话的了。"虽然是调侃，却道出了家校互动失败的真相。我们只有充分尊重家长，家长才会愿意与学校配合，才可以达到家校互动的预期，促进家校互动的良性循环。

（二）理解家长，提升家校互动的境界

具体说来，我们主要从三个方面理解家长。第一，理解家长的文化背景，多给家长做参谋。家长的职业特点、文化水平、个人经历等三大因素往往决定了学生的家庭教育水平和质量。受职业影响，很多家长长年在外，很少和孩子在一起，老师要理解他们亲情方面的缺憾；受文化水平影响，很多家长比自己孩子的文化水平还低，老师要理解他们家庭教育方面的不足；受个人经历影响，很多家长的世界观、人生观、价值观有偏差，老师要理解他们价值取向方面的偏差。老师只有真正理解了家长的文化背景差异及可能存在的各种不足，才会想方设法地做好家长的参谋，帮助他们引导孩子健康成长。第二，理解家长望子成龙、望女成凤的心理，做好家长的帮手。"可怜天下父母心"，不论孩子曾经怎样表现，在家长眼里，他们都是希望，都要健康成长。让孩子选择读中职，一方面是基于中考成绩，另一方面还是期望孩子能自食其力，甚至有所成就。因此，让孩子长大成人，特别是做一个有用的人，是家长们的最大愿望，这种美好的心愿从孩子进校门的第一天起，他们就在期待。老师一定要理解家长的良苦用心。第三，理解家长对老师的诉求，做家长的贴心人。家长接到学校的约见电话，心里一般比较紧张。老师如果不理解他们，他们就会更加失望和无助，甚至产生破罐子破摔的心理。有时听到家长说："老师，我们拿他没有一点办法。"我们老师就要知道，这不是在推脱，是在求助。当老师站在家长

的立场上思考，帮助家长找到引导孩子进步的路径时，家校互动就会顺畅。

当然，也难免会出现个别胡搅蛮缠的家长，典型表现就是对学生的问题全部责怪学校，甚至语言激烈地攻击老师和学校。遇到这种情形，老师一定要怀有包容之心，宁受委屈也不要和他们计较，还要积极地想办法使他们冷静下来。因为越不理性的家长，在孩子教育上越偏执，他们一时的冲动，也是他们在驾驭孩子方面无能的一种表现。老师对他们的宽容，一方面给孩子上了生动的一课，另一方面也给家长以正确的示范。学生觉得老师比父母高尚，会慢慢听话；家长觉得老师不同一般，也会心存感激和尊敬。在他们冷静下来后再与他们讨论孩子的问题，效果会更好。总之，在家校互动中老师理解甚至包容家长，对孩子的教育会更有效，学校老师的形象会更高大，家校互动的境界也会有所提升。

四、电话、短信与QQ（群）、微信（群）家校互动两策略

借助高度发达的互联网与通信技术，电话、短信与QQ（群）、微信（群）的互动现在成了家校互动的一种常态。与家长座谈会、家访、家长接待及突发事件处理不同的是，这种互动虽然方便，但因为是借助媒介，存在时空障碍。

（一）从称谓开始，快速建立亲切的互动关系

称谓是与对方互动的起点。一般说来，家长称呼老师没有什么问题，但老师称呼家长却有学问。得体的称谓有助于快速建立亲切的互动关系，拉近距离，消除误会，促成有效沟通。下面以给"张明"同学的家长打电话、发短信的三种称谓来比较一下。第一种："小明家长吧，您好，我是班主任李老师咧，我想跟您交流一下小明在学校的表现。家长，您家小明……"第二种："张老板吧，您好，我是班主任李老师咧，我想跟您交流一下小明在学校的表现。张老板，您家小明……"第三种："小明爸爸吧，我是班主任李老师咧，我想跟您交流一下小明在学校的表现。小明爸爸，小明……"换位思考，第三种称谓显然会

使家长感到更亲切。

（二）因时、因事、因人制宜，适合简单互动，以简短为要

打电话、发短信或通过 QQ（群）、微信（群）交流是最便捷的家校互动方式，但因为不是面对面，适合简单的事务性的互动，要取得良好的效果还需要在实践中不断摸索和总结经验，突出针对性。一般说来，不是电话打得越多越好，也不是短信发得越多越有效果，而是把相关要求讲清楚、把相关事项交代明白即可。需要特别提请注意的是，打电话、发短信有三忌：忌没完没了、忌电话争吵，忌生气挂机。与之相应，打电话、发短信有三要：要简短明了，要频率适中，重要事项要改为面谈。总之，为了确保家校互动的效果，一定要因时制宜、因事制宜、因人制宜。

注：

本章编写时主要参考了如下文献：

1.《中职学校应高度重视"家校互动"工作》（陈全宝，发表于《职教通讯》2017 年第 23 期）

2.《中职学校家校互动的理论构想与实现策略》（陈全宝、骆习群，发表于《职教通讯》2018 年第 20 期）

3.《基于经验总结的中职学校家校互动常规活动与策略》（陈全宝、骆习群，发表于《现代职业教育》2019 年第 26 期）

（执笔：陈全宝、骆习群。统稿：骆习群）

第三章

学校家校互动规程及实施

第一节　学校家校互动规程

　　家校互动是家长与学校之间出于对就读小孩予以教育的共同目的进行交流、沟道从而相互作用的教育行为。站在校方角度，家校互动是学校教育工作的重要组成部分，是教师基本的工作职责。在表现形式上，家校互动一般包括家长座谈会、家访、家长接待与重大或突发事件处理、信函电话短信沟通以及微信、QQ 交流等。在组织机构上，学校一般设有家长学校和家长委员会两大家校互动机构。但在当今教育理念、教育思想与教育技术发生重大变化的大背景下，家校互动已经在互动主体、角色定位、互动形式及创新发展等方面呈现出了新的态势。

　　为了顺应时代发展特点，提升新时代教育背景下家校互动工作的针对性和有效性，确保家长学校工作、家长委员会工作、校园开放日等家校互动工作的有序开展与实施效果，更好地落实立德树人根本任务，促进家校双方协同育人，我们很有必要对家校互动的基本任务、主要内容、基本原则、管理机制、主要途径等进行明确规定，对家长学校和家长委员会的组织结构和队伍、工作职责、工作制度与实施程序进行规范和科学安排，使其进一步制度化、规范化、开放化。学校不仅要建立健全相应的组织机构，确立专门的负责部门，明确家长与老师的角色定位，从而形成有章可循、有据可依的工作规程，而且要充分调动家长的积极性，让他们主动参与到这些活动中来，提升家校互动工作的效率与育人效果，确保"三全育人"落到实处，更好地发挥家校协同育人的积极作用，使学校教育朝着更加健康有序的方向发展。

中职学校如何开展好家校互动工作呢？首先，我们要认识到职业教育与普通教育是两种不同类型的教育，我们必须根据中职学校教育教学的培养目标、培养对象、育人环境与育人机制来思考如何开展家校互动；其次，我们要建立健全相应的组织机构，明确工作职责与具体任务，确保各项工作运转有序、操作到位；最后，每次家校互动均要根据学校的指导思想与总体要求，结合不同专业与不同班级的实际进行精心设计，做到事前有方案，事中有保障，事后有反思。

关于家校互动工作，目前学术界与教育界均没有现成的、完整的经验与模式可以借鉴。中职学校由于起步晚、基础薄弱，家校互动无论在内容、形式方面，还是在途径等方面都存在很大的随意性，导致家校互动效果差，没有真正发挥家校协同育人的功能。为此，中职学校不仅要从宏观层面上对开展家校互动活动的指导思想、基本原则与任务、工作制度与条例、管理机制和考核机制、组织领导与队伍建设等做出相应的规定，还要从微观层面上对互动内容、互动途径、组织形式、任职资格、工作职责、权利与义务以及如何具体实施做出明确要求，从而为家校互动活动的开展提供具体的内容和相对规范的操作模式。

示 例 ①

中职学校家校互动规程

第一章　总则

第一条　为进一步加强学校与家庭的联系及合作，更好地发挥全校学生家长助教兴校的作用，构建和谐的育人环境，形成教育合力，促进学校内涵发展，提高学校育人工作水平，实现学校家校互动工作科学化、系统化、规范化、制度化，根据中等职业学校德育工作实际情况，制定本规程。

第二条　家校互动工作的基本任务。

通过创设家校互动机构，搭建家校互动平台，制定家校互动制度，设定家校互动内容，充分调动教师和家长的配合积极性，克服思想上的片面认识，建立更加友好、和谐、有效的育人环境，为培养学生成为优秀人才奠定基础。

第三条　家校互动工作的主要内容。

涵盖两大方面，即学校整体层面的家校互动活动和教师个体层面的家校互动活动。其中，学校层面的家校互动活动的内容主要包括是创建家长委员会、家长学校及进行家长学校会议、培训、授课，召开家长会，接待来访，发布通知或公开信，运用板报、宣传栏、校园网、家校通、电话、微信（群）、QQ（群）等进行家校互动，等等；而教师个体层面的家校互动活动的内容则主要为创建班级家长委员会，召开家长会，家访、接待来访，发布通知或公开信，运用家校通、电话、短信、微信（群）、QQ（群）等进行家校互动，等等。

第四条　家校互动工作的基本原则。

1. 方向性原则：全面贯彻党和国家的教育方针，坚持社会主义办学方向，确保家校互动工作为学校教育工作服务。

2. 针对性原则：家校互动工作的开展，应遵循学生成长规律，结合中职学校学生的实际，与时俱进，开拓创新，全面系统地开展工作，从而发挥家校一体的最大教育合力。

3. 真诚性原则：学校应从实际出发设定相应机构和活动内容，以学生的充分发展为出发点，在教师与家长之间架设心灵沟通的桥梁。

4. 及时性原则：家校互动不能流于形式，要分时分段、有目的地及时进行。学校作为教育的服务者，要能急家长之所急，想家长之所想。

5. 灵活性原则：教育要了解学生、研究学生、满足学生，同时也要了解家长的需求。新形势下的家校互动需要通过多种途径创设多种活动，针对不同的情境和不同对象的特点与需求灵活选择互动方式和方法。

6. 有效性原则：家校互动的内容复杂，形式多样，有面向家长集体的活动，也有面向单个家长的活动，故需要因人而异，多向沟通，确保真正实现家校互动的教育目的。

第二章　家校互动管理机制

第五条　家校互动工作实行校长负责制。学校成立家校互动工作领导小组，在校长的领导下，由分管德育的副校长直接负责领导和组织学校家长委员会和家长学校工作，学生科、德育组长具体负责实施和落实学校家长委员会和家长学校工作，各年级各班内部家长委员会的各项工作则在学生科、德育组长的指导下，由班主任和辅导员负责实施和落实。

第六条　认真建设好由校长牵头，以分管德育的副校长、学生科科长、德育组长、班主任、思想政治课教师、心理教师等为核心的家校互动工作队伍，充分发挥其骨干作用。

第七条　学生科、德育组长、班主任等是家校互动工作的骨干力量，分管德育的副校长要带领学生科、德育组长和班主任共同对每学年的学校家长委员会成员和班级家长委员会成员进行建档、跟踪记录，遇特殊情况要与家长委员会一起对成员及时进行调整。所有家校互动活动要有方案、有记录、有总结反思。

第三章 家校互动工作主要途径

第八条 学校校园网要开辟家校互动宣传平台，设立《家长学校》《教育随笔》等栏目，每月每个年级各推荐、分享一篇优秀经验文章。

第九条 面向家长开放教育咨询指导专线，由学校领导、关工委讲师、心理教师、其他优秀教师、优秀家长等组成服务指导队伍，每周开放不少于一次，每次不少于半天。

第十条 学校要组织教师培训，召开经验交流大会，交流家校共建的经验和班级工作经验，提高学校德育管理工作的针对性、主动性和实效性。

第十一条 学校要根据各年级学生的特点开展家校互动工作，邀请优秀家庭教育讲师团专家，通过家长会、讲座、座谈会、问卷调查等形式，组织家长集中培训学习，帮助家长树立科学家教理念，加强家校联系。

第十二条 学校家校联系工作，要充分利用QQ群、微信公众号等在线交流平台，采用家访或校访的方式，使教师主动走向学生、走向家庭、走向家长。每次家校联系均要热情接待、亲切交谈、做好记录。

第四章 家长委员会组织领导和工作队伍

第十三条 成立以校长为组长、分管德育的副校长为副组长的学校家长委员会工作领导小组。

第十四条 依据德育大纲和学校实际需要，通过民主推选和老师推荐的办法，成立两级家长委员会。

1. 学校层面：由学校学生科牵头组织，关工委主导，以学校各年级各专业学生家长代表为主体，建立学校家长委员会，特别是选好家长委员会主任委员、副主任委员、常委和秘书长。

2. 班级层面：由学校学生科牵头组织，班主任主导，以班级内家长代表为主体，建立班级家长委员会，确定 1 位会长和 1~2 位副会长。

第十五条 设立家长委员会办公室（或家校合作办公室），配备必要的办公设施设备。

第十六条 家长委员会工作职责。

1. 关心学校发展，站在全局高度，参与并监督学校的管理和有关重大决策。

2. 与学校保持密切联系，配合学校用正确的教育思想、方法去影响家长、影响社会，使家庭教育、社会教育与学校教育相一致。协调学校与家庭、教师与家长之间的关系。

3. 宣传学校良好的办学条件、教育理念及办学成果，扩大学校影响，提高学校知名度。

4. 大力支持学校工作，为学校开展的重大教育教学活动提供可能的帮助，做好学校与家长的协调。在社会活动中，呼吁社会、企业、单位关心和支持学校工作，努力为学校教育营造良好的社会环境，维护学校、师生的荣誉。

5. 在家校联系上起到纽带作用，积极收集家长对学校管理及教师教育教学等方面的意见或建议，并及时予以反馈。

6. 做好家庭教育工作，在全体家长中发挥表率作用。经常与广大家长进行交流，收集家庭教育方面的成功经验和案例，总结家庭教育先进方法并予以推广交流。

7. 每学期召开一至两次家长委员会工作会议，作为家长委员会成员的家长接到通知后，应自行安排好本单位工作，准时到会。

8. 各班家长委员会应将关注到的有关学校的各项信息、合理产生的相关建议及收集到的问题，及时反馈给学校家长委员会，学校家长委员会应以会议的形式集中讨论解决。

第五章　家长委员会工作制度

第十七条　家长委员会工作要纳入学校规划和年度工作计划中，配套制定相关工作制度。

1．专题例会制度。学校家长委员会每学期至少举行两次成员例会，听取学校校长关于学校工作情况的通报，制定或完善组织章程，研究、制订本学期家长委员会工作计划，落实工作任务。每学期结合学校开放日、社会评议等工作积极动员学生家长参加，协助和参与学校开展的各种教育教学活动。

2．工作分工制度。家长委员会要按照学校工作实际，根据家长意愿和特长，分成德育、教学、后勤、家庭教育指导等若干小组，对口联系学校相关部门，经常性与其沟通，配合其工作，提出具有可行性和建设性的意见。同时实行学校、班级两级家长委员会管理制度，分层落实，确保有序开展工作。

3．参与管理制度。主动协助学校解决家长、学生与学校间的纠纷和问题；主动帮助学校解决办学中的困难和问题；参与教育教学管理、食堂管理、重大活动、校园安全及周边综合治理，及时向学校反映家长的意见和建议等。

4．家长义工制度。本着家长自愿和量力而行的原则，由学校家长委员会发动和组织广大家长发挥自身优势和特长，担任学校义工或志愿者，参与学校教育教学活动与管理等。组织家长参加食堂、校园门口执勤，担任交通协管，联系学生社会实践等工作。

5．家长咨询制度。设立"校园开放日""家长咨询日"，让家长走进课堂，走进校园，了解教室，了解学校。家长委员会成员轮流负责接待一般家长，为一般家长提供必要的咨询服务，架构家校沟通的桥梁。

6．监督检查制度。家长委员会工作应在学校领导小组的统一部署下进行，并由家长委员会秘书长做好每次工作的执行记录及监督检查工作。

7．工作评议制度。在教育行政部门和学校的指导下，通过问卷调查、家长评议会等形式，对学校办学章程、校务公开、教学管理、收费管理、招生入学、师德师风建设、优秀学生的评选等学校重大决策进行监督；参加学校对课堂教学、教师工作等的评议。

第六章　家长委员会工作实施

第十八条　家长委员会重点要结合学校以及家长、学生的实际，围绕家长委员会的各项职能开展工作，具体工作包括：

1．每学期至少召开一次家长委员会会议。听取学校关于发展规划、教育教学工作安排等方面的情况介绍，就学校发展中的问题进行研究，为学校的发展献计献策。

2．建立和完善家长委员会常态工作机制。建立和完善与学校定期沟通的议事机制，就学生家长、学生、社会等反映的有关问题及时与学校进行沟通协商；建立和完善专题例会制度、参与管理制度、家长咨询制度、监督检查和组织建设等工作制度；建立和完善家长评价的运作机制和家长评优机制，确保家长委员会的工作有章可循，有效运行。

3．参与学校管理，监督依法办学情况。可对学校办学方向、教育理念、教育教学行为、规范收费、招生入学等工作加以监督，可选派家长委员会委员列席学校校务、教务等会议，与学校一起组织家长听课、参与家长接待日工作，参与对学生和教师的评价。

4．为学校发展创设安全、有利的环境。家长委员会及时向学校反馈社会各界对学校教育教学及管理等方面的意见，为学校献计献策；应定期、不定期地检查学校各项安全防范措施的落实情况，及时向学校反馈安全隐患并提出合理化改进措施。在依法治校、学校管理、校园文化建设、学校周边环境治理、开展校外教育实践等方面，切实帮助学校解决办学中遇到的实际问题和困难。

5．协助开展家庭教育和家长教育。积极向家长和社会宣传学校工作制度和工作措施，增进家长对学校工作的理解和支持。动员家长积极学习教育知识，参与学校活动和家长培训。促进家庭教育与学校教育协调一致，在学校领导和班主任协助下，以班级为单位，每学期组织不少于两次的家庭教育讲座活动，讲座主题可以是后进生的转化、学生实习期的作息时间的科学安排等。

6. 关心、鼓励、支持教师依法履行教育管理职责。宣传教师教书育人的先进事迹，宣传学生家长尊师重教的典型事例，宣传品学兼优的学生和先进班集体。

7. 支持和帮助学生开展校外实践活动，为学校和学生开展社会实践活动提供支持。

第七章　家长学校组织领导和工作队伍

第十九条　建立以学校全体家长为主体的家长学校，其宗旨是通过一系列家校互动活动，引导家长走出家庭教育的误区，提高家庭教育的质量，进一步配合学校教育，让家长和学校形成有效合力，引导学生健康成长。

第二十条　家长学校校长由学校校长担任，校长与分管德育工作的副校长、学生科科长、德育组长、班主任、家长代表等人员共同组成家长学校校务管理委员会，负责家长学校日常事务管理。家长学校校务管理委员会每学期至少召开一次会议。各班要相应成立管理组织。

第二十一条　家长学校要具有数量充足、素质较高、不同专业的专兼职教师队伍。可抽调骨干教师担任家长学校的兼职讲师，也可以聘请校外专家或退休教师、干部作为家长学校的客座讲师。

第二十二条　家长学校应尽可能吸纳相关社区的有关单位参与共建，包括关工委、市妇联、辖区派出所等，以整合更多优质社会教育资源。

第二十三条　家长学校组织机构的职责分工。

1. 校长负责家长学校全面的领导和管理工作，制订家长学校发展的中长期规划。

2．分管德育的副校长协助校长具体分管家长学校的管理工作，指导和监督家长学校各项工作的落实。

3．分管教学的副校长负责家长学校的教学研究、课题研究工作，负责课堂定期向家长开放工作，宣传教育改革的前沿信息。

4．学生科科长具体负责家长学校培训、家长会的安排、家校联系等具体工作。

5．分管法治的副校长负责对家长进行法制、安全等方面的宣传与教育工作。

6．社区书记参与家长学校的管理，负责监督家长学校的工作，并及时向学校反映社区对家长学校的意见，配合学校进行有效的教育教学工作。

7．德育组长负责家长学校所安排的本年级组的工作。

8．家长代表能够代表家长的意愿，负责反映家长对学校工作的意见，协助学校圆满完成教育教学任务。

第八章　家长学校的工作制度

第二十四条　家长学校工作的推进，能推动家庭教育和学校教育的有机结合，促进学生综合素质的全面提高。

1．授课听课制度。家长学校每学期至少举行一次授课听课活动，同时开放校园，邀请家长进行教学观摩。

2．家长评价制度。邀请家长参与评价学校管理措施、师德师风、教育教学质量、环境设施等各方面工作。

3．优秀家长评比制度。每学期期末对能坚持参加家长学校学习、出勤率高、教育子女有成效、积极配合学校工作、能为学生创造良好的家庭教育环境的家长给予鼓励，并授予"优秀家长"称号，颁发证书。

4．档案管理制度。确定专人负责管理家长学校档案，严格做好档案资料的安全和保密工作；将各级活动资料按时间顺序装订存档。各级家校互动工作档案资料要规范翔实，包括面向家长进行的问卷调查、学生家庭教育基本信息、家校互动过程记录等档案资料。

5．家校互动工作评价制度。依照各活动的要求每年进行评价，并将评价结果作为教师评优的重要参考依据。

第九章　家长学校工作实施

第二十五条　家长学校成立后，须在学校统一领导下，全面规划、科学部署学校家庭教育工作，紧密联系校内外相关部门，共同构筑学校、家庭、社会三结合育人网络。

1．家长学校工作应纳入学校工作的总体部署，纳入形式多样的教育教学活动中。应具备"十有"要求：有责任人，有牌子，有教室，有教材，有教学计划，有兼职教师，有活动经费，有工作制度，有考核评估，有档案资料。

2．办好家长学校，定期组织各种类型的家长培训班，提升家长科学实施家教的意识和水平，创设良好的家庭教育氛围。

3．家长学校通过建立授课制与家长交流，设立家长开放日，进行家庭访问，并通过评比、表彰等形式，加强家校沟通与家校互动，构建家校协同教育孩子的共同体。

各学期家长学校授课可安排在如下时间节点：

（1）一年级上学期：可安排在新生入学家长会及新生军训会操表演活动期间，在9月份。

（2）一年级下学期：可安排在学校技能比武节及家长开放日期间，常在5月份。

（3）二年级上学期（1月份）：可安排在学校校园文化艺术节期间，常在1月份。

（4）二年级下学期（6月份）：可安排在期末学生专业分流解读会议期间，常在6月份。

（5）三年级上学期（9月份）：可安排在18岁成人礼活动期间，常在9月份。

（6）三年级下学期（6月份）：可安排在校园开放日期间，还可同时举办毕业生毕业作品展和招生宣传活动，常在6月份。

4．家长学校负责聘请专家或有经验的教师担任讲师，编排适合新课改、新需求的课程。教师上课的教案及各种有关材料由学生科装订存档。

5．家长学校负责每次授课的组织安排与考勤工作。每学期安排一次家庭教育研讨会。每学期进行一次"优秀家长"评选及相关交流。

（1）一年级：家长学校授课重点是人才培养理念、专业方向选择、教育理论方法。

（2）二年级：家长学校授课重点为家庭教育方法和青少年心理健康教育指导。

（3）三年级：家长学校授课重点为青少年心理健康教育和就业、择业、升学方面的指导。

6．家长代表要能够代表家长的意愿，及时向学校家长委员会反映家长对学校工作的意见，并协助学校圆满完成教育教学任务。

7．家长学校所有成员要利用网络、热线电话、咨询卡等多种方式、途径，广泛接受家长、学生的咨询，及时为他们调和矛盾，排疑解难。

8．每次家长学校授课后，可以邀请家长来学校参观、听课，或开展主题鲜明的系列亲子活动，让家长在规范系统、生动有趣的活动中，体验、把握良好的育子方法。

9．家长学校平时要紧密联系社区及家长委员会，管理、组织好社区内的家庭教育活动，努力为学生营造良好的社会环境。

10．开展个案研究，尽力帮助困难学生解决学习和生活困难。

示例 ②

长沙财经学校家长委员会规程

第一章　总则

第一条　指导思想

为深入贯彻落实《中共中央国务院关于深化教育改革，全面推进素质教育的决定》《中共中央国务院关于进一步加强和改进未成年人思想道德建设的若干意见》《国家职业教育改革实施方案》，推进现代学校制度建设，根据《教育部关于建立中小学幼儿园家长委员会的指导意见》、《中等职业学校德育大纲（2014 年修订）》、《湖南省教育厅关于加强新时代中等职业学校德育工作的意见》（湘教发〔2018〕40 号）等有关文件的规定，结合我校实际，就加强学校家长委员会建设与进一步规范管理，特制定本规程。

第二条　家长委员会的名称

我校家长委员会名称定为"长沙财经学校家长委员会"。

第三条　家长委员会的性质

我校家长委员会是学校联系广大学生家长的桥梁和纽带，由我校学生家长代表组成，是代表全体家长参与学校民主管理，支持、配合与监督学校搞好教育教学工作的群众性团体组织。

第四条　家长委员会的宗旨

我校家长委员会坚持家校沟通、合作与共育，让家长充分参与学校管理，最大限度确保每位家长对学校教育教学工作的知情权、参与权、监督权和评议权。完善学校、家庭、社会三位一体的育人机制，营造良好的育人环境；深入推进素质教育，促进我校学生在德智体美劳等方面全面发展，为我国社会主义现代化建设培养合格的劳动者与接班人。

第五条　学校应为家长委员会的机构设置和活动开展提供必要的办公场所

和基础设施设备。

第二章　组织形式

第六条　机构设置

我校根据实际运作需要，设立家长代表大会和家长委员会。家长委员会设主任委员 1 名、副主任委员 3 名、秘书长 1 名、委员若干名。根据我校现有规模与专业设置情况，确定委员人数为 19 人。

第七条　家长代表、家长委员的产生

我校家长代表的产生，实行按年级、分专业依次进行家长代表推选的制度。各班在班主任的组织协调下，由本班学生家长推出 2～3 名家长代表，然后由学校德育组长分别召集各班家长代表组成专业代表小组，再从全校每个专业代表小组中各推选出 3 名家长（考虑到我校会计、电子商务、交通服务专业学生人数较多，可分别推选出 5 名、4 名、4 名家长代表）组成学校家长代表。新生入学后两周内，召开第一次班级家长会议，由班主任组织家长推选出本班家长代表，参加各专业小组家长代表会议。各专业小组推选出的家长代表组成学校家长代表，每学年初召开一次全校家长代表大会，由家长代表大会推选出家长委员会委员。再由产生的家长委员会委员推选出主任委员、副主任委员和秘书长等人选。学校家长代表大会闭会期间，由家长委员会代行其职责。家长委员会人员一经产生，学校将为其颁发聘书。

第八条　任职期限

我校家长代表、家长委员会委员原则上任期一年，每学年初进行适当改选，可连选连任。因学生出现毕业、转学、退学等离校情况的学生家长，其家长代表、委员会委员身份自动取消；主任委员在任期内发生其子女离校时，须提前两周提出辞呈（特殊情况除外），由家长委员会推选一名副主任委员代任，主持日常工作，待下一学年初推选出正式主任委员后，该副主任委员的常务主持工作

即自行停止。

第三章　任职资格

第九条　政治立场坚定，能全面理解党的教育方针和教育法规、政策，具有较高的文化修养和素质，明确学校的教育目标。

第十条　关心教育事业，思想进步，作风正派，凡事从大局考虑，以集体利益为重，乐于为教育事业服务，乐于为学校学生、家长服务。

第十一条　具有一定的组织协调与管理能力，具有较强的社会活动能力和广泛的群众基础，在家长中有较大的影响力与号召力，肯为学校办实事又能献计献策。

第十二条　具有明显的典型性与广泛的代表性，在家庭教育方面有较为丰富的经验和成效，重视家庭教育的方式与方法，讲究家庭教育的质量与效果，能创设与营造良好的家庭教育环境与氛围。

第十三条　具有积极参与、努力工作的奉献精神，能保障参与家长委员会活动的时间。如一年内不参加本委员会组织的相关活动或工作，即按自动退会处理。

第四章　工作职责

第十四条　委员会职责

1. 及时与学校协商，定期组织家长来校开展工作；召开家长委员会会议，听取学校关于发展规划、教育教学工作安排等方面的情况介绍，就学校发展中的重要问题进行研究与探讨，共商学校发展大计。

2. 为学校发展创设有利的育人环境。家长委员会要充分发挥全体家长的特长和优势，与学校密切合作，在依法治校、强化学校管理、加强校园文化建设、治理学校周边环境、开展校外教育拓展实践等方面，积极为学校和学生办实事、办好事，切实帮助学校解决办学中遇到的实际问题和困难。

3. 建立家长委员会和学校定期沟通协调的议事机制，就学生家长、学生、社会等反映的有关问题及时与学校进行沟通协商。

4. 选派家长委员会委员列席学校校务、德育、教务、后勤、安全等管理方面的工作会议，与学校一起组织家长听课、校园开放日，参与对学生和教师的评价，帮助学校全方位改进和完善教育教学工作。

5. 尊重教师劳动，在精神上关心、鼓励、支持教师依法履行教育管理职责，大力宣传教师教书育人的先进事迹，宣传学生家长尊师重教的典型事例，宣传品学兼优的学生和先进班集体。

6. 依托家长学校开展家庭教育工作。积极向家长和社会宣传解释学校工作制度和工作措施，协助学校开展家庭教育工作；做好家长思想工作，动员所有家长积极学习教育知识；动员和组织家长参与学校活动和家长培训，增进家长对学校工作的理解和支持，促进家庭教育与学校教育协调一致。在学校领导和班主任的协助下，以班级为单位，每学期组织不少于两次的家庭教育讲座活动，可与家长会合并举办，也可单独组织。

7. 促进社会教育与社区教育，支持学生开展校外实践活动，鼓励学生走进社区开展公益活动与志愿服务活动，为学校和学生开展社会实践活动提供方便。

第十五条 委员职责

1. 积极主动学习、宣传党的教育方针与支持国家的教育改革方案，较好地把握青少年的心理变化与成长规律，关心、爱护青少年的健康成长。

2. 了解学校教育教学工作现状，对学校的教育教学工作提出建设性意见和建议。

3. 善于学习和研究教育子女的科学知识及方法，根据子女的年龄特征、个性特点实施针对性教育。

4．举止文明，情趣高雅，家庭邻里和睦，家庭教育环境较好。对自己的子女能够既关心爱护又严格要求，既能做到不歧视、不打骂，又能做到不溺爱、不纵容，善于理解宽容子女，保障子女的合法权益。

5．协助学校每年定期组织家长代表大会、家长会、家长接待日和家长学校活动，开展家庭教育咨询，开办家庭教育论坛等活动。帮助学校拓展社会实践、国防教育、爱国主义教育与劳动教育基地，开辟第二课堂，提高学生的社会实践活动能力，培养学生热爱祖国、热爱劳动的优秀品质。

6．积极参加家长委员会的活动，认真参加会议，不无故缺席，向学校在教育教学管理工作、可持续发展等方面积极献言献策。

7．密切联系与发动全校所有学生家长，与其充分交换意见、达成共识，并及时向学校反映有关情况，及时做好沟通工作。积极协调家长之间、社会部门与学校班级之间的关系，加强家庭与学校的联系。

第五章 权利和义务

第十六条 家长代表大会、家长委员会的权利

1．有知晓学校的发展规划、办学定位、办学目标和工作计划的权利，参与对学校年度工作总结的审议。

2．对学校的长远发展、教育教学质量和日常管理工作有提出合理化建议和意见的权利。

3．家长委员会向学校反映的意见和要求，学校应尽快给予合理的答复。

4．作为其他家长的代言人，有对学校工作及教职员工的行为给予监督和评议的权利。

第十七条 家长代表大会、家长委员会的义务

1．自觉遵守学校家长委员会的有关规章制度，积极完成家长委员会分派的各项工作。积极宣传学校的办学理念、治校方针，及时协调家长与学校之间、

家长学校与学校各有关部门之间的关系。

2．积极配合学校组织重大教育活动并积极参与，协助学校加强民主科学管理，帮助其他家长提高教育子女的水平。

3．密切联系广大家长，积极征求家长对学校、班级管理及教师教育教学等方面的意见和建议，积极引导家长按程序依法依规提出自己的意见或建议，及时向家长委员会反映家长的意见或建议。

4．对学校公益事业给予大力理解和支持，主动为学校的公益建设和事业发展提供物力或精神上的帮助和支持，发动家长共同解决办学中的困难。

第六章　工作程序和方式

第十八条　家长委员会工作程序

1．家长委员会原则上每学期召开两次会议。会前研究确定召开会议的时间、方式与内容，并通知全体委员。各位委员接到通知后，根据会议内容走访家长，开展社会调查，吸收、了解家长和社会各界在对学校办好人民满意教育方面的意见与建议，听取校方关于学校教育教学工作、办学思路等方面的工作报告，并将走访收集到的意见和建议汇报给学校，同时就相应问题献计献策。

2．在学期初会议上制订出家长委员会工作计划，做好具体安排。学校全体校级领导、行政中层、德育组长、德育专干及班主任，要参与计划的制订，以利于交流信息，确保学校工作顺利推进。

3．在学期末会议上，家长委员会要进行工作总结，对学校工作进行评议。委员们向学校反映家长、社会对学校的意见与建议。校方要向委员们报告学校的办学经验、办学成果、办学中遇到的问题与困惑，并对委员们上次全会时提出的意见、建议做出答复和解释。共商办好人民满意教育的学校大计，共建培养高素质劳动者的基地，形成教育孩子成长成才的合力。

4．会后，委员会要向家长宣传好会议精神，做好家长的工作，向社会宣传学校的办学成果与取得的重大进步，反映学校发展中面临的困难，做到学校、家庭、社会三位一体，创造"三全"育人的良好氛围。

第十九条 家长委员会工作方式

1．列席学校有关学生素质教育、师德师风建设等各种会议，组织参与家长学校授课和其他重大活动，并提出改进意见和建议。

2．积极参与学校服务性收费、代收费、学生食宿、学校安全的管理和监督，对工作中出现的不规范行为应立即通报学校，要求相关工作人员予以改正。

3．广泛参与学校校务公开活动，对拟公开内容进行建议性审核。

4．本着家长自愿与量力而行的原则，发动和组织家长利用自身特长和优势，担任义工，参与学校服务性工作。

5．在学校的统一指导下，结合学校师德师风建设，每一学年组织家长开展一次"家长满意的教师"测评问卷调查。

第七章 工作制度

第二十条 学校家长委员会应根据本组织规程的内容，制定家长委员会活动制度，校方要参与制度的制定。每次活动要有详细记录。

第二十一条 学校家长委员会制定对口联系制度，就学校德育、教学、后勤、安全等工作，对口提出相应的建设性意见。

第二十二条 建立家长委员会参与学校管理制度。立足于调解家长、学生与学校、教师的纠纷，主动解决学校办学中遇到的实际困难，并及时向学校反映家长的意见和建议，在校方指导下参与学校管理。

第二十三条 建立家长委员会评议制度。家长委员会可通过问卷调查等方式，对学校收费、教育教学管理水平、师德师风等方面的满意度进行调查。

第二十四条 建立家长委员会工作保障制度。其核心内容是：校方为家长委员会提供工作便利条件和服务；校方领导出席家长委员会会议，听取意见和建议，并尽快予以答复。邀请家长委员会委员参加学校督导自评、年度考核、教学开放日、校长述职等活动；将家长委员会对教师的评价纳入对教师的期末量化考核结果之中，并与教师评先评优及年度绩效奖励挂钩。

第二十五条 建立家长委员会议事和决议制度。学校凡在做出涉及学生和家长切身利益问题的决定之前，必须先充分听取学校家长委员会的建议与意见。

第八章 附则

第二十六条 学校党委和各有关职能部门应加强对家长委员会的指导和管理。家长委员会一旦出现违反教育法律法规和政策的行为时，学校党委、纪委与有关职能部门要责令其立即纠正。

第二十七条 学校要对推动和实施家长委员会工作成绩突出者，予以奖励与表彰，并颁发证书。

第二十八条 学校家长委员会于每届家长代表大会开会后二十日内，应将组织机构人员名册报家长学校办公室备案。

第二十九条 本办法自公布之日起施行。

第三十条 本办法由长沙财经学校家长学校办公室负责解释和修订。

示例 3

长沙财经学校家长学校工作规程

第一章 总则

第一条 指导思想

为深入贯彻落实《中共中央国务院关于深化教育改革，全面推进素质教育的决定》《中共中央国务院关于进一步加强和改进未成年人思想道德建设的若干意见》《国家职业教育改革实施方案》，重视和发展家庭教育，加强对家庭教育工作的指导，提升学校治理能力建设，根据《关于全国家长学校工作的指导意见》和《湖南省教育厅关于加强新时代中等职业学校德育工作的意见》（湘教发〔2018〕40号）等有关文件的精神，结合我校实际，就加强家长学校建设与进一步规范管理，特制定本工作规程。

第二条 家长学校的名称

我校家长学校名称定为"长沙财经学校家长学校"。

第三条 家长学校的性质

我校家长学校是在学校党委与行政统一指导下，为提高家长素质和家庭教育水平而组成的业余育人机构；是宣传先进的家庭教育理念，普及科学的家庭教育知识的场所；是我校推进素质教育的有效途径；是联系学校、家庭、社会，促进形成"三结合"教育网络的工作桥梁；是优化未成年人健康成长环境，推进社会主义精神文明建设的重要阵地。

第四条 家长学校的工作对象

以未成年人的家长和监护人为主要对象。

第五条 家长学校的任务

向广大家长宣传党和国家的教育方针、政策和法律法规；向广大家长介绍中职学校学生的生理发展特点与心理状况，交流家庭教育的成功经验和我校的办学特色与方向，帮助和引导家长树立正确的家庭教育理念，掌握家庭教育的科学知识和方法，为家长实施科学的家庭教育提供切实有效的指导和服务；帮助家长加强自身修养，提高家庭教育水平，为自身子女身心健康发展营造良好的家庭教育环境，促进学校、社会、家庭的三结合教育，为构建和谐社会发挥重要作用。

第六条 学校应为家长学校的组织设置和活动开展提供必要的办公场所和基础设施设备。

第二章　指导与管理

第七条　我校家长学校在市教育行政部门的宏观指导和管理下，在市教育局关工委的协调与推动下有序开展工作。

第八条　我校家长学校设立校务委员会（领导小组）。校务委员会由校长、党委书记、校关工委主任、学生科科长、教师代表、家长代表等人员组成，负责家长学校的日常工作。校长、书记对家长学校工作负直接领导责任。

第九条　加强家长学校师资和管理队伍建设，确保队伍的相对稳定。组织专业培训和工作交流，不断提高教学质量和管理水平。

第十条　家长学校工作应纳入学校整体工作计划之中，作为目标考核的内容。家长学校要有较为固定的教学场地并悬挂家长学校的校牌或者标志。

第三章　教学管理

第十一条　我校家长学校要根据市教育局有关家长学校教学工作的布置与要求，制订教学计划，落实教学内容，采用适合我校职业教育特点的教育材料。同时要及时总结经验，规范管理，推动家长学校的建设与发展。

第十二条　教学原则

1. 坚持循序渐进的原则。教学要根据学生的专业特点、发展方向和家长的接受能力，由近及远，由浅入深，从具体到抽象，从现象到本质。

2. 坚持科学性原则。教学要做到观点鲜明，讲清道理，注意把知识性、趣味性、实践性与科学性有机结合起来。教学观念要与时俱进，不断更新。

3. 坚持理论联系实际、知行统一的原则。教师要注意调查研究，教学要有针对性，讲求实效，了解家长对孩子的教育情况，能准确地把握家长的有关教育行为是否科学。

4. 坚持表扬与引导相结合的原则。对教子有方的家长进行大力表扬，并请他（她）现身说法；对教子不当、不力的家长可在私下交换意见，进行引导和教育。

第十三条 家长学校教学形式要灵活多样，根据不同层次、不同专业未成年人家长的需求，采用有计划的面授、讲座、报告、经验交流、互动体验活动等形式，进行分层指导。教学课时大致每年10个课时，家长学校可根据家长的需要灵活安排授课时间。

第十四条 家长学校要建立学员考评考核制度。学员结业时要以适当方式进行考核，学校应把家长参加家长学校的学习情况作为评选"优秀家长"的重要依据。

第四章 考核与评估

第十五条 建立家长学校检查考核评估制度。学校应根据上级教育行政部门的检查考核评价要求与内容，做好家长学校实施情况的检查、评价与考核，认真对待上级有关部门的检查与督导。

第十六条 家长学校评估内容包括：领导管理、组织建设、办学条件、教学管理等情况；家长受教育率、考核合格率；学生对家长教育态度的变化和家庭氛围改善的评价；家长学校教师撰写的论文质量及家长教子经验的推广情况；家长学校在提高家庭教育水平和精神文明建设中的作用。

第十七条 从实际出发，参照上级要求，制定合乎本校特点的考核标准，进行检查、考核、评价，发掘家庭教育的典型，及时总结并大力推广典型经验。

第十八条 每学期表彰优秀家长一次。优秀家长从参加家长学校学习的家长中产生，评选条件是：教子有方、子女品学兼优或各方面进步显著。评选名额占参加学习家长总数的10%。优秀家长由年级评选，经学校审核通过后予以通报表彰并备案。

第五章 附则

第十九条 本规程由长沙财经学校家长学校委员会负责解释和修订。
第二十条 本规程自公布之日起施行。

第二节 学校家校互动实施

家校互动是家庭和学校以促进学生发展为目标，家长参与学校教育，学校指导家庭教育，双方相互配合相互支持的双向活动。一般情况下，校园开放日活动一年一次，家长学校授课一学期一次，旨在全面展示学校的办学特色和办学成果。因其涉及范围广、工作强度大、实施难度高，所以学校要事先做好统筹安排，成立活动领导机构与各方面工作执行小组，确定实施方案，明确工作职责，确保既分工明确，又相互协调配合。实施方案中，要指明指导思想、活动意义、活动内容和活动具体安排。

相对来说，专业性的技能展示或成果展演活动，因其规模较小、复杂程度较低，可以根据工作需要安排在学校技能比武、班级段考后、学期末或毕业作品展时进行。这些活动是学校对外的形象窗口，体现着学校的办学质量，因此，也不能敷衍应付、马虎了事。

此外，家长学校举行的家庭教育主题研讨这一类家校互动活动，不仅可以凝聚家校合力，助力学生健康成长，还有助于学校教育实施，从而促进学生全面发展。这一类主题研讨一般以班级为单位实施，具体为针对班级出现的具有代表性的主题进行探讨，活动难度相对较小，活动时间可以由各班根据实际情况进行安排。

学校开放日、技能训练成果展示的实施方案在第八章有专门介绍，本节不再提供示例。

示 例 ①

长沙财经学校家长学校
2019—2020学年度第二学期授课暨家长会实施方案

一、会议目的

反馈学校一学期以来教育教学以及教学管理情况，加强学校与家长的沟通交流，达到宣传学校、展示成绩、指导家长的效果，最终实现家校共育。

二、会议时间及地点

7月12日上午9点，一年级、二年级各班。

三、家长会程序

1．学校领导讲话暨家长学校授课。

2．关工委成员、学生科科长讲授《学生暑假安全监管告家长通知书》。

3．分班召开家长会。

四、家长会的准备及要求

1．7月10日下午放学前，各班搞好本班教室及所负责公共区、寝室的大扫除。

2．准备好学校宣传片、电子屏、音响和直播、教学宣传榜。

3．黑板报检查。

4．交通安全疏导及校园巡视。

5．制作好学生活动展板、学生光荣榜、优秀家长公布榜。

6．各班情况检查及秩序维护。

7．家长的中餐供应。

五、班主任准备工作

1．从本周一开始联系并通知家长到会。

2．各班黑板报按规定主题高标准出好。

3．准备发言稿、课件、班级情况汇报表。

4．写好本组家长会方案，要求详细，具有操作性。

5．35岁以下的班主任老师要求写详细的发言稿，交年级组长审阅。

6．布置好教室，要求主题鲜明、有新意。

7．注重活动过程，可以安排技能展示、亲子游戏、家长发言、文艺节目、家长与学生共同讨论教育方法等。

六、其他相关要求

1．各班要充分利用难得的机会，进行充分准备，与家长进行面对面的沟通交流，以达到良好效果。

2．所有老师12日上午8：00前到岗，由德育组长负责考勤。

3．教育学生主动与家长打招呼，显示财经学子良好的文明素养和精神面貌。

4．各班均要求安排2名保洁人员。

5．各班主任要在家长会前一天将各位家长的健康码收集到位。14天内有中高风险地区旅居史的家长，须持有7日内核酸检测阴性证明，在测温正常且做好个人防护的前提下来校参加家长会。

6．家长自驾来校参加家长会时，车辆停放由学校保卫科统一指挥，进校门前家长要配合学校做好体温检测工作。

7．家长车辆一律停放在校门外。

以上工作要求，请全体班主任老师、辅导员老师、德育组长以及学生科检查人员认真落实，确保本次家长会达到学校预期目的。

长沙财经学校

2020年7月6日

示例 ②

长沙财经学校家长学校 1615 班家庭教育研讨会方案与实施

一、长沙财经学校家长学校 1615 班家庭教育研讨会活动方案

（一）活动意义

为全面贯彻党的教育方针、政策，搭建家庭教育经验交流平台，不断提高家长的育人水平，优化学生成长的家庭环境，巩固学校教育成果，特组织本次家庭教育研讨会活动。

（二）活动背景

有多位家长向老师反映，自己家的孩子有疑似与异性同学交往过密的行为，感到很困惑，不知道该如何处理。

（三）活动目标

通过设定一堂研讨课，指导家长正确对待孩子的异性交往，科学处理孩子青春期教育的问题，进一步融洽亲子关系，促进孩子健康成长。

（四）活动时间和地点

2018 年 12 月 27 日，本班教室。

（五）活动对象

本班家长学校成员、本班学生、家教讲师和班主任。

（六）活动内容

1. 学生情景剧表演，揭示研讨主题：如何对待孩子的异性交往？

2. 学生话题讨论一：合理的异性交往有哪些积极作用？

3. 学生话题讨论二：在日常的异性交往中，有哪些方面让你觉得不妥不适，能谈谈你的调整建议吗？

4. 过来人观点：毕业班学长观点，现场家长观点，心理专家观点。

5. 家教讲师运用科学理论依据进行小结。

（七）活动要求

1. 家长准时签到入座，提前关闭手机或调到静音；学生提前准备好会上表演的情景剧。

2. 家长可以畅所欲言，也可会后以文字形式提出相关建议。

3. 家教讲师须提前备好教案，会后做好总结，提交家长学校、家长委员会。

二、长沙财经学校 1615 班家长学校家庭教育研讨会活动记录

◎主题：如何对待孩子的异性交往？

◎主持：家教讲师

◎参与者：学生科科长，本班班主任、家长学校成员、全体学生

◎时间：2018 年 12 月 27 日

◎地点：1615 班教室

◎内容：

（一）开场白

主持致欢迎辞，介绍与会嘉宾。

（二）学生情景剧表演

两位异性学生在课余时间紧靠着坐在教室探讨学习，其他学生看到后哄笑，并告知其家长。家长打电话给老师，表达了对孩子异性交往的深深焦虑。

引出主题：家长应该如何对待孩子的异性交往？

（三）学生话题讨论一

话题：合理的异性交往有哪些积极作用？

1. 有利于智力上取长补短；

2. 有利于情感上互相交流；

3. 有利于个性上互相丰富；

4. 有利于学习妥善处理人际关系；

......

（四）学生话题讨论二

话题：在日常的异性交往中有哪些方面让你觉得不妥不适，能谈谈你的调整建议吗？

1. 现象：

（1）不修边幅或过度装扮；

（2）过分卖弄或敏感；

（3）言语不文明；

（4）不恰当的邀请；

……

2. 建议：

（1）不回避，积极面对；

（2）文雅庄重，自尊自爱；

（3）保持一定距离；

（4）举止落落大方；

（5）不必过分拘谨；

……

结论：适当的异性交往可以丰富学习生活，锻炼人际交往能力，但要正确对待、行为恰当。

（五）过来人观点

1. 毕业班学长观点：责任感、生命、尊重、学习重任、树立长远目标……

2. 现场家长观点：尊重孩子、不能过度放任、不忽视、与老师一起探讨解决……

3. 心理专家观点：智慧、理性选择……

（六）家教讲师总结

青春期的性教育，是一个日常看似不紧急但非常重要的话题。

1. 应站在生命成长的立场上，思考学校教育和家庭教育。

2. 增进家长和教师的科学认知，给学生提供更科学、适宜的指导和帮助。

3．应坚持教育的系统发展观。既懂得立足青春期性教育来拉动整体生命的发展，也善于创造爱与包容的人文环境、提供各种体验和成就成长的平台。

4．科学对待，能更好地引导青春期孩子找到合适的方向。

5．教师与出现"早恋"现象的孩子交流的方法：个别当事学生分别交流，保护情感；不贴标签，尊重理解，正面疏导；学会选择性交友；树立正确恋爱观……

6．给家长的建议：理性对待青春期孩子叛逆、网瘾、早恋等成长现象；对孩子给予充分的信任和关心，优化家庭教育环境，帮助孩子确立人生目标；与学校多交流以获取最大家校合力……

三、长沙财经学校家长学校家庭教育研讨会活动总结

（一）进一步明确了开办家长学校的宗旨

强化了家长学校在家长队伍素质提高中的重要性，营造了"孩子成长，有你有我"的良好氛围，通过家教课拓宽了教育空间，增强了家庭教育力量。

（二）帮助家长转变教育理念，改进教育方法

1．通过创新家教课授课方法，摸索构建学校、家庭教育科学体系，形成家校教育合力的途径。

2．让家长亲自参与，亲身感受孩子的真实想法，帮助他们掌握青少年身心发展特点。

3．让家长参与讨论，帮助家长树立正确的社会观、人才观，明确现代社会需要的人才标准和人的成长要求。

4．充分发挥家教讲师的主导作用，给予家长科学指导，帮助他们改进教育子女的方法。

（三）配合学校加强家长学校管理

1．加强组织领导，做到四落实。

（1）组织落实。家长学校成员要到位。

（2）时间落实。家教课学习时间，一般一学期至少安排1次，每次学习

时间不少于 1 个小时。

（3）讲师落实。家长学校应聘请教育及管理经验丰富的教师担任讲师，并根据相应主题做理论报告。

（4）教学内容落实。应针对学生的实际问题安排具体的教学内容，做到有计划、有秩序、成系统地进行，且力求上课上得精彩实用。

2．健全制度，规范管理。

（1）建立考勤制度。制作《家长学校家长上课签到表》。

（2）建立讲师备课制度。讲师要把家长学校工作纳入日常工作管理，有计划地开展教学工作；学生科实行月检查制，对家教讲师的教案、活动记录等及时入档并考核。

（3）建立意见反馈制度。制作《征求家长意见表》。

（4）建立评优表彰制度。制定《优秀家长评选条件》，每学期评选一次优秀家长并由学校颁发荣誉证书。

（执笔：汤灵、贺红。统稿：贺红）

第四章

家长座谈会规程与实施

第一节　家长座谈会规程

家长座谈会是指由学校或教师发起，面向学生、学生家长和相关教师的交流、互动和介绍性的会议或活动。

家长座谈会是联系学校和家庭的重要纽带，是实现家校良性互动的重要环节。大量实践表明，家长座谈会开得成功会促进家校之间的有效沟通，并形成教育合力。反之，则会造成家长对学校教育的反感甚至抵触，形成教育阻力。因此，教师和家长要充分利用家长座谈会这一平台，加强学校、教师、家长之间的沟通，共同关注学生健康成长。让家长走进校园，走近课堂，了解学校，了解老师，了解子女在校学习、生活情况，从而更好地配合学校教育，形成"社会、学校、家庭紧密结合，良性互动，合作共赢"的教育格局。

实现家长座谈会的科学化、规范化、标准化，必须从学校和班级两个层面对家长座谈会的召开提供理论支撑和实践参照。

召开家长座谈会，一般包括筹划、准备、实施、总结四个阶段。从组织主体的角度来看，组织家长座谈会包括学校和班级两个层面。学校层面，主要是宏观的安排和组织，重点是宣传学校的办学成果、教育理念，并从本校学生教育共性问题出发，聘请专业的教育专家进行家长学校集体授课，创造各班家校沟通机会。班级层面，主要是班主任及相关教师与家长面对面地沟通和交流，教师更好地了解学生的家庭教育环境、家长的教育理念和方式，家长更好地了解教师的教育理念、班级成长目标和学生的在校学习生活情况。两个层面相互配合，最终达到形成家校教育合力、促进学生健康成长的目标。

家长座谈会使学校、教师和家长通过交流学生在学校与家庭的学习生活情况，发现问题，探求形成教育合力、共同培育学生的途径。在这个过程中，教师要主动与家长联系，认真听取意见和建议，取得家长的支持与配合。班主任是组织家长座谈会的第一责任人。

组织家长座谈会，要面对学生德育发展的现状和出现的不同问题，有针对性地设计不同主题的家长会，做到有的放矢。教师需要思考中职三年不同阶段学生面临的不同任务，学生成长中容易出现的问题，从关注学生心理健康发展、学业水平提升、人际关系和谐、社会适应能力提高、团队合作意识培育等角度出发设计家长会主题。

家长座谈会结束以后，教师应对家长就本次家长座谈会召开效果的反馈意见进行归纳。同时，还应对后续家校沟通效果进行跟踪记录和分析，对后续学生的教育情况进行总结和反思。

下面，我们从学校和班级两个层面提供具体的操作方案。

示 例 ❶

家长座谈会学校层面规程

学校召开家长座谈会一般安排在各学期期末，全体家长先在学校演播厅集中开会，再回各班教室分班开会。

一、通知家长

1．要求各班主任提前两周通知家长开会时间、地点及主要议题。

2．通知采取书面形式，通过在线信息平台（含微信、QQ群等）发送。

二、开会准备

1．要求各班在开家长座谈会之前布置好教室，营造干净、整洁、明快的会议环境。

2．教务科统一安排任课教师进班并与相应班主任沟通，做好开会相关准备。

3．各班在教室里安排学生做引领员，引领家长找到自己孩子的座位并签到，学生工作人员不超过6人。

4．在演播厅门口合适位置设置家长签到台，准备好问卷调查二维码，并安排一名工作人员负责提醒家长扫码签到及参与问卷调查，及时通过网络反馈各班家长到会情况。（信息中心负责）

5．学校办学成果展示宣传片准备（在进校门及升旗台两个室外LED显示屏滚动播放）。

6．安排好现场拍摄。（信息中心及摄制组负责）

三、家长座谈会内容

1．对家长就配合学校工作提出要求，就需要家长配合的重要工作做交流。（3分钟）

2．学校校长汇报一期来学校办学情况，包括学校办学理念、办学成果等。（10分钟）

3．优秀学生家长发言，优秀学生代表发言。（6分钟）

4．家长学校教育专家专题发言（每期一个教育方面的专题内容）。（20分钟）

5．学生科负责人致感谢辞，并通知家长回各班教室开会。

四、家长座谈会会后工作

1．上交材料：各班家长签到表、家长会内容记录表、教师发言稿。（将电子稿件发送到学生科相关负责人邮箱，上传至学校云平台家校互动专栏）

2．信息中心及摄制组上传会议相关资料（含照片、视频、相关发言稿）给办公室。

3．会议总结。（主管校长、学生科所有老师、全体班主任及相关部门负责人参加）

4．办公室发新闻宣传稿。

示 例 ②

家长座谈会班级层面规程

一、召开家长座谈会的目的

1．让家长了解学校的基本情况，主要包括办学水平、办学成绩、办学特色等，营造"以校为荣"的氛围。

2．让家长了解学校的规章制度，认同"从严治校、从严治教"的办学思想，激发家长积极配合学校加强对学生管理的责任感。

3．让家长了解学生所在班级的基本情况，包括班主任、任课老师、学习环境、设施设备等，让家长对班级产生信任感和安全感。

4．让家长了解老师特别是班主任的教育教学方式和基本要求，从而积极配合老师，为学生的成人成才找到切实有效的路径。

5．让家长了解学生在校的基本表现，结合学校班级的要求，对学生进行有的放矢的教育，达到家校互通的目的。

二、家长座谈会的准备工作

（一）班主任准备工作

1．班主任是学校形象的代表，要注意个人形象，精神饱满，穿戴整洁，热情大方，举止得体。班主任要整体把控家长会的内容、形式、组织和实施。

2．建立班级家长QQ群、微信群，邀请家长入群，建立实时联络，方便家长之间、家长与学校之间的沟通。

3．建立班级家长通讯录。可由家长在线填写，经收集整理形成文档，方便教师与家长之间的沟通。

4．发布学校相关部门和教师通讯录，方便家长与学校各职能部门及教师之间的沟通。

5．会议通知至少提前一周发布，以方便家长合理安排时间；及时收集反馈信息，确定到会人数，以便合理安排会议事宜。

6．确定主要议题，写好主题发言稿。主题发言稿内容主要包括：学校、年级、班级基本情况，本次家长座谈会主题产生的过程，班主任的主要观点、实施措施、希望家长配合的事宜，等。

（二）科任老师准备工作

任课老师既是中职学校实施学科教学的主要承担者，又是全员育人德育教育的实施者，特别是专业学科的任课老师，因为专业课教学体现了职业教育的特色，其成功与否关系到学生职业态度、职业道德的形成，影响学生未来职业的发展。各任课老师要与家长充分交流学生职业态度、职业道德形成情况，学科学习情况，取得的成绩，存在的问题，改进的措施，希望家长配合的事宜，等。

1．本学科基本情况介绍，包括学科体系、职业道德、职业能力、培养途径。

2．本学科学习情况介绍，包括学生学习态度、学习过程、取得的成绩、存在的问题及改进策略。

3．配合班主任进行德育教育的情况，与学生沟通学习问题的情况，希望家长在学科教学中配合的事宜。

（三）班委会准备工作

班委会是学生的自主管理机构，是培养学生工作能力、组织协调能力、人际关系处理能力的重要舞台，是家长座谈会的具体准备、组织和实施主体。

1．协助班主任做好家长座谈会的组织工作，明确班委会成员各自的工作任务。

2．协助班主任做好家长座谈会议程安排。

3．做好家长座谈会会场布置，包括与主题相适应的装饰、宣传标语、黑板板书、座位等的布置与安排。

4．家长座谈会资料收集，主要是学生学校学习生活音视频资料收集，包括晨跑、早餐、早读、上午课、午餐、午休、下午课、晚自习、晚就寝，社团活动，主题班会，学校重大活动，学生作业、试卷、成绩，等等。

5．拟在家长座谈会上展示的学生学校学习生活的音视频、演示文稿 PPT 等材料的准备与制作。

6．家长座谈会其他书面材料的准备，根据不同议题准备相关书面材料。

（四）家长的准备工作

家长是家长座谈会的主体，是与学校对等的一方。家长一定要重视自己的地位与作用，积极主动参与家长座谈会的筹备，合理表达自身需求，与学校积极沟通，达成共识，共同确定家长座谈会主要议题。

1．与学校沟通，共同确定议题。

2．根据议题准备要表述的意见。

3．会上要发言的家长准备好发言稿。

4．对学校、班级的意见、建议和要求。

5．须单独与老师沟通的事项。

6．反馈是否能到会，不能到会的要制订好补救措施。

7．注意会议时间、地点、主题。

（五）家长座谈会教室布置

1．打扫卫生。桌椅抹干净，地板拖干净，垃圾倒干净。

2．整理教室。课桌横竖对齐，讲台干净整洁，教室墙面的张贴有班级特色，卫生工具摆放有序。

3．将每位学生的作业本、考试试卷、成绩单及相关资料统一摆放在桌子的右上角。

4．在黑板上写好欢迎标语，如"欢迎家长来校交流指导工作""家长您好""××班家长座谈会""××班欢迎家长来校座谈"等，四周还可以配上学生的装饰画。

5．要求学生告知家长本班教室的具体位置以及自己在班级教室里的具体座位。

三、家长座谈会的实施

1．会议议程。

（1）组织家长收看大会统一讲话。

（2）组织任课老师汇报学生各科学习情况。

（3）班主任汇报班级整体情况。

2．家长参加家长会的要求。

（1）认真听讲座，不要看手机，不要随意走动。

（2）将手机关机或设置为静音状态，有急事要接电话的须到教室外去接听。

（3）不迟到、不早退，会上不抽烟。

（4）若有疑问，散会后与班主任私下沟通。

3．班主任发言稿的基本内容。

（1）班级学生入学的基本情况（新生第一次家长座谈会）或过去一个学期的基本情况。

（2）班级管理思路及方法。

（3）本期学生各方面的基本表现，如常规表现、学习考试成绩、竞赛获奖情况、文体活动开展情况等。

（4）对成绩突出的学生进行表扬与鼓励，如在重大活动中表现突出者、三好学生、优秀干部、技能标兵以及取得荣誉多、进步大的学生等。

（5）班级要求家长今后配合解决的主要问题，如关注孩子与孩子共同成长、严格要求孩子与多沟通相结合、注重言传身教等。

4．班主任通报学生情况时注意事项。

（1）以幻灯片或音视频介绍班级情况时，务必从不同的角度全面地把学生阳光的一面表现出来，诸如课堂学习、课外活动、技能比武、课余生活、同学友谊、师生情谊、班会开展等都要涵盖，让家长对学生的在校表现形成立体的认知。

（2）必须让每个学生都有画面或声音，让每一位家长在观看时都可以找到自己的孩子。

（3）对表现不尽如人意的学生，不宜在家长会上点名批评，而只指出现象，这既是照顾家长的情绪，也是为以后孩子的转变留有余地。不点名批评比点名批评的效果要好。

（4）对点名表扬的学生，尽可能总结其奋斗拼搏的精神，尽可能用具体的事例来说明其被表扬的原因，以树立正面形象和典型。

（5）在班级建设中，要突出班级教师团队的作用。虽然任课老师会介绍其所教学科的情况，但从班主任的角度描述出来的教师团队更有说服力。

（6）尽可能地把班级管理与学校要求结合起来讲，让家长感受班级管理有条不紊的同时，对学校产生信任感，在潜意识里感到选择本校就读是明智之举，有成就感和安全感。

四、家长座谈会会后工作

1．热情而耐心地接待会后自愿留下来的家长，这些家长往往更希望与班主任沟通自己子女的教育情况。

2．尽可能地请家长到办公室进行交流，因为办公室的环境和氛围更有利于沟通。如果遇到许多家长围着讲台，且其反映的问题是比较普遍的情形，就可以当众回答；如果学生情况比较特殊，一定要请家长到办公室单独沟通，一般可以用"××家长，您孩子有些特殊情况，我们到办公室沟通吧"这样的语句。

3．对私下沟通的家长，应该充分肯定学生的长处，并综合反映学生的在校表现；指出学生的不足之处时，落脚点要更多地放在和家长一起商量具体的策略和建议上，切忌责怪和批评家长。

4. 建立顺畅的沟通渠道，特别是对情况相对复杂的学生，一定要留下家长的多种联系方式，比如手机号码、微信、工作单位联系电话等。

5. 形成会议纪要。由班主任会同班委会根据会议记录，统计到会情况，形成文字性的会议纪要，在家长群发布，并与未到会的家长沟通有关情况。

第二节　家长座谈会实施

家长座谈会的实施，以学校规定的时间和主题为主线，以班级的具体实际为主要内容，根据不同年级的特点确定实施方案。高一第一学期，召开新生家长座谈会，以让家长和学校相互了解为重点；高一第二学期，召开学生成长成果汇报会，以学生在校表现和进步为重点；高二第一学期，召开学生达级、分班考试家长座谈会，重点介绍湖南省英语、计算机等级考试和对口班的分流考试等情况，同时对学校分流政策进行解读；高二第二学期，召开新组建班集体家长座谈会，重点通报重新组班后的班级建设和省文化普测情况；高三第一学期，召开对口升学动员家长座谈会，重点分享升学成功经验，为来年高考助力；高三第二学期，召开高考冲刺家长座谈会，重点指导家长如何帮助学生取得好的成绩，如何填报志愿。

尽管一次家长座谈会具体实施起来只有短短的几个小时，但前期无论是宏观上的整体设计还是微观上的一句给家长的建议，都需要教师花费大量的时间和心血去精心准备。每一次家长座谈会的主题不尽相同，形式也丰富多样，但最终的目的都是实现请家长参与、与家长交流、和家长共同教育引导孩子成长。

保障家长座谈会的顺利实施，最好的方法就是认真做好具体方案。在制订方案时，首先应该对座谈会的主题有充分的把握。班主任讲话是家长座谈会上一项十分重要的内容，教师对家庭教育的指导主要也是通过班主任讲话来实现的。因此，在前期准备过程中要精心撰写讲话稿。其次，要制订出周全的议程。再次，要准备好各种材料，特别是发言材料，比如"开场白""给家长的一封信""班主任的发言稿"等。最后，为防止可能出现的意外事件，班主任还要针对可能出现的意外状况做好应对预案。这里要特别强调的是，家长座谈会的组织者要明确学校的办学定位和专业人才培养要求，对班级情况、家庭情况等进行分析，从而明确教育目标，确立家长座谈会的主题和整体设计思路。

下面，我们通过具体案例从宏观上、整体上对家长座谈会的设计思路做具体展示。

示 例 ①

××班一年一期期末家长座谈会方案

一、召开家长座谈会的目的

1. 加强与家长的交流与沟通。

2. 向家长宣传学校的办学成果和学生的先进事迹。

3. 指导家长积极配合学校及班级的教育教学工作，共同解决教育工作中的问题，达到共同管理教育学生的目的。

4. 为提高学校及班级的教育教学质量，广泛听取家长的意见和建议。

二、家长座谈会前的准备工作

1. 座谈会前告知每位家长具体时间和地点（书面通知与电话通知），确保家长的到会率。

2. 准备好如下资料：

（1）给家长的一封信。

（2）学生在校情况汇报表。

（3）家长联系电话及家长意见反馈表。

3．教室布置：

（1）彻底搞好教室的卫生（黑板、讲台、课桌、卫生角）。

（2）黑板上写好欢迎标语和会议程序。

（3）按学生座位表在桌子右上角贴好学生的名字，让家长对号入座。

4．制作好家长座谈会上使用的多媒体课件。

三、家长座谈会议程

1．组织家长有序进入本班教室，按学生座位表就座（指派两名班干部引导家长就座）。

2．班主任致欢迎辞，同时向家长提出座谈会的纪律要求。

3．组织家长观看学校的宣传片并听取主讲人的讲话。

4．学生开始主持家长会（学生主持）。

（1）学生技能展示。

（2）班级活动介绍（军训、校运会、艺术节等）。

（3）任课教师介绍本学科情况。

（4）班主任讲话（使用多媒体课件）。

（5）听取家长的意见和建议（回收《家长联系电话及家长意见反馈表》）。

（6）学校收费情况汇报及退费。

5．家长个别交流和沟通（主要是后进生及男寄宿生的家长）。

四、家长座谈会书面资料

1．开场白

尊敬的各位家长：

非常感谢您能在百忙之中抽空参加我们的家长会，关于您小孩一个学期以来的学习情况及在校表现，现以书面形式向您汇报，敬请仔细阅读以下《给家长的一封信》及《学生在校情况汇报表》，并请认真填写好《家长联系电话及家长意见反馈表》，然后沿撕裂线撕开，将反馈表交还给班主任老师，谢谢您的支持与配合！

2. 给家长的一封信

尊敬的各位家长：

为了促使您的孩子养成良好的学习习惯，促进孩子的健康成长，敬请各位家长务必配合学校做好以下工作：

1. 请督促子女做好基本风纪要求：不烫发，不染发，男生不留长发；不戴首饰，不留指甲，不涂指甲油；在校期间穿校服、戴校牌。

2. 严格执行请假制度。学生要请假不来上学，请家长务必提前电话告知班主任，并请家长严格把好关，不要轻易给您的子女请假，以免影响其学习。

3. 学生每天早上到校时间为7：50，请家长每天督促子女按时上学，做到不迟到、不早退、不旷课。

4. 学生一般每天都有家庭作业或技能训练任务，请在家督促子女按时完成，并请家长要求子女每天背书包上学。

5. 对子女抽烟、酗酒、进网吧、玩通宵等不良习惯，要加强管理和教育，并督促其改正。

另外，还有两个问题须向家长解释和说明，请家长理解和配合：

1. 因期末考试刚考完，成绩还未出来，故家长只能寒假期间在学校网站（http://www.cscjedu.com）查询，具体查询方法已告诉学生本人。

2. 下学期开学报到时间为 × 月 × 日，学生可于开学前3天在长沙市内的建设银行、工商银行、长沙银行各网点凭缴费号缴纳学费，学生交费后须将绿色收据联交班主任，由班主任收齐后交财务。少数外地学生无法提前交费的，请于开学报到时带银行卡来财务室刷卡交费，不收取现金。

祝各位家长：新年快乐，身体健康，工作顺利，全家幸福！

班主任：× × ×

× 年 × 月 × 日

3. 学生在校情况汇报表

学生姓名：

（1）期中考试成绩：

项目	电子商务	计算机	会计基础	语文	数学	英语	总分	名次
期中考试成绩								
本班最高								

（2）技能达标成绩：

考核科目	英文录入	中文录入	英语口语	会计实务	数字书写	朗读
成绩						

（3）常规表现：

常规量化总得分	班级最高得分	班级名次

（4）班主任评语：

4．班主任家长座谈会发言稿

【范文1】

终身学习，共同提高
——争做优秀家长

尊敬的各位家长、各位老师：

大家下午好！

我是1435班班主任李××，担任班主任工作近20年，同时也是一位家长。很高兴在此和大家一起分享做家长的心得体会，我分享的题目是《终身学习，共同提高——争做优秀家长》。

首先想和大家分享的是前段时间微信圈非常火的一篇文章——一个小学五年级学生写的作文《我的妈妈是一个没用的中年妇女》，其中这几段文字给我留下了深刻的印象：

"我的妈妈不上班，平时就喜欢打牌和看脑残的电视剧，一边看还一边骂，有时候也跟着哭。她什么事也做不好，做的饭超级难吃，家里乱七八糟的，到处不干净。

"她明明什么都做不好，一天到晚光知道玩儿，还天天叫累，说都是为了我，快把她累死了。和我一起玩的同学，小青的妈妈会开车，她不会；小林的妈妈会陪着小林一起打乒乓球，她不会；小宇的妈妈会画画，瑶瑶的妈妈做的衣服可好看了。我都羡慕死了，可是她什么都不会。

"我觉得，我的妈妈就是个没用的中年妇女。"

也许这篇文章有炒作的成分，但作为一个教育工作者，一个家长，我觉得，该文章给我们提出了一个非常尖锐的问题：今天，我们该怎样做家长？做什么样的家长？从这个意义上说，这篇文章发人深省，振聋发聩。看完之后，我马上联想到一个朋友有次聊天时说的一件事。一天，她刚大学毕业参加工作的女儿对她说："妈妈，以后我有了孩子不想要你带，我怕他跟你学坏。自从你转到一个比较悠闲的岗位后，下班不是打牌、购物，就是做美容。你学中文的不写文章，在家里还埋怨这埋怨那的，有时打电话都是些无聊的八卦，没有积极向上的精神，没有事业心。"

一个五年级的孩子说"我的妈妈就是个没用的中年妇女"，一个大学毕业参加工作的孩子说"妈妈，以后我有了孩子不想要你带，我怕他跟你学坏"，两个看似叛逆的观点告诉了我们家长什么呢？作为一个教育工作者，也是一位家长，我觉得主要有四点启示：

1. 孩子学会了评价家长，对家长的要求越来越高，他们敢于表达了；

2. 虽然孩子长辈意识淡了点，但他们讲得有道理；

3. 怎样做一个优秀的家长，已经摆在了我们面前；

4. 我们唯有终身学习才可以树起家长的形象。

那么，怎样做一个优秀的家长呢？每个人都会有自己的标准和侧重点，在此我和大家分享三点体会，也是我作为家长、作为老师认为最重要的三个方面，希望能和大家产生共鸣。

第一，陪伴是最好的礼物。

记得我儿子8岁的时候，有一天晚上，他睡着了，我忽然接到外地同学的电话，说他到了长沙，希望能与我们夫妻俩见个面。我和丈夫商量，见个面就回，孩子应该不会醒，没有问题。于是我们夫妻俩就反锁了门，见同学去了。等我们凌晨1点左右回家时，发现家里灯火通明，所有的灯都打开了，电视也开着。我和丈夫分析了很久，认为应该是孩子醒了，喊爸爸妈妈没有回应，于是就开灯找，结果也没有找到，至于他有没有哭，我们不知道，但有一点是肯定的，那就是他一定经历了晚上父母不在身边的恐惧。后来儿子告诉我，开着灯和电视，有了光和声音才没那么害怕了。我们反思，作为家长，我们失职了，让孩子受到了心理的伤害。当时我们就商议：以后不管遇到什么情况，都必须留一个人在家陪伴孩子，这个习惯一直保留到现在。

亲爱的各位家长，在市场经济形势下，我们有很多理由解释自己为什么不能陪伴孩子：因为工作忙，因为压力大，因为朋友多，因为有爷爷奶奶、有外公外婆，因为我们自己曾经也没有父母陪，甚至我们不陪可以培养他的自强自立的品格，等等。但是，您想过没有，当孩子孤独时，孩子烦恼时，孩子无助时，孩子恐惧时，孩子失败时，这个时候如果他的父母和他在一起，陪他渡过难关、驱散心里的阴霾，对他来说这是多么幸福的人生体验啊！

家长朋友们，抽点时间陪陪孩子，一起吃饭，一起聊聊天，一起看看电视，一起散散步，让他们感受到家庭的温馨，让他们享受到亲情的温暖，这有利于孩子的成长，更有利于家庭的发展。请相信：陪伴是最好的礼物，今天你陪孩子一起长大，明天他陪你慢慢变老。

第二，鼓励是最好的办法。

"望子成龙，望女成凤"是人之常情，但怎么样让自己的孩子成龙成凤呢？每个家长都有自己的一套。有的家长把希望寄托在学校教育，让孩子从小学起就寄宿；有的家长看重培训班，孩子的节假日都安排得满满的；有的家长相信"棍棒底下出孝子"，孩子稍不如意就诉诸武力。不可否认这都可以取得一定的效果，但我认为家庭教育的主旋律应该是鼓励，从长远看，没有比鼓励更能激发孩子潜能、更能促进孩子成长成才的了。

在此我和大家分享一则寓言故事——小闹钟。

一只新组装好的闹钟放在了两只旧闹钟当中。第一只旧闹钟对新闹钟说："你也开始工作了？可是我有点担心，一年要走3160万步，你能行吗？""天哪！3160万步。"新闹钟吃惊不已，"要我做这么大的事？办不到，办不到。"第二只旧闹钟说："别听他胡说八道。不用害怕，你只要每秒滴答摆一下就行了。""天下哪有这样简单的事情？"新闹钟将信将疑，"如果这样，我就试试吧。"新闹钟很轻松地每秒钟"滴答"摆一下，不知不觉中，一年过去了，它摆了3160万次。

亲爱的各位家长，这个寓言给我们的启示是：对一个新闹钟而言，摆3160

万次是个很大的数字，它不知道自己是否可以完成。但是，一秒钟摆一下却是它可以做到的，也是它能理解的，而只要它坚持摆一年，3160万次就可以完成。新闹钟的成功离不开第二只旧闹钟的鼓励。我们对孩子的要求也是一样，成龙成凤的愿望就像对新闹钟的要求一样，如果我们像第一只旧闹钟告诉新闹钟一年要摆3160万次那样，他就会吃不消，既难理解，又难接受，更难实现。但当我们像第二只旧闹钟一样，要求孩子每天都进步，每天都努力，上好每节课，做好每道题，这些却是孩子可以做到的，孩子最终会集小胜为大胜，取得长足的进步。家庭教育要像第二只旧闹钟鼓励新闹钟一样，也要找到鼓励孩子进步的方法和途径。

各位家长，让我们掌握鼓励孩子的方法吧。当孩子考试取得优秀的成绩时，我们鼓励他说："成绩都是辛勤付出的回报，相信你会再接再厉，再创辉煌。"当孩子考试成绩不如意时，我们鼓励他说："你还是尽了力，不是有两门考得较好吗？再加把劲，下次考试就会有进步，机会总是有的。"当孩子很努力，却没有取得预期的成绩时，我们鼓励他说："你的努力最终会取得好成绩，这次考差点不要紧，父母为你加油，坚持坚持再坚持，坚持就是胜利。"总之，不论什么时候，不论什么场景，作为家长，我们都要发现孩子的闪光点，为孩子加油，为孩子鼓劲。我们要坚信，父母的鼓励一定是孩子积极向上的不竭动力，一个在鼓励中成长的孩子更健康、更阳光。

第三，榜样是最强的力量。

我们认为，教育是从模仿开始的，家长是孩子最直接的榜样，是孩子最好的老师。这里我还要和大家分享一个流传在阿根廷的民间故事——木碗的故事。

一家人吃饭，父母、孩子和爷爷。因为爷爷手指颤抖，经常把碗摔在地上，父母不耐烦了，就弄来一个小木碗，让爷爷在旁边小木桌上吃饭。一天，父母下班回来看到孩子正拿一块木头刻着什么。他们好奇地问孩子在干什么，孩子回答说："我在刻木碗，将来等你们老了给你们用。"孩子的话让父母很受震动，晚上父母又重新把爷爷请到大桌上吃饭了。

　　亲爱的各位家长，人们常说："人在做，天在看。"其实，当我们有了孩子的时候，我们就会发现，"父母在做，孩子在看"，我们的言行举止常常被孩子模仿。这个故事告诉我们：当我们为父母准备小木碗时，孩子就会琢磨给我们准备小木碗。不仅在孝敬父母方面如此，家长其他方面的言行也是这样：我们的习惯最终会对孩子习惯的形成产生深远的影响。

　　如果你要求自己的孩子考到前十，那就先想想，自己在单位或者企业的业绩，是不是也排到了前十；如果你要求自己的孩子去写作业，那就先看看自己在做什么，是想看书呢，还是想去打麻将；如果你要求孩子不玩手机、不玩游戏，那就先看看你是不是放下了手机；如果你发现了自己的孩子不尊重老师，与同学不太友好，那就先想想自己是不是孝敬父母尊敬领导，与兄弟姐妹和同事的关系是不是和谐。

　　刚为人母的时候，我曾经请教过一位老同事，问她如何教育孩子。因为她的两个孩子都很优秀、很听话，大家都羡慕她。老同事对我说："我们没有别的，每天吃完饭散步，散完步回家，一家四口，一张桌子各坐一方。我们夫妻备课，两个孩子就写作业。不懂的就问，就讨论。"今天，一家人坐一张桌子备课和写作业的情景可能很少见了，但老同事的话却告诉我们：家庭环境对孩子的成长是多么的重要。甚至可以说，只要有了一家人同学习同工作的氛围，孩子教育自然就成功了。与之相反，我的一个学生曾经向我诉苦："李老师，您不晓得咧，我家有张万能桌。吃饭时，是饭桌；客人来了，是招待桌；我爸的牌友来了，是牌桌；最后才是我的书桌。"同样的时代背景，同样的桌子，却演绎着不同的故事和人生。今天，我们知道了家庭教育的重要性，很多家长热衷于想方设法地把孩子送到名校，甚至国外，却忽视了家庭环境对孩子的熏陶。真诚地希望，我们家长能尽最大的努力为孩子营造一种爱学习、重文化的家庭氛围。只要我们坚持，我们的孩子必定会在潜移默化中成长成才。

　　亲爱的家长朋友，我们宽容、优雅，孩子就会变得宽容、优雅；我们专业、优秀，孩子也会慢慢认真对待学习；我们阳光、积极，孩子才能阳光、积极地面对一切。心存这些美好的品质，坚守这些优秀的信念，我们就能影响孩子。我们的心情会更愉快，我们的家庭就会更和谐，我们的生活就会更幸福。

以上就是我和家长们分享的三点体会和感悟：陪伴是最好的礼物，多陪陪孩子；鼓励是最好的方法，多鼓励鼓励孩子；榜样是最强的力量，时刻记得身教重于言教。

最后，我以诺贝尔文学奖获得者、我国著名作家莫言先生谈家庭教育的六句经典箴言作为我这次分享的结语：

第一句，好父母都是学出来的。没有天生的成功父母，也没有不需要学习的父母，父母的成功都是不断学习提高的结果。

第二句，好孩子都是教出来的。我接触过数百位优秀父母，他们的一个共同点就是在教育孩子上费尽心思。

第三句，好习惯都是养出来的。其实孩子身上的多数习惯——无论是好习惯还是不好的习惯——都是我们父母在有意无意间培养出来的。

第四句，好成绩都是帮出来的。帮助孩子适应教育环境是我们父母的一份应尽的义务，而帮助孩子减负的最好办法是我们父母增负，就是我们父母能够成为孩子的导师。

第五句，好沟通都是听出来的。孩子面临的是学习的压力，母亲面临的是事业的压力，这就更需要加强沟通。

第六句，好成就都是化出来的。智力不是最重要的，比智力重要的是意志，比意志重要的是胸怀，比胸怀重要的是一个人的品德。意志、品德、胸怀这些更重要的因素不是通过父母的说教等"显教育"就能产生效果的，而是通过父母的行为即"潜教育"化进孩子的血肉里的。

祝各位家长事业有成，家庭幸福！祝孩子们健康阳光，天天向上！谢谢大家！

【范文2】

共同托起明天的太阳

尊敬的各位家长：

首先，感谢您在百忙之中抽空来参加家长会，关心、帮助、教育和引导孩子健康成长是我们共同的心愿！孩子的健康成长和未来发展高于一切！

为什么这么说呢？因为我觉得我们这次家长座谈会的意义不仅在于我们能进行更多的交流，而且，在学生的心中，只要自己的家长来参加了会议，就是他们的骄傲和幸福。为了他，爸爸妈妈不顾旅途辛苦，不管工作繁忙，来参加家长座谈会，来关心他的学习和生活，孩子会很感动，这会转化为孩子取之不尽用之不竭的力量源泉。召开这次家长座谈会的目的是让家长进一步了解孩子的成长，陪伴孩子一起成长，积极参与到学生的教育管理中来，使我们的学生、你们的孩子能得到最好的教育，以实现家长、孩子、老师三者共同的目标。用一句话表达，就是"一切为了学生，为了学生的一切"。这是我们教育的一个根本出发点。我希望，也坚信，从这个出发点出发，我们的家长座谈会一定能够达到预期的效果，取得圆满的成功！

刚才班干部代表已经向各位家长汇报了本班的情况，下面由我代表我们班的全体老师与各位家长朋友交流我们的教育教学工作。

老师的教学理念：关注班上每一个学生；没有最好，只有更好！不以一时成败论英雄；希望每个人都有好前途。

班级管理理念：培养有理想抱负的人，培养良好的道德品质，培养良好的心理素质，培养良好的学习习惯；严格要求，自主管理，让每一个学生都健康成长，成人成才！

本期班级建设的目标：第一，教会学生做一个文明的人，有礼貌，爱劳动，讲卫生，求上进，懂得感恩；第二，教育学生养成良好的生活习惯，讲诚信，守时，学会处理好人际关系，能掌握一定的技能，从合格的普通劳动者做起。我常常对他们说："我们每一个同学都要自觉地遵守校纪班规，学校的要求都是社会的要求，是企业的要求，是用人单位的要求。只有做一个符合社会要求的人，才会有自己的发展空间。"每周我都会要求他们记下一句名言并践行，如"天下无难事，只怕有心人""只要我们选定了目标，就要坚定信念，树立信心，不达目的不罢休""优秀是一种习惯，安静是一种自律""多为成功找方法，少为失败找借口"等。我相信只要教给学生积极的人生态度和上进的处事方法，就能让他们受益终身，快乐一生。一年下来，在我们全体老师和全班同学的共同努力下，我们班的班风和学风得到了校领导和任课老师的极大肯定。绝大多数同学学习目标明确，表现优秀。虽然个别同学自觉性差一点，但在老师和同学的帮助下，进步也很快。

严格管理，依规治班。一个班级没有严明的纪律是不可能有好的班风、学风的。为此，我重点强化了纪律观念的培养，提出在纪律面前"没有借口"。同时，我也强化了时间观念、团结合作意识、劳动意识等方面的培养。我认为，劳动是教育人的最好方式，只有努力劳动，他才会懂得今天的幸福生活来之不易，才懂得珍惜。同时，我注重学生良好生活习惯、卫生习惯的培养。我告诉学生，习惯决定性格，性格决定命运，要想成就大的事业，就得从身边小事做起。比如：提前20分钟进教室早读；按时完成每天的卫生打扫（教室、寝室、公共区），并且保证质量；按时休息，不随意请病假、事假；课堂上遵守纪律，认真听讲；等等。现在，很多同学养成了良好的学习生活习惯，这在德育评估得分中能够得到充分的体现。

各位家长，孩子是我们的希望，我们都希望自己的孩子有出息。当了近三十年的老师，我常听到家长满脸歉意地对我说："老师啊，我那孩子真是气死我了。我自己也没读多少书，什么都不懂，我那孩子就交给你们老师了。"其实这种说法是不对的。河北有个偏僻的山村，村里有一位农妇，她把她的五个孩子都培养成了大学生、博士生。与此相对的是，北京有一对教授夫妇却被自己的儿子杀害，他们的孩子后来说："其实我的父母很可怜的，他们到死也不知道我到底想要什么。"这些事例说明，培养孩子成功与否和父母自身的受教育程度是不成比例的。我可以肯定地告诉在座的每一位家长，你们都可以成为教育家！父母是孩子的第一任老师，要教育好学生，必须要有家庭、社会的配合，这样由学校、社会、家庭组成三位一体的教育，才能让学生有一个适合成长的环境。为此，我真诚地向在座的每一位家长提出几点建议：

1. 每个孩子都有一个家，家庭是孩子成长的第一所学校，父母是孩子的第一任老师。家庭环境的好坏，直接影响孩子能否健康成长。这里说的好坏并不是指家庭的富裕程度，而是指家风。心理学家讲：如果孩子生活在批评中，便学会谴责；如果孩子生活在敌视中，便学会好斗；如果孩子生活在鼓励中，便学会自信；如果孩子生活在受欢迎的环境中，便学会喜欢别人；如果孩子生活在友谊中，会觉得生活的世界多么美好。孟母三迁的故事想必大家都知道，所以我们必须为孩子创设祥和安宁的学习和生活环境，鼓励孩子静心思考自己的前途，思考应该为步入社会做好哪些准备。

2. 家长要了解学校对学生的要求，积极配合学校做好工作。比如，我们在学校教育学生要懂文明、讲礼貌，当孩子在家里时，家长就应该做好这方面的工作，这样，对孩子的教育才能实现一致性。同时，我还希望家长能和孩子一同成长，你对孩子的要求，同时也是对自己的要求。再如，学校要求学生不进"三室一厅"和网吧，但据我所知，周末还是有一些学生会进游戏厅，甚至跟一些社会青年走得比较近。各位家长，如果您不放弃教育，每个孩子都是可造之才。

3. 科学地分析和对待孩子的成绩。不以成绩论英雄，学习成绩好，并不意味着思想好、能力高；学习成绩差，也不意味着思想落后、能力低。现在的社会需要各种各样的人才。只要有能力，只要发愤图强，任何一个学生都能在社会上立足，并且成就一番事业。不要总拿孩子的弱项跟别的孩子的强项比。比可能激发孩子的斗志，也可能伤害孩子的自尊、打击孩子的自信，希望家长用帮助和鼓励的态度对待孩子的不足。

4. 我想谈谈班上存在的问题及后一阶段的安排。

（1）关于行为习惯问题。如学校对烫发，打耳洞，戴项链、手链、戒指，涂指甲油，女生化妆，男生留长发等不符合学生形象要求的现象是明令禁止的，希望家长一定要支持学校，对孩子加强教育和引导。

（2）关于谈恋爱的现象。希望家长多关心，多观察孩子的变化，教育孩子加强自我保护意识，懂得自尊、自爱、自立、自强。当然，如果发现孩子早恋也不要太着急，急不能解决问题，我们要引导他们树立正确的爱情观，对他们做好心理疏导。因为中职阶段的孩子正处于青春萌动、生命勃发的时期，容易剑走偏锋，叛逆、固执、冲动、意气用事，需要我们耐心地、长期地反复做工作。

（3）关于手机的问题。班上手机问题严重，上课、晚自习和早自习都有玩手机的现象。现在手机功能多，很多学生用手机上网、玩游戏、看电子小说等。有的学生一天到晚抱着手机在玩，甚至晚上就寝后还在看手机，导致白天没精神听课，所以一定要严格控制使用手机的时间。早自习、晚自习、读报课，一律不准玩手机。一旦让我发现，我会没收，第一次代管一个星期，第二次就叫家长来领。我希望家长全力配合。如碰到学生不肯交，请家长一定要让他们交出来，我会打电话给你们。如果请您过来领手机，也请您不要觉得麻烦，再忙都要抽空过来。不然班上学风就会难以好转。

（4）关于请假的问题。学生请假不来上学，必须由爸爸妈妈亲自跟我请假，提前跟我请假，再忙也得打个电话来。现在家里都只有一两个小孩，出不得什么意外。

（5）关于安全的问题。主要是上学和放学回家途中的交通安全问题，请家长多多叮嘱。另外，请家长教育学生不要与社会上的不良青年一起玩，不要私自下河游泳，等等。

今天，我主要就讲这些内容，说得不对的地方请大家指正。最后我想说：

我衷心希望学校的工作能得到各位家长的大力支持，并坚信在学校、家长、学生三方共同努力下，能实现我们共同的美好的目标，让我们拭目以待。最后谨祝大家：身体健康，工作顺利！

示例②

中职1709班一年级第二学期末家长座谈会实施案例

一、总体构想

（一）专业特色

本班为文秘专业对口升学班。本专业培养具有良好思想道德素质，掌握必要科学文化知识，具有文秘专业的工作技能，熟悉秘书、文员等岗位的工作流程，具有较高的文化素养，适应秘书、文员等岗位工作第一线需要，有一定管理能力并懂企业运营流程的高素质劳动者和技术技能人才。简而言之，目标就是"胸藏文墨虚若谷，腹有诗书气自华"：外在上待人接物彬彬有礼，内在上为人处事谦恭和善。做到知书达理、内外兼修。

（二）班情分析

本班为文秘专业对口升学班，学生经过一个学年的学习，已具备一定的专业知识和技能。学生落落大方，乐于参与各项活动，多才多艺，善于交流分享。班团干部各有所长，既能独当一面，也能团结合作，队伍凝聚力强。但是学生没有了高一进校时的新鲜感，同时还感受不到高考的压力，容易出现疲劳和倦怠，再加上面对即将到来的高二学业分流，班内有学生出现了一些不稳定情绪，如：有的学生面对家庭结构的变化或父母在两个孩子间的"不公平"时不知如何处理，出现亲子沟通问题；有的学生由于偏科现象明显，对学习成绩的担忧加剧；由于文秘对口高考招生学校、指标数偏少，该专业的部分学生对本专业高考前景心存疑虑，产生了学习疲劳和倦怠。

（三）家情分析

从高一一年的家校互动情况来看，我班学生家长整体素质较高，大都通情达理，能积极配合学校和教师的工作，但也存在以下几个问题：

1. 有的家长对孩子教育不到位，对孩子关注和陪伴较少。

2. 部分家长对孩子期望过高但又信心不足，对孩子施加压力过大。

3. 部分家长只关注学业成绩而忽视孩子其他方面的发展。

（四）教育目标

1. 认知目标：了解高二阶段培养目标、学业任务和学生特点，明确家庭教育的重要性。

2. 情感目标：认同父母是孩子心理导师的角色，树立关注孩子身心健康、父母与孩子共同发展的意识。

3. 行为目标：自我剖析，查找不足，履行家庭教育的责任，付诸行动。

（五）设计思路

环节名称	环节内容
导入	时光剪影，见证成长
	见字如面，铺垫情感
环节一：成长足迹	花开有时——班级总结
	举止有礼——技能展示
环节二：成长烦恼	少年的你——"天台告白"
	父母的心——家长发言
环节三：成长护航	团队力量——辅导员发言
	守护使者——班主任发言
会后拓展	单独交流——答疑解惑
	合影留念——联结情感
	亲子共读——共同成长

二、活动准备

（一）明确主题

提前两周公开向全体家长征集家长座谈会主题，将征集到的备选主题合并公开，通知家长投票选出正用主题。投票结束后，向全体家长公布投票结果，公示本次家长座谈会主题为"科学定位、夯实基础、平稳过渡"，以方便家长发言或会上交流。

同时，准备以下5个相关问题，以便灵活穿插于家长座谈会中进行交流、讨论，并且，请家长们提前投票，选出其中2个问题作为本次家长座谈会的主要论题，另外3个作为备用论题。这5个问题是：

1．家长如何正确面对孩子的成绩？

2．如何安排假期？

3．如何成为学习型家长，与孩子共同进步？

4．家长如何重建对孩子的信心？

5．家长应该如何看待孩子学业和综合素质发展的同等重要性？

（二）具体准备

1．材料准备：调查问卷、鲜花、饮用水、信封、信纸、文件夹、邀请函、成长档案袋（包括个人学习成绩单、荣誉证书、相关照片）、亲子阅读资料、相机（或手机）。其中，邀请可以有以下三种模式。

第一种，由学生自己撰写、设计。版面由学生自己设计，内容可以经班委会讨论后形成，内容是："尊敬的×××同学的爸爸（妈妈），诚邀您参加长沙财经学校1709班高一下学期家长座谈会。如果您能来参加，我们感到十分荣幸和高兴。如果您抽不出时间可以和班主任另约时间……1709班全体同学恭候您的光临。"

第二种，班主任以微信的方式另发一封邀请函，大致内容可为："亲爱的盟友，能与您的孩子结下这一段师生缘分是我的幸福，能与您成为关爱孩子路上的盟友是我的荣幸。我诚恳地邀请您××月××日下午××时参加我所在的长沙财经学校1709班全体学生家长座谈会。真切地希望您能成为我们家长座谈会上的座上宾。您的到来会令孩子备感关爱，备受鼓舞，会令老师备感欣慰。如果您实在无法抽出时间，我会在家长座谈会后将这次会议的主要内容告诉您，请您保持手机畅通。我们班教室的位置仍在2栋教学楼三楼东头第四间，请第一次来参加家长座谈会的盟友不要走错。请穿高跟鞋的妈妈看清楚楼道再上楼。您的盟友、1709班班主任携本班全体任课老师恭候您的光临。"

如果有无法得知家长是否收到信息的顾虑，可以使用"晓黑板"App。班主任发送家长会邀请，家长不用回复文字，只须点"阅"反馈。反馈情况一目了然，班主任可以看出哪些家长未查看，并且还可以一键语音电话提醒未查看的家长，确保所有家长收到消息。

第三种，对个别家长而言，以上两种方式可能都无法打动他们出席。这时，班主任的电话邀请显得既郑重又诚恳。

2. 场所布置：将课桌布置成U型，教室文化墙、前后黑板报进行精心设计。教室布置的功夫在平时。例如，我班图书角书籍近300本。班上有专门的图书管理员负责每天借阅登记、图书整理、读书笔记和读书心得的推荐展示与出刊。一年坚持下来，等到开家长会时，每一位走进教室的家长都能够感受到浓厚的书香氛围：数十页的图书借阅登记表，班级展示栏上每月更新的读书心得和优秀月考作文，娟秀端正的钢笔字，稚嫩青涩但充满真情实感的班刊，还有教室四周学生活动和礼仪展示的照片，以及鲜艳的太阳花、向日葵等绿色植物，温馨舒适又富有诗书气息。这里要特别注意的是：每一次的无意展示其实都经过了思考和精心设计。例如读书心得、优秀月考作文、钢笔字等作品的展示，会偏重选择学习成绩欠佳的同学的作品，既让这部分学生找到学习的自信，又让这部分学生的家长收获惊喜。

3. 明确分工：在确定主题后召开班团干部会议，讨论家长座谈会形式和流程，全权交由班干部负责，分成五组并安排任务，班长李嘉祺负责组织、统筹。一组负责相关图片、视频的搜集并制作PPT、视频（组长：团支书王鑫）；

二组负责专业礼仪展示、情景剧编排（组长：文娱委员刘颖）；

三组负责后勤、场所布置（组长：生活委员曾春燕）；

四组负责接待和签到（组长：副班长张雅婷）；

五组负责家长座谈会全程摄像录音和新闻宣传工作（组长：宣传委员李芮希）。

课代表做好学期工作总结交学习委员李雨阳，李雨阳准备个人学习成绩单，班干部做好工作总结交班长李嘉祺。

班主任作为引领者、参与者和观察者，负责提前请家长录制相关视频、准备班主任发言和会后与家长单独沟通等工作。

4. 确定并培训主持人（吴若男、汪子骏），主持人负责沟通整个家长座谈会流程。

三、实施过程

（一）导入

1. 播放视频——《我们的时光剪影》。在家长座谈会开始之前循环播放，内容为本学期所开展活动和平时学习、生活、劳动的照片。这里，根据本学期家长座谈会实际需要，突出任课教师上课、辅导以及与学生交流的照片，为解决"如何帮助孩子正确评价任课老师"这一问题做铺垫。

2. 见字如面——《给爸爸妈妈的一封信》。观看视频的同时，家长可以阅览孩子写给自己的信。

【设计意图】站在家长的角度设计家长座谈会。家长抽出时间来参加家长座谈会是对学校教育的支持和对孩子的关爱，但他们内心更期望全方位地了解孩子在学校的学习、生活情况。播放视频环节的设计，一者可以让家长看到孩子在照片和视频中绽放的纯真、灿烂的笑脸，看到孩子在学校的收获和成长，使其感到欣慰和满足，产生自豪感；二者是对学校德育系列活动以及班风学风的直观展示；三者，座谈会的前半部分要进行家长学校集体授课，在会议开始前播放视频可以烘托气氛，缓解等待会议开始时的疲惫。而"见字如面"的书信交流方式则是为父母和孩子搭建有效沟通的渠道，让家长有机会聆听孩子内心最真实的声音。

（二）环节一：成长足迹

1. 花开有时——班级总结。

班长李嘉祺从以下四个方面对本学期班级工作进行总结，用视频动画加图片的方式全面展示班级建设成果：第一，活动育人，德育先行。主要介绍主题鲜明、形式多样的班团活动和班级获得的主要荣誉，如读书节系列活动（汉字听写团体总分第一、诗词大会团体总分第一、经典诵读一等奖、书香班级），获评红旗团支部、常规管理先进班级、卫生管理先进班级、寝室管理先进班级、技能比武优秀班级、最美教室等。第二，文化涵养，德润心灵。主要介绍特色班级文化"用文化涵养气质，让美德浸润心灵"，这里列举几例：我们的公约、第三党支部主题党日活动"文明礼仪伴我行"、第三党支部主题党日活动"探秘湖湘瑰宝，传承优秀文化，培养爱国意识"湖南省博物馆之旅、湖南省图书馆志愿服务活动、"让墙壁说话"、"书香浸润心灵，悦读伴我成长"阅读活动、"朗读者"活动、"美哉，《诗经》"吟诵学习等。第三，勤学善思，养智修德。主要介绍学习小组，"一对一"学习结对帮扶活动，重点表扬学习进步典型以及在省市文明风采大赛和各项活动中获奖的同学。第四，青春绽放，个性飞扬。主要介绍我班学生个人在团委、学生会工作中的突出表现，在各大活动中收获的成长和取得的成绩。

【设计意图】突出展示我校系列德育工作，拓宽德育途径，实现课程育人、环境育人、实践育人、文化育人等多措并举。同时，引导家长正确看待孩子学业和综合素质发展，明确两者的同等重要性。

2. 举止有礼——技能展示。

选取部分学生进行文秘专业技能展示，包括举止礼仪（站姿、坐姿、走姿、蹲姿），秘书日常交往礼仪（握手礼、鞠躬礼、合十礼、拥抱礼），递物礼，问候礼，秘书会务工作。其中，递物礼和问候礼通过接待家长时的问候、迎宾、奉茶等进行展示，秘书会务工作通过家长会的前期筹备、会中工作和会后工作等进行展示。

【设计意图】以最直观的方式展示学生优雅的体态和举止，让家长了解本专业的学习内容和特点。同时，学生待人接物、为人处世上彬彬有礼、从容大方的表现，一定程度上可以直观有效地改变部分家长过于重视成绩而忽视孩子综合素质的观念。

（三）环节二：成长烦恼

1. 少年的你——"天台告白"。

在家长会开始前一周，搜集学生最想对父母说的话，限时一分钟。经过班委会整理，选择最具代表性的五个话题，借鉴电视节目《少年说》站在天台上对父母、老师、亲人、朋友告白的形式，与父母面对面地进行沟通和交流。家长做现场回应。

【设计意图】以学生成长为中心，提出亲子沟通中的问题和困惑。让学生深刻感受到家长会不是"批斗会"，让家长感受到家长会不是"报告会"。激发学生的参与意识和家长与会的积极性，同时也为将来亲子、师生、家校和谐、有效沟通做铺垫。

2. 父母的心——家长发言。

根据本学期实际情况，着重邀请学习成绩优异、个性阳光积极、家庭环境和谐的学生的家长发言，请家长分享他的教育理念，以及他在孩子成长过程中起引导、示范作用的具体的事例。

【设计意图】通过家长的经验分享，帮助一部分家长认识到和谐的家庭环境、平和的亲子交流方式、个人言传身教的重要性。

（四）环节三：成长护航

1. 团队力量——辅导员发言。

英语教研室刘艳老师继续担任我班辅导员并兼英语教学工作。本学期家长座谈会上，刘艳老师作为辅导员、任课教师代表的发言从以下三个方面展开：

第一，作为任课教师，对全班英语学习情况进行总结并分析原因，对暑假英语学习进行安排，并给予家长建议；第二，作为两个孩子的妈妈，分享经验——二胎家庭如何平衡两个孩子之间的爱；第三，作为辅导员，从侧面介绍班风学风。

【设计意图】班主任提前与辅导员沟通、确立家长会主题，辅导员根据任教学科特点和自身优势进行具有共情性和说服力的发言，解决令部分学生和家长困惑的"如何平衡两个孩子之间的爱"的问题。

2. 守护使者——班主任发言。

根据家长座谈会主题，班主任发言从以下六个方面展开：

（1）学生特点分析。分析本年龄段学生的学习、生理、心理特点及形成原因。

（2）学习情况总结。本班学习氛围特点：学习氛围浓厚，竞争意识较强，但偏科现象严重，不少学生学习方法欠佳、学习效率不高、患得患失、心态不好。根据学生学习情况，大致可将本班学生分为三类：第一类，目标明确，刻苦努力，成绩优秀或进步较快的学生。这部分学生的家长不要再给孩子施加压力，要给予充分的信任，在他们遭遇挫折和失败时送上拥抱和鼓励。第二类，有目标，学习刻苦，但效果不太明显的学生。这部分学生的家长需要善用皮格马利翁效应，及时鼓励、引导，多给予信任，多与他们交流学习中的困惑，给他们坚持下去的动力，给他们足够的时间和信心证明自己。第三类，满足于现状，明白学习的重要性但缺乏动力、不够刻苦的学生。这部分学生大多性格外向，爱好广泛，可塑性强。家长要尊重孩子的兴趣爱好，多给孩子机会让其发挥所长，要善用南风效应，善于抓住促使学生转变的闪光点，例如学生在技能考核上一次成功的演讲，在"财经好声音"上一曲优美动听的歌，在数学课上经老师点拨后一次茅塞顿开的回答，每次作业一手漂亮的字，在"跳蚤市场"上一次独具创意的漫画，在读书会上一次分享时对"心中热爱"的侃侃而谈，等等。家长在听班主任总结时，结合成长档案袋里孩子的个人学习成绩单进行分析，对自家孩子科学归类，反思自己的教育方法。

（3）高考形势分析。就我校近几年文秘专业的高考形势做介绍和分析，主要从高考招生计划数、对口招生本科院校情况、我校历届高考情况等方面展开。

（4）下学期带班计划。其一，强化管理，营造良好的学习氛围。其二，调适心态，培养自信、积极、乐观、乐群的健康心理。其三，明确责任，培养一支高效率的班干部、课代表队伍。其四，确立目标，一定程度上解决偏科问题。其五，严抓习惯，注重考试后的总结、分析和反思。其六，保持一致，家长与老师形成教育合力。

（5）给家长的假期建议。拟定给家长的二十条建议：

第一，要把目光放长远些，每个孩子都是动态变化发展的。

第二，要学会控制自己的脾气。

第三，要么让孩子服气，要么让孩子理解。

第四，要学会在孩子面前示弱。

第五，要关注孩子的正向，发现优点，给孩子赋能。

第六，要学会利用关系网，发挥教育合力。

第七，要控制孩子的零花钱。

第八，要关注孩子的交友和外出活动。

第九，要尊重孩子的兴趣爱好，给予其发展的空间。

第十，要在孩子犯错时予以适当的惩罚。

第十一，不要当着别人的面批评孩子，保护孩子的自尊心。

第十二，不要拿没有时间做借口。

第十三，不要当着孩子的面指责老师的缺点。

第十四，不要把自己未能实现的愿望强加在孩子身上。

第十五，不要在孩子面前唠叨工作的辛苦。

第十六，不要独自承担教育孩子的责任，要原则一致、具体分工。

第十七，不要总拿成绩说事。

第十八，不要老拿孩子和其他孩子做比较。

第十九，不要总是揭穿孩子的小谎言，要做出辨别，加以引导。

第二十，不要只要求孩子学习，家长要一起学习、一起成长。

（6）其他学校安排事宜，如暑期安全教育等。

最后，引用郑晓江在《穿透人生》中的一段话作为结束语："每个人的身上都隐藏着原子能，但只有很少的人能够点燃它；每个人的大脑中都有一座金矿，只是很少有人开采它；每个人的身后都沉睡着一个神通广大的巨人，可是很少有人唤醒它。耶稣、释迦牟尼和穆罕默德成为万民崇拜的圣明，这是精神能量的发挥；孔子思想成为中华民族数千年来的精神支柱，这是道德能量的发挥；比尔·盖茨用 Windows 小小的窗口，获得了疆域远大于成吉思汗的帝国，这是智慧能量的发挥；泰森用自己的一双铁拳打出了世界拳王，这是身体能量的发挥。……苏格拉底说得好：'每个人的身上都有太阳，只是要让它发光……'"我们共同的愿望是让每一个孩子身上的太阳都能发出万丈光芒！

【设计意图】引导家长了解高二阶段的培养目标、学业任务和学生特点，明确家庭教育的重要性，认同父母是孩子心理导师的角色，查找不足，履行家庭教育的责任，付诸行动。

（五）会后拓展

1.单独交流：根据班主任、任课老师和家长的需要进行会后单独交流。

2.合影留念：散会后家长和孩子在校园内合影，将照片交宣传委员李芮希。

3.亲子共读：自主阅读学校分享的亲子阅读资料，并于暑期分享阅读感悟。

（执笔：李爱清、易去劣、杜永微、向征、徐理文。统稿：李爱清）

第五章

家长接待、突发事件的处理规程与实施

第一节　家长接待、突发事件的处理规程

接待是指迎接、接洽、招待，通常由来访者、来访意图、接待者、接待任务及接待方式等基本要素构成。

家长接待是学校面向家长的一项常规性工作，一般分为日常性接待和组织性接待。日常性接待，主要指家长主动来学校或班主任以个人名义邀请家长来学校而产生的接待活动，目的是有针对性地、一对一地商讨或解决孩子在教育成长过程中遇到的问题，制订出合理的方案或措施，从而达成共识，形成教育合力。组织性接待，则是以学校的名义对外公布，形成一系列有准备、有组织的活动接待，接待的对象通常是学生家长群体，其目的是推动学校各项工作的顺利开展，形成家校教育合力，促进学生的健康成长。

突发性事件指学校内突然发生的不可预料的严重危害师生安全，影响学校正常教育秩序，以及会造成一定社会影响的事件。具体包括火灾、意外事故、安全事故、食物中毒、传染病流行、自残自杀、财产被盗、刑事犯罪、自然灾害等。

学校在应对突发事件的过程中，应树立"以人为本，生命第一"的思想。

一旦出现突发事件，应立即启动学校安全应急预案。一方面，在安全工作领导小组组长（校长）的领导下，由副校长（或安全工作分管领导）具体负责突发事件的处理工作，党政办负责突发事件相关信息的收集和报道；学生科、总务科、教务科、教研科等协助分管领导处理好突发事件的具体事务，如人员疏散、现场维护等；校长室、工会等做好突发事件原因的调查、责任的追究、责任人的处理。另一方面，应有专人负责接待家长，召开家长会，通报事件经过，稳定家长情绪。家校携手共同采取必要的应急处理措施，可以最大限度地减少损失，保障师生和学校安全。

无论是日常的家长接待还是突发事件中的家长接待，家长来校都是良好的教育和办学品牌塑造契机。我们只有做好家长接待，使家长有所收获，有所启示，达到在情绪上感动、思想上触动、措施上启动的最佳效果，才能构建好学校—家庭教育网络，使教育工作及时准确，保障学生健康成长。

那么，如何做好家长接待工作呢？首先，充分做好接待准备，整理学生记录情况，包括孩子在学校教育教学中的日常表现。其次，优化家长接待方式，提高家校互动实效，注意沟通的环境、时长和评价孩子的方式，有针对性地提出意见，最后在教育方式上达成共识。

如何做好突发事件处理工作呢？首先，现场教师要在第一时间采取必要的基础应急处理措施，将事故发生的伤害降低到最小。其次，在突发事件管理中，在学校统一领导下，各部门和老师分工处理、协调一致，不延误最佳的处理时机，将损失控制到最小。最后，要树立全局观念，各部门通力合作，资源共享，充分发挥职能部门的作用。

示 例 ❶

家长接待规程

一、家长接待的目的

通常情况下，家长来校有主动来访与应邀来访两种。无论是哪种形式，目的都是让教师与家长共同探讨教育问题，交流情况，商讨对策，实现家校共同育人的目标。

二、家长接待的作用

家长接待是家校互动中必不可少的环节，在学校教育中有着十分重要的作用。学校利用家长接待工作，可以了解不同学生的家庭情况，针对不同学生采取不同的教育方式，个性化地引导孩子，促进孩子身心健康成长。

1．加强家校信息的互动交流。

学生主要的学习和生活环境就是学校与家庭。只有家校间加强信息往来，才能在孩子教育上更具针对性，才能达到事半功倍的效果。

2．培养孩子良好的行为习惯。

家长接待工作有利于增进家长与教师间的情感，帮助双方在了解孩子在学校和家中的行为表现后达成教育共识，对孩子进行合理引导，共同培养孩子形成良好的生活和学习习惯。

做好家长接待工作是家校良性互动的基础，家校间的良性互动，有利于形成家校教育合力，是教育目的达成的有效手段。

三、家长接待礼仪

1．接待礼仪。

（1）提前通知（预约）家长（教师）。

（2）守时守约，如因事耽误，提前告知。

（3）创设和谐氛围，注重情感作用。

（4）平等交流，友好协商。

（5）多给家长发言机会。

（6）重视接待后的反馈。

2．接待仪容仪表规范。

（1）面部清洁，化淡妆。

（2）佩戴公牌，衣着整洁，不佩戴夸张饰物。

（3）保持手部整洁，不涂抹鲜艳指甲油。

（4）举止文明，坐态文雅，站立自然，说话时不宜叉腰或两手交叉在胸前。

（5）主动问好和话别。

（6）接待家长来访不能说"不知道""不清楚"。

四、家长接待的规程

1．准备。在接待家长前须做好充足的准备工作，包括学生在校期间的学习情况、行为表现、人际关系和任课教师反馈意见等。

2．登记。所有来访家长必须出示有效证件，履行登记手续，方可进入校园。疫情期间，还须出示相关健康码和行程卡，测量体温。

3．见面。正常上课期间，学生家长不得要求与学生见面。须等下课后，有领导或教师陪同，方可与学生见面谈话，且必须有班主任陪同。

4．地点。选择合适的谈话地点，创造愉悦的谈话环境。良好的谈话环境有利于消除双方的心理顾虑，有助于双方推心置腹地交流学生的情况，在教育学生上达成共识。

5．时长。家长接待谈话时间要适中，切忌拖沓。在讲清学生现状、找出解决问题的途径之后果断结束谈话。

6．分析。接待家长时一分为二地分析学生，指出学生有哪些优点和长处，侧面点出学生在某些方面存在的缺点和不足，请家长配合老师共同帮助其纠正错误，弥补不足。

7．倾听。虚心听取家长意见，不要一言堂。倾听家长关于学生在家表现情况的介绍，全面了解学生。同时，征求家长对学校工作的意见和建议。

8．商讨。在教育问题上，要做到相互协商，共同制订措施，并对家长提出的问题认真解释清楚。

9．小结。对双方交流的情况进行小结，再次征求家长意见，对一些尚待解决的问题，要同家长讲清楚。

10．总结。家长反映的学生在家情况怎么样处理，家长提出的意见和建议有哪些可以执行，和家长的交流谈话是否到位，这一系列问题都要在家长离校后及时汇总，认真分析，总结经验和规律，并将其运用到今后的教育教学工作中，使每次家长接待达到应有的效果。

示 例 ②

意外伤害事件处理规程
（含学生意外受伤或突发疾病）

一、处理程序

采取必要的基础应急处理措施→保护现场→上报、联系班主任及家长（严重情况拨打120急救中心求救）→调查。

二、具体要求

1．第一发现者：

（1）事件发现者（第一发现教师）应在第一时间采取必要的基础应急处理措施。

（2）向学校应急事件处理小组领导报告，情况严重者拨打120急救中心求救。

（3）联系班主任及学生家长到校（或医院）。

（4）采取必要的措施紧急救治学生（参见疾病救治办法）。

（5）联系学校校医到现场指导救治。

（6）若需去医院，陪同伤者到医院救治。

2．救治：

（1）若情况较轻：第一发现者应通知学生的班主任，由班主任陪同学生前往校医务室（或就近医院）治疗，并在了解清楚情况的基础上做好善后处理。

（2）若情况较为严重：

①第一发现者迅速拨打120向急救中心求救并上报学校领导。

②联系班主任。

③对当事人进行现场施救（参见疾病救治办法），骨折或病情较严重的，须120急救中心专业人员前来搬运救治，防止对当事人造成二次伤害。

④事件发现者（第一发现教师）、班主任、学校应急事件处理小组领导陪护学生到医院救治。

⑤班主任及时与受伤学生家长取得联系。

⑥陪同受伤学生家长到医院看护被救治学生。

⑦配合学校做好事件调查工作。

3．学校应急事件处理小组安排人员进行调查及善后维稳相关工作。

第二节　家长接待、突发事件的处理实施

家长接待工作具有日常性的特点，是学校工作中不可或缺的重要组成部分，更是学校教育与家庭教育沟通的桥梁和纽带。因此，在接待家长的过程中，要形成科学合理的工作流程，建立接待制度，出台接待方案。

学生的安全问题是学校工作的重中之重，任何突发事件的发生，都事关学

校和社会的稳定与发展。因此，要树立预警意识，把事关师生的安全工作抓实、抓牢。加大宣传力度，强化安全意识，提高学生的安全自救能力。不仅要加强管理，从严管理，落实责任，而且要健全应急管理组织体系，制定相关计划、制度和实施方案，做好日常工作培训。

示 例 ①

长沙财经学校 2020 年秋冬季
新冠肺炎突发公共卫生事件应急预案

一、编制目的

为建立健全应急机制，有效预防、及时控制和妥善处理可能出现的新型冠状病毒肺炎（以下简称新冠肺炎）突发公共卫生事件，提高快速反应和应急处理能力，确保全校师生员工的人身健康和生命安全，保证正常的教育教学生活秩序，维护学校和社会稳定，特制订本预案。

二、编制依据

根据《中华人民共和国传染病防治法》《中华人民共和国突发事件应对法》《突发公共卫生事件应急条例》《国家突发公共事件总体应急预案》《国家突发公共卫生事件应急预案》《湖南省教育厅、省委教育工委突发公共事件应急预案》和《长沙市突发事件总体应急预案》等法律法规，为做好新冠肺炎疫情的常态化防控工作，全面落实"外防输入、内防反弹"的防控策略，按照新冠肺炎乙类传染病甲类管理的要求，在第六版防控方案基础上，制订本预案。

三、适用范围

本预案适用于长沙财经学校。

四、基本原则

1．统一指挥，妥善应对。学校成立新冠肺炎突发公共卫生事件应急救援及处置工作领导小组，统筹、指导、调度我校应对新冠肺炎突发公共卫生事件的处置工作。一旦发生疫情，确保发现、报告、指挥、处置等环节的紧密衔接，做到快速反应，正确应对，处置果断，最大限度降低突发公共卫生事件的破坏性。

2．分类管理，逐级负责。学校将师生员工进行分类管理：党委书记彭××负责教职工线，副校长冯××负责学生线，总务科负责后勤、物业、档口和工地线。发生新冠肺炎突发公共卫生事件后，第一时间报告学校校长，启动内部应急预案。学校在属地党委和政府的统一领导下，按预案开展工作。校长作为突发公共卫生事件处置的第一责任人，在发生新冠肺炎突发公共卫生事件后，应第一时间向雨花区和长沙市教育局报告。

3．从严从紧，抓小抓早。在全国未解除新冠肺炎疫情警报，境外疫情蔓延期间，凡有师生出现发热、咳嗽、咽痛、胸闷、呼吸困难、乏力、恶心呕吐、腹泻、结膜炎、肌肉酸痛等症状的，均要作为新型冠状病毒感染可疑症状进行排查。不论涉及多少人员，均要第一时间启动应急预案，暂时隔离疑似人员，及时转诊到长沙市中心医院就诊，根据确诊情况再采取相应措施。

4．系统联动，群防群控。突发情况发生后，防控领导小组负责人要立即深入一线，掌握情况，开展工作，控制局面。各工作组各成员要主动作为，相互配合，不留空当，形成系统联动、群防群控的工作格局。特别是要紧密依靠卫健和疾控部门，主动接受其专业指导和业务指挥。

五、指挥体系

成立长沙财经学校新冠肺炎突发公共卫生事件应急救援及处置工作领导小组。

组长：陈××（甲）。

常务副组长：彭××。

副组长：冯××、陈××（乙）、张××、杨××……

成员：……

六、处置程序

1. 先期处置。突发事件发生后，学校要立即启动学校突发公共卫生事件应急预案，隔离疑似人员，对所在场所进行消毒。学校在首次报送信息时提请雨花区疾控中心及时介入处理。

2. 信息报送。突发事件发生后，要尽快掌握情况，在15分钟内向所在雨花区和长沙市教育局电话报告，30分钟内传真书面报告，1小时进行续报。

3. 现场组织。校长为前期处置责任人，负责学校内部人员、经费、车辆的安排、调配。当上级应急处置人员到达现场后，服从上级部门的要求，落实应急处置措施。

4. 事态控制。学校要积极配合雨花区疾控中心处理突发事件，对相关人员进行排查和隔离。根据雨花区疾控中心专业意见，报请主管教育部门研究是否停课。

5. 信息发布。所有对外信息，须经属地政府组织对外发布，确保信息的权威性和严肃性。学校及有关个人不得擅自对外发布相关信息，避免失真信息引发恐慌情绪。

6. 善后处理。在突发事件基本得到控制后，学校要做好家长、学生等当事人的善后工作。对心理受到影响的学生，要安排心理老师对其做好心理疏导；对在突发事件中不幸遇难的人员，要按照有关规定和实际情况，做好理赔和家属安抚工作。同时，要迅速恢复正常教育教学秩序。

七、应急保障

1. 人员保障。学校制订新冠肺炎突发公共卫生事件应急预案，成立强有力的应急救援及处置工作领导小组。一旦启动预案，应急救援和处置工作领导小组立即进入工作状态。

2. 物资保障。完善处置新冠肺炎突发公共卫生事件的物资储备，保障妥善处置新冠肺炎突发公共卫生事件所需的物资能及时供给。

3. 经费保障。应急经费列入年度预算。在新冠肺炎突发公共卫生事件处置过程中，要保障经费按时、足额到位。

八、责任追究

发现相关责任人有以下行为的，按照干部管理权限由相应纪检监察部门依法处理：

1. 不执行本预案有关信息报送制度，隐瞒、缓报、谎报、漏报新冠肺炎突发公共卫生事件的。

2. 对新冠肺炎突发事件的组织处理不当的，特别是存在拖延、回避等不负责任行为的。

3. 事件发生后，在上级对事件组织调查时不予配合、弄虚作假、设置障碍或授意他人作假的。

4. 存在其他失职、渎职行为导致本校出现或扩大新冠肺炎疫情的。

长沙财经学校

2020 年 8 月 30 日

示例 ❷

长沙财经学校 2019 年体育课安全突发事件处理应急预案

根据《中共中央　国务院关于加强青少年体育增强青少年体质的意见》精神，为了确保我校学生在体育课期间的运动安全，制订本应急预案。

一、成立体育课安全突发事件应急处置领导小组

组长：陈××（甲）。

副组长：陈××（乙）。

成员：学生科科长汤××、教务科科长刘××、保卫科科长戴××、体艺教研室主任吴××及全体体育教师。

二、现场应急处理

现场应急处理一般采取以下程序：

1. 体育课上，老师应时刻观察学生的运动状况，一旦有运动性伤害事故发生，教师要沉着冷静，及时处理解决问题，不得以任何理由拖延。如果不能进行处理，要马上与医院联系（电话120），争取在最短的时间内将受伤的学生送往医院进行救治。

2. 高温时段，体育课应因地因时制宜，尽量安排到室内或阴凉之处，以防学生中暑。体育课上遇有学生出现晕厥、抽搐等中暑症状，应在做好基础性救治后，视情节严重程度，立即将其送往校医务室或附近医院救治，并及时向学校领导汇报。

3. 遇有学生发生摔伤、骨折、扭伤等意外伤害事故，应立即将其送往校医务室救治，情况较严重的由校医务室医师送医院治疗。

4. 遇有学生出现四肢无力、面色苍白等身体不适症状，应立即将其安置到校医务室休息，并给予水分补充。

5. 发生上述第1、2项情况，体育教师立即以书面形式向教务科报告，同时通知学生所在班级班主任。

6. 班主任了解情况后，及时通知学生家长并陪同学生治疗。

7. 分析原因，及时做出处理意见。

三、信息报送

（一）报送内容

突发事件发生的时间、地点、经过、伤亡人数、原因，性质初步判断，已采取的措施，需有关部门解决的问题，突发事件报告单位、报告人和报告时间，等。

（二）报送程序

分两级报送。

1. 事发个人报送。事发后立即打电话通知学校相关领导，并随时汇报事件的进展情况。

2．学校报送。学校接到体育课突发事件报告后立即向教育主管部门和领导报告，并随时汇报事件的进展情况。

四、防范预案

1．牢固树立安全第一的意识，把学生上课及活动安全放在首要位置。

2．体育课、体育活动课必须充分做好准备活动后再实施新的活动项目。

3．按规定，学生长跑、单双杠等课程项目必须事先做好防护工作。

4．高温时段和低温时段，体育课应因地因时制宜，尽量安排到室内，以防学生中暑或冻伤。

5．加强体育课常规管理。体育课要求有组织、有纪律、有序地开展活动。上下课前必须集合整队报告人数，如有学生未到，应及时与班主任和学生科联系处理。切实强化责任心，对学生进行必要的安全教育，同时加强课前十分钟的管理。

6．对准备活动的要求。在体育课、训练课或进行课外体育锻炼时必须教育和要求学生做好充足的准备活动，对服装、鞋不符合上课要求的学生，要求其及时更换。

7．主动了解学生的健康状况。通过询问、观察了解学生，对有特异体质或者特定疾病而不宜参加某种体育活动的，体育老师应及时通报班主任和学生科，合理安排运动量和运动强度，以防发生意外。

8．讲明动作要领，做出动作示范，提出具体要求、注意事项等，并加强安全保护，掌控整节课的活动情况。

9．发现有学生嬉戏打闹或做出危险动作，要马上纠正或制止。对性格怪异、心理情绪不稳定的学生，要及时、有效地进行教育引导。对情况比较严重的学生，要及时通知学生科、班主任或心理健康指导老师做进一步处理。

10．下课集合整队，清点人数，做简单讲评；若发现学生身体有强烈的不良反应，要及时通知校医和班主任。

五、课外活动、体育训练安全要求

1. 课外体育活动，学生必须按规定的活动时间、活动内容领取器材，到相应或指定的活动场地进行。凡未按要求进行活动而造成自伤和他伤者，后果自负。

2. 学生应认真按照各项活动的要求进行活动，自觉遵守体育道德和各项体育运动规则。

3. 不到有危险的场地去活动，不用有危险的器材设备，不做有危险的动作。

4. 运动队训练按教练员要求进行。

5. 所有体育活动除遵守有关规则以外，都必须遵守校规、校纪，如有违反将严肃处理。

长沙财经学校

2019 年 2 月

（执笔：杨迪、李蓓、曾锋、吴琼军、顾竞。统稿：杨迪）

第六章

电话、短信、QQ（群）、微信（群）

家校互动规程与实施

第一节　电话、短信、QQ（群）、微信（群）家校互动规程

　　传统的家校互动主要是通过家长到校访问和教师登门家访或信件进行沟通的，这种交流沟通的方式受到时间、空间的限制，家校间不能进行时时、处处、事事沟通。随着信息技术和互联网技术的发展，尤其是智能手机的普及，移动电话、短信、QQ、微信以及QQ群、微信群成为人与人之间沟通的重要渠道，不仅丰富了家校互动的信息沟通渠道，而且提供了实时沟通、即时交流的便捷方式，保障了家长权利，提升了教师教育能力，促进了学校发展。

　　家校互动作为中职学校教育工作的一部分，无论是采用电话、短信，还是通过QQ（群）、微信（群）方式与家长交流沟通，班主任、辅导员以及任课教师都应根据具体情况和不同沟通方式的特点，选择最适合的方式，与家长及时有效沟通，一起解决学生成长中的问题，形成教育的合力。

　　电话、短信、QQ（群）、微信（群）在家校互动中都有其特定的作用和功能，但各种方式的特点不同，适用范围不同，对互动时的要求也不同，需要注意的

事项各有差异。目前，这些交流方式是人与人日常沟通交流的重要方式，老师们很容易将平时生活中使用相应交流方式的方法直接迁移到家校互动工作中，导致互动的内容和形式随意性大，如不假思索、不合时宜地打电话、发短信，或在 QQ 群、微信群随意转发一些信息，引起家长的反感，不仅造成自己工作上的被动，也使学校的形象和声誉受到影响。

从学校层面制定电话、短信、QQ（群）、微信（群）家校互动规程，从宏观上规范各种家校互动方式的适用范围、互动时的要求、使用时的注意事项，规范不同时间、不同空间、不同场景下电话、短信、QQ（群）、微信（群）的使用方法，既能为老师及家长的实际操作提供指南，也体现出学校对学生及家长高度负责的态度，体现出学校的管理能力和管理水平。

示 例 ❶

电话、短信、QQ（群）、微信（群）家校互动规程

一、电话、短信、QQ（群）、微信（群）在家校互动中的作用

随着信息技术和互联网技术的发展，老师与家长之间通过电话、短信、QQ（群）、微信（群）交流已经成为当前日常家校互动的主要方式，发挥着越来越重要的作用。

（一）丰富了家校互动渠道

老师和家长可以根据实际情况，如事情发生的时间、紧急程度、重要性等，灵活选择采用电话、短信或者通过 QQ（群）、微信（群）沟通，为及时解决有关教育问题带来了极大的方便。

（二）保障了家长权利

依靠电话、短信、QQ（群）、微信（群）这些即时沟通工具，家长能和老师保持经常性、持续性的联系与沟通，时时、处处、事事与老师交流，能深入

了解老师和学校，保障家长对教育的知情权，避免家长因对老师、对学校产生偏见与误会而出现不恰当言行，影响孩子的成长。

（三）提升了教师教育能力

利用电话、短信、QQ（群）、微信（群）进行家校互动，能让老师更及时地与家长沟通交流，有针对性地对有关孩子的教育问题进行及时有效的处理，也便于老师积累丰富的案例和教育资源，提升教师的教育能力。

（四）促进了学校发展

电话、短信、QQ（群）、微信（群）这些沟通工具，不仅使学校和家长之间可以随时随地就学生的教育问题相互协商，而且可以让学校充分了解家长的意愿，听取家长的建议和意见并选择性地吸收和采纳，为学校工作的开展和决策的出台提供依据和支撑。家长在沟通中获得教育信息，提升家庭教育素质，获取育儿知识，慢慢成长为优秀家长，这样不仅有利于实现家校共同培养孩子的目标，更实现了学校服务社会、提高公民素质的功能。

二、电话、短信、QQ（群）、微信（群）的不同特点及适用范围

（一）电话方式的特点及适用范围

利用电话进行家校互动，是最直接、最快捷的方式，但是容易打扰到对方，适用于学生出现如生病、无故不在学校等可能涉及学生人身安全的紧急情况。一旦学生出现突患重大疾病或无故离校、无法联系等情况，班主任应该立即通过电话与家长取得联系，告诉家长相关情况，同时从家长处了解相关信息，从而共同配合，快速找到解决问题的办法。

（二）短信、QQ、微信方式的特点及适用范围

短信、QQ、微信是一种单向沟通方式，对方可能会忽略信息的存在，适合于不需要紧急处理且需要单向联系的事宜。如发现班级个别同学近段时间出现状态异常现象，想找家长了解情况，但是考虑家长上班或者有事不方便，就可以通过短信、QQ、微信这种方式，有针对性地将信息发送给相应的家长，既不会打扰到别的家长，也给予了家长与老师联系的可选择的自由时间，这样的家

校互动方式针对性很强。

（三）QQ 群、微信群的特点及适用范围

QQ 群、微信群互动具有实时性、快捷性且"背对脸"的特点，发布的信息主要用于分享、传播，可以是一对多地发布信息即"@所有人"，也可以是多对多即"群聊"，既可以发布文字、语音信息，也可以发布图片、视频、文档等多样化的互动内容，不过安全性、隐秘性不足。适合于让家长多维度了解孩子在学校参加各种活动及实时的生活学习等情形。

三、电话、短信、QQ（群）、微信（群）家校互动要求

（一）电话家校互动要求

1. 班主任的电话号码应在开学初告知每位家长。为了防止出现部分家长没有及时保存的情况，班主任可在微信群或 QQ 群的名称之后加上自己的电话号码。

2. 班主任应在学期初将自己的课表发给各位家长，告知家长如无紧急事件不要在上课时间打电话。

3. 考虑到家长可能换电话号码，班主任应每个学期通过腾讯在线文档在家长群里收集家长的电话号码信息，最好对每个学生收集两位家长的电话号码。

4. 晚上 10 点以后，如无特殊情况，老师不得向家长打电话。

（二）短信、QQ、微信家校互动要求

新生报到时，因尚未建好家长群，需要通过短信的方式将一些必要的信息发送给家长。对于需要单向与家长取得联系但不紧急的事件，可发送短信。短信内容应按照一定的格式，条理清晰、简明扼要地表达几点意思：自己的身份，单独联系家长的原因，期待家长方便的时候与老师取得联系，等。内容切勿过多、过杂。

（三）QQ 群、微信群家校互动要求

1. 对老师在群内互动的要求

（1）班级微信群由班主任管理，负责落实群成员实名制、聊天监管、违

规处理等。

（2）不定时检查群成员，不应加入人员应予以清退。

（3）对发布非本群应发内容的，如是教师成员，班主任有权制止；如是家长成员，班主任或任课教师要及时向其指出并进行指导。

（4）老师可以在群内发布有关学校动态、班级动态、温馨提示、节假日问候、每周一评等内容，可以发布宣传、展示学校或班级教育教学活动、师生风采的文字、图片和音视频。禁止发布广告，禁止休息时发送。

（5）家长QQ群、微信群不仅仅是通知发布平台，应充分发挥它的作用，调动家长的积极性，分享育儿经验、传递正能量，让家长QQ群、微信群成为人人充满期待、人人有所收获的平台。

（6）群内不得公布学生的成绩排名或可以对比学生成绩优劣的信息，不得发布学生的负面信息。

（7）不要就某一个学生的事情在群内长篇大论。探讨个别孩子具体的教育问题要通过私聊。

（8）不得在群内与家长发生争执。当家长在群内出现负面情绪时，应当引导家长以私密的方式解决。

（9）不得在QQ群、微信群中布置课后作业。教师给学生布置课后作业应在学校当堂布置，不得在家长群中进行，增加家长负担。

2．对家长在群内互动的要求

（1）QQ群、微信群是家校沟通平台，不具有权威性，重要事情请家长通过面谈、电话或其他途径沟通，保证信息及时准确传达到教师或校方。

（2）家长不得在群内发布有关校方的负面信息，不得发布带有煽动性、过激性的言论。

（3）家长不得在群内发布广告或推销商品；未经学校教育行政部门许可，不发布求助、慈善、募捐等活动信息；不发布拉票、集赞链接端口等与本群无关的垃圾信息。

（4）应尊重群内他人的发言，不能出现不礼貌的应答，不能就同一信息多次刷屏。

（5）未经群主或管理员同意，不得擅自拉非本班家长进QQ群、微信群。

（6）如果家长不遵守有关要求，班主任有权让其退群。

四、电话、短信、QQ（群）、微信（群）家校互动的注意事项

第一，注意时间与措辞，构建和谐高效的家校互动关系。电话互动工具，容易打扰到对方，采用这种方式进行互动，应该注意时间的选择，一般不在工作时间以外进行。实在因为情况特殊不可避免时，可以采取先发短信取得对方同意后再电话联系的方式。

第二，及时关注群内消息，实现家校互动共赢。QQ群、微信群互动虽然方便，但因为借助媒介，有时空障碍，老师要充分利用平台，将学生在校的动态、需家长知晓的信息及时在群内公布，保持信息的时效性。同时要及时关注群内家长的疑问或需要老师协助的特殊要求，并及时做出回应，实现家校共赢。

第三，QQ群、微信群互动要理智，保护好学生隐私。QQ群、微信群互动要理智，不经考证的网上信息不要随意转发，以免给家长造成不必要的担心。要注意保护学生隐私，在群里发布相关信息时要保持冷静和睿智，对于涉及学生隐私的信息，确实需要与家长沟通时，采取私聊方式通报给家长，这样既保护了家长、学生，也利于有针对性地解决问题。

第四，各种QQ群、微信群必须遵守国家互联网管理的相关规定。

示例 ②

电话、短信、QQ（群）、微信（群）家校互动规程

第一章　总则

第一条　为推动家校互动的有效实施，规范电话、短信、QQ（群）、微信（群）这些沟通工具在家校交流中的运用，从而得到家长的理解与支持，提高教育工作效率，实现家校双赢，特制定本规程。

第二条　本规程适用于学校所有需要与家长进行沟通交流的工作团队及个人，包括班级、各种社团、各级各类专业技能训练队等，也包括因临时性工作需要组建的团队，如家长会筹备小组、需要家长参与的课题研究小组等。

第三条　班主任、辅导员和各任课老师，应充分合理地运用电话、短信、QQ（群）、微信（群）这些交流工具，在家长与学校之间搭建起沟通的桥梁，形成教育的合力，共同促进学生的成长。

第四条　学校教育行政部门指导老师合理运用电话、短信、QQ（群）、微信（群）这些家校互动工具，班主任老师对本班学生家长的电话、短信、QQ（群）、微信（群）的使用负责，相关老师对其组建团队的电话、短信、QQ（群）、微信（群）的使用负责。

第二章　接手新班时电话、短信、QQ（群）、微信（群）的使用

第五条　接手一个新的班级，班主任应及时收集家长电话号码，出现紧急情况或需要单向沟通时，应通过拨打电话、编写短信方式及时与家长取得联系。

第六条　建立QQ群、微信群交流平台。为保证所有家长及时加入QQ群、微信群，应提前下发通知，通知主要内容包括：班主任身份，孩子所在班级及

班级基本情况，QQ 群、微信群号码及二维码，建群目的、作用、管理规则，等等。班主任为群主，任课老师可设为管理员，其备注名设为任教科目＋教师姓氏，学生家长备注名设为孩子姓名＋爸爸（妈妈），方便日后的家校互动沟通。

第三章 学生在校期间电话、短信、QQ（群）、微信（群）的使用

第七条 学生在校期间，班主任应将学生的常规表现、学习情况通过图片、视频、语言等形式在 QQ 群、微信群展示，以便家长能及时了解孩子在学校的生活学习情况。但如果出现涉及学生健康、安全的事件，或其他需要与家长及时私下联系的事件，应该及时通过电话、短信等方式与家长有效地沟通。

第八条 学校开展重大活动，如技能达标、技能竞赛、财经好声音、书香校园、跳蚤市场等，班主任应事前分享方案到 QQ 群、微信群，以便家长提前了解活动内容、活动意义，从而鼓励学生积极参与。活动期间应通过 QQ 群、微信群向家长及时展示活动过程，尤其要多发布、分享以学生为主角的活动镜头，激发家长的关注热情。活动结束后要及时总结，包括学生的表现情况、获奖名次、获奖照片、领导和老师的评价等，让获奖学生的家长产生自豪感，其他家长也能受到启发，督促自己的孩子积极参与各项活动。

第四章 节假日期间电话、短信、QQ（群）、微信（群）的使用

第九条 节假日，学生群体离开校园，学生的安全监管需要家长配合完成，老师应及时和家长进行充分沟通，防止在学生管理上出现漏洞和空当，影响学生身心健康，也给学校带来不良影响。

第十条 接到放假安排，班主任应及时在 QQ 群、微信群发布，并配以短信群发给各位家长，主要内容包括放假原因、放假时间、学生离校与返校时间，以便家长了解学校放假的前因后果及放假安排，方便家长对孩子进行管理。

第十一条　班主任应及时关注学生途中情况，通过电话、短信、QQ（群）、微信（群）落实学生是否已平安到家，及时记录和反馈家长报平安的情况。超过预期时间还未收到学生已平安到家的信息时，应通过电话单向联系家长，以确保孩子的安全。

第十二条　班主任应关注学生假期动态，了解学生假期学习生活情况。教师可建议家长晒晒孩子假期的学习和生活情况。对学生或家长的个别不恰当的做法，老师可以进行友情提醒；对好的行为表现，老师应予以肯定和鼓励。这样，无形中能督促家长多陪伴和关注自己的孩子，形成良好亲子关系，为良好的家校互动奠定基础。

第五章　假期结束时电话、短信、QQ（群）、微信（群）的使用

第十三条　假期结束，班主任应及时关注学生到校安全，通过电话、短信、QQ（群）、微信（群）及时向家长反馈。在QQ群、微信群发布的信息的主要内容包括应到人数、实到人数、特殊情况人数（包括家长请假、参与学校执勤、学校社团、其他活动人数）等。如有超过规定时间未到校的学生，应及时通过电话与家长取得联系，了解情况，配合家长落实学生返校问题。工作越细致，越能让家长感受到老师的责任心和学校管理制度的严格，为学校各项工作的开展打好基础。

第六章　附则

第十四条　学校其他有需要与家长进行沟通交流的团队，其电话、短信、QQ群、微信群的使用可参照本规程执行。

第十五条　本规程的解释权归学校学生科。

第二节 电话、短信、QQ（群）、微信（群）家校互动实施

学校老师的观点和态度代表着学校的观点和态度，采用合理的沟通方式进行家校互动，是宣传学校的一条重要途径。除了学校出台相应制度文件对相关的家校互动方式予以规范，还需要学生科加强对老师的培训，对相关工作进行全程指导与监督，确保教师在接手一个班级管理任务的时候，能运用合适的方法与家长进行有针对性的沟通交流，避免随意性。同时，针对不同年级不同班级的学生，教师在利用电话、短信、QQ（群）、微信（群）开展家校互动时也会有所差异。下面先以班级为例，展示如何在不同时间段使用电话、短信、QQ（群）、微信（群）与家长进行沟通；然后通过几个小案例，展示如何充分发挥 QQ（群）、微信（群）的作用，聚焦班级管理，助力孩子和家长的共同成长。

示 例 ①

电话、短信、QQ（群）、微信（群）家校互动实施
——以班级管理为例

一、接手新班时电话、短信、QQ（群）、微信（群）的使用

接手新班，班主任应在第一时间从招生办获得家长的联系电话，联系电话应随身携带或输入到自己的手机，还可以贴一份在工作记录本上，以备特殊情况使用。获得电话号码后，应通过拨打电话、编写短信方式及时主动与家长取得联系，并添加家长为自己的 QQ 或微信好友。

与各位家长取得联系后，应尽快建立班级QQ群、微信群。为了确保每位家长能及时入群，班主任老师应提前将通知发给家长。通知具体内容如下：

通　　知

尊敬的家长：

　　您好！欢迎您的孩子来到长沙财经学校×××班就读，我是孩子的班主任×××，为了保证家长与老师之间及时、有效地沟通，我创建了班级群，QQ群号为×××××××，微信群二维码为……，请大家尽快入群，并将备注名设为孩子姓名＋爸爸（妈妈），谢谢您的支持！

　　在孩子成长道路上，我们与您携手与共！

×× 班班主任

×× 年 ×× 月 ×× 日

二、学生在校期间电话、短信、QQ（群）、微信（群）的使用

　　学生在校期间，班主任可将学生的常规表现、学习情况通过图片、视频、语言等形式在QQ群、微信群展示，以便家长及时了解孩子在学校的生活学习情况。如果出现突发事件，如疫情期间孩子发高烧或出现其他涉及人身安全的事件，应立即通过电话和家长联系，告知情况并征求家长意见，共同商讨处理对策。

　　学校开展重大活动，应提前告知家长；需全体同学参加的，应在QQ群、微信群发布，以便家长了解学校的工作安排。以学校举行期中考试为例，通知范文如下：

通　知

尊敬的家长：

　　您好！长沙财经学校兹定于××月××日举行期中考试，考试科目有××、××。为了让孩子考出好的成绩，请您关注孩子的学习状态，督促孩子认真复习，并多给孩子鼓励。谢谢您的支持！

××班班主任
××年××月××日

　　如果是其他活动，在条件许可的情况下，老师应在活动期间通过QQ群、微信群向家长及时展示活动过程，如校运会、唱歌比赛、课间跑步等，以吸引家长关注。如果是比赛，应在活动结束后及时总结。如果获得了集体荣誉，应在QQ群、微信群与全体家长分享，并感谢家长的支持。如果是学生个人获得荣誉，应单独和家长进行交流。以技能比赛为例，如果班上有学生入选了省赛预备队，老师应根据学校统一要求将喜报发给孩子的家长。喜报范文如下：

喜　报

尊敬的×××家长：

　　恭喜您的孩子×××参加长沙市专业技能竞赛，在×××赛项中取得一等奖的优异成绩，已成功入选该赛项的省赛预备队，将于12月底代表长沙市参加湖南省职业院校技能竞赛×××项目的比赛。

　　感谢您对学校工作的支持！

××班班主任
××年××月××日

三、节假日期间电话、短信、QQ（群）、微信（群）的使用

（一）及时发布通知

接到放假安排，班主任应及时在QQ群、微信群发布消息，让家长了解学校的安排，也方便家长为孩子的假期生活做好规划。通知内容如下：

通　　知

尊敬的家长：

　　您好！××节日即将到来，根据学校统一安排，决定××月××日到××月××日放假，共×天，××日放学时间为××××，返校时间为×月×日××点前，请大家提前规划好孩子在家的学习与生活，注意假期安全。

××班班主任

××年××月××日

（二）跟踪学生行程

学生离校后，班主任应马上告诉家长，同时关注学生旅途的安全，通过QQ群、微信群与家长互动。通知范文如下：

通　　知

尊敬的家长：

　　您好！您的孩子已于15：30放学，请大家关注孩子的旅途安全。孩子安全到家后，请及时在群内报平安。谢谢您的配合！

××班班主任

××年××月××日

四、假期结束时电话、短信、QQ（群）、微信（群）的使用

假期结束，学生返校，班主任应及时关注每位学生的到校情况，并通过QQ

群、微信群及时向家长汇报。通知范文如下：

通　知

尊敬的家长：

　　您好！根据放假安排，学校要求所有同学于今天 18：30 之前到校，本班应到××人，实到××人，请假××人，未到名单：……。请未到孩子的家长核实情况、查找原因，并及时私信回复，谢谢！

××班班主任

××年××月××日

示 例 ②

QQ 群、微信群家校互动实施

案例 1：QQ 群、微信群的建立和使用

　　在高一年级第一次家长会上，根据"家校共导"的理念，我创建了班级 QQ 群、微信群，制定了群制度，在群昵称、交流内容、交流时间、管理规则及注意问题等方面都做了明确要求。在此基础上，根据管理需要建立了相应群组织，如家委群、家访对象群、班干部家长群等，这样，班级管理工作对象更集中、效率更高，同时，也不会因为不相关工作给其他家长造成影响。

　　家长会上，我指导家长学会使用 QQ 和微信，动员家长记录孩子成长的点点滴滴，将使用方法录制成教学小视频发到 QQ 群、微信群让家长收藏，方便家长日后学习。在群里，我鼓励家长就孩子的教育相互交流，相互点赞，取长补短，共同进步。

　　此外，我还加了本班每一位学生家长为好友，并将他们单独"分组"（QQ）

或设立统一的微信"标签"，便于定向联系。当家长咨询孩子在学校的表现时，为尊重家长和孩子，保护孩子的隐私，我会和家长单独沟通，表扬优点，针对不足之处及时和家长商量解决的办法。

案例 2：QQ 群、微信群分享班级动态

学校开展"青青校园——我是财经小主人"活动。正值春季，学校买了一批树苗，我班的主要任务是协助园艺工人种植新买的幼苗。同学们捡石子、整地、播种、浇水、拔草，所有情景我用手机记录下来，之后上传到家长 QQ 群、微信群中，并配上文字说明："今天活动的重点是学习如何栽种幼苗，同学们表现了极大的劳动热情，有的挖坑，有的播种，有的浇水……干得热火朝天，不亦乐乎。劳动中孩子们学会了吃苦，学会了合作，周末回家后请家长也给予肯定。"家长们看到孩子们劳动的情景，纷纷感叹："孩子们真是长大了""这样的活动真有意义"……

一年一度的校运会，我班团体操表演入选校运会开幕式。九月中下旬，秋阳高照，烈日当空，同学们在操坪进行团体操排练。随着时间推移，部分同学开始懈怠，但是有四名同学一直非常认真、动作规范，被邀请上台示范表演。我把她们的表演录成视频，传到家长 QQ 群、微信群中，配上文字说明："今天团体操排练，班上小王、小刘、小谢、小黄四个孩子训练刻苦，动作规范，正在进行示范表演。"视频发出后，家长们纷纷点赞，有的家长还问自己孩子的训练情况如何。家长了解了孩子在学校的动态，才能更好地教育孩子。

学校和班级的活动很多，通过 QQ 群、微信群上传照片与视频，向家长展示，家长们既能欣喜地看到孩子的成长，也能感受到老师教书育人的良苦用心，会对老师越来越信任，家校互动的根基会更牢固。

案例3：QQ群、微信群进行专题讨论

在孩子的教育过程中，由于各种原因，尤其是生活环境和个人阅历的不同，家长们对同样的事情会有不同的意见。借助QQ群、微信群，组织家长进行讨论，能最大限度和家长达成共识、形成合力。

在QQ群、微信群中，我曾抛出这样一个问题：有一个朋友对我说，她就一个孩子，不愿意孩子那么辛苦学习、天天苦练专业技能，觉得只要差不多就行了。家长朋友们，您是怎么想的呢？问题抛出后，家长们有反对的，也有赞成该观点的。于是，我有针对性地转发一篇文章《逼孩子学习和放任孩子，究竟哪种更残酷？》。这篇文章从某美籍华裔母亲的育儿方式及理念谈起，通过大量的例子阐述了为什么要"逼"孩子学习。读完文章后，家长们纷纷留言。其中一名家长写道："少壮不努力，老大徒伤悲。努力，进取，才是正道。"我趁热打铁，又转发另一篇文章《告诉你孩子：几年的放纵，换来的是一生卑微和坎坷！》，文章通过大量生动鲜活的照片和事例讲述应好好读书的道理和不读书可能产生的后果。几个回合后，家长们基本达成共识，即使只有一个孩子，也要让孩子好好读书，不能放纵。

专题讨论需要老师根据班级学生的实际，精心设计好主题，做好充分的准备，才能达到预期的效果。

（执笔：王朝辉、杨琛兰、蔡宇、李蓓。统稿：王朝辉）

第七章

新生班家校互动规程与实施

第一节　新生班家校互动规程

　　新生班，顾名思义，就是由新入学的学生组成的班级，通常情况下指学生入学一年以内的班级。本章所称新生班是指处于入学后第一个学期学习阶段（包括录取分班后、正式开学前的时段）的班级。

　　新生班的主要特点在于"新"。对学生和家长而言，这种"新"主要体现在：新的学校，不了解学校，不清楚学校的制度；新的教师，不清楚教师的教育教学风格；新的专业，不清楚专业特点。因为"新"，一方面，他们对学校会有敬畏和憧憬，会有新的学习目标和向上的动力；另一方面，由于对学校不了解，他们对学校教育会有顾虑和担忧。对于这样的学生和家长，在家校互动中，最关键的就是要促进彼此的了解。对学校教师来说，这种"新"主要体现在其面对的是新的学生和家长。了解、熟悉教育对象是有效开展教育工作的前提。因此，教师要主动搭建沟通的平台，架起交流的桥梁，与家长联系，了解学生及学生的家庭，熟悉学生的特点及成长环境，熟悉家长的教育方式；家长则要通过学校搭建的平台和架起的桥梁，主动去了解学校、了解老师、了解孩子在校的情况，适时参与对孩子的教育，从而让家校关系从"新"转为"熟"，在家校之间建立起信任与共情，形成良好互动，为后续教育做好铺垫。

接手新生班的班主任必须对在什么时间进行怎样的互动有清楚的认知。新生班班主任在与家长进行互动时，怎样有效地了解学生及学生家庭的特点，怎样及时化解家长心中对学校教育的焦虑与不安，怎样促进家长主动参与教育过程，都是其应深入思考并予以解决的问题。班主任可以按以下两种思路来开展家校互动工作：一是以时间为线，接到花名册—新生家长会—军训—入学教育—学期中—学期末，按照时间发展顺序，有计划地在各个时间点或时间段安排合适的家校互动内容；二是以内容为线，将新学期要进行家校互动的内容有计划地安排到各个合适的时间点或时间段。

在实际工作中，因为新生班班主任需要在学生常规习惯养成等方面花大量的时间和精力，工作任务繁重，所以在家校互动方面往往比较随意，这样，家校互动效果就会大打折扣。为了让接手新生班的班主任能有效地开展家校互动，有必要制定相应的规程，将新生班家校互动工作的程序和内容具体化、规范化，让新生班班主任在进行家校互动时有章可循，从而提高沟通效率，获得最好的家校互动效果。

下面，我们先以"接到花名册—新生家长会—军训—入学教育—学期中—学期末"的时间为主线，对每个阶段的互动内容进行示范（见示例1）；再以家校互动的内容为线索，从家校互动过程中的联系通道、初步了解、开学准备、常规管理、专业学习及特殊问题等方面进行示范（见示例2）。

示 例 ①

新生班家校互动规程

一、目的

为落实立德树人根本任务，在班级管理过程中需要强化家校互动机制的构建，促成学校教师和家长之间的协调与配合，使双方在孩子教育中的特色和优势得以充分发挥，实现彼此互补，形成教育合力。家校互动机制的构建和互动工作的有效推进，能够使班级教育管理更加高效，带动和引领家长及教师提升自身素质与能力，进而提高学生思想道德教育成效和质量。为了实现家校互动工作科学化、制度化和规范化，特制定本规程。

二、适用范围

本规程适合新生班班主任与家长的互动。

三、工作程序

（一）第一时间了解学生情况

1．班主任可根据分班人员名单对所有学生情况进行初步了解，建立新生的基础档案。

2．班主任跟家长电话、微信联系，了解学生暑假生活学习情况，并通知开学报到时间，初步了解学生家长对新学校、新班级的需求与期待。

3．掌握特殊学生的情况，如贫困家庭学生、特异体质学生（如心脏病、哮喘病、癫痫等突发性大病或其他家族遗传病史等）、心理问题学生、学习困难学生等。

4．建立简单的学生情况汇总表，包括姓名、性别、毕业学校、身份证号码、家庭住址、户口性质、联系方式、家庭成员、初中成绩及就读情况等信息，为后续家校互动工作的开展提供相关依据。

（二）开好新生家长会

1．家长会的准备。做好PPT课件，写好发言稿，布置好教室。教室桌椅摆放整齐，桌上备好矿泉水，黑板上写好标语。

2．明确发言内容。发言内容应包括学校介绍、职业学校的特点、专业特点、学校管理制度和作息时间、班主任的管理理念及军训安排等。

3．落实学生携带手机情况。按教育部等部门的要求，严禁学生将个人手机、平板电脑等电子产品带入课堂，带入学校的要进行统一保管。所以，在新生家长会上，要对学生手机的管理与家长达成一致，要求学生按时上交携带的手机，班主任则将手机上交情况反馈到家长群里，请家长一起监督。

4．会后答疑。就学校的相关政策、军训、食宿、寄宿生的管理等问题回答家长的疑问。

（三）建好新生家校联系平台

1．建好班级家长微信群，并邀请任课老师加入，便于家校联系。

2．建立家长委员会群，协助处理班级管理工作。家长委员会成员应由热心班级工作、对孩子教育有方法的家长担任。

（四）新生军训期间家校互动

军训是新生入学的第一项学习任务，备受家长关注，所以学校及班主任应当及时全面地向家长汇报孩子军训期间在校的情况，做好家校沟通联络工作，确保军训活动能得到家长的理解、支持和配合，从而确保学生严格遵守学校的各项规章制度，服从安排，圆满完成军训任务。

1．即时汇报。每天将学生的训练、起居、饮食情况，以照片的形式发到家长群，照片要全面，尽可能顾及每个学生。

2．每天小结。对班级当天情况进行总结，以鼓励为主，多肯定学生的优点。

3．个别交流。对军训时表现不太好的学生，单独跟家长交流，了解学生的性格特点，进行有针对性的教育。

4．军训总结。请家长写下孩子军训时的感想感言，给孩子更多关注，让家长参与到学校教育中来。

（五）入学教育家校互动

1．跟家长明确入学教育的意义、入学教育的内容，取得家长的支持。

2．及时反馈入学教育中学生的状态，让家长了解孩子在校的表现。

3．对入学教育进行总结，表扬优秀，指出不足，为接下来学生进入正式学习做好铺垫。

（六）学期中的家校互动

1．互动形式。

（1）微信群互动。通过微信群课堂反馈、活动开展、通知发放、文件传达等，让家长了解孩子在校的学习情况及学校的教育管理要求。

（2）书面通知。重大节日放假通知单、安全责任告家长书等需要家长签字的回执，以书面通知的形式发放给家长。

（3）电话沟通。对于个别学生的个别情况，可以与家长进行电话沟通。

（4）家长到校面谈。如果学生出现重大违纪事件或者身心疾病，应通知家长到校。

（5）家访。当需要具体了解学生的家庭情况或需要与家长共同商讨教育学生的方法措施时，可进行家访。

（6）家长座谈会。期中或期末进行一次家长座谈会，通过学生技能展示，让家长们看到学生的成长；通过互动活动，促进学生和家长之间的交流，创设起良好的沟通环境，让家长认可班级管理，认可学校教育。

2．互动频次。

与家长互动要注意频次，既不能过多，让家长厌烦，又不能过少，让家长觉得学校疏于管理。

对于面向全体家长的微信群互动，可以每天 1～2 次；对于面向个别家长的电话或面谈，则一学期以 1～2 次为宜；家长会以一个学期 1 次为宜；家访以每生在校期间 1 次为宜。

（七）期末家校互动

1．将学生一个学期以来的学习成绩、常规表现、获奖情况及班主任评语以报告册的形式发放给学生家长，让家长充分了解学生一个学期学习成长的情况。

2．将放假通知、假期作业、安全责任告家长书以书面形式发放给家长，请家长一起监督学生的学习，督促学生养成健康的生活习惯，培养安全意识。

3．引导家长规划学生假期社会实践活动，促进学生综合能力的提高。

示 例 ②

新生班家校互动规程
——以长沙财经学校美容美体专业为例

一、目的

为了促进施教者全面有效地了解教育对象，同时保证受教者及监护人深入了解学校的文化、制度、专业，让家庭与学校形成强大的教育合力，根据新生班级的特点，特制定本规程。

二、适用范围

本规程适用于美容美体专业高一新生班的家校互动。

三、实施内容

（一）建立联系通道

1. 建立学生群和家长群。根据情况，一般使用微信群或者QQ群，严格审核家长身份，确定群或平台管理制度，为全面规范管理班级做准备。

2. 设立家委会。家委会推荐一名家长负责家长委员会事务，确立学期家校活动计划，收集家长意见和建议，及时反馈给学校。

（二）初步了解

1. 班主任根据班级学生名单及档案，全面了解学生及学生家庭情况，包括学生身高、体重、是否为团员、是否曾经担任班团干部、毕业学校、中考成绩、个人爱好、家庭成员、家庭住址、父母学历水平及所从事工作（关注其是否与本专业需求相关）等。

2. 采取电话、提前小范围会议、提前家长接待或家访等方式，与每一位家长做简短交流，了解学生及其家庭的基本情况，包括家长眼中的学生的优缺点、孩子的早期成长情况、家长的教育期望和教育理念等。

3. 在群里与家长初步互动，对学校、专业、班级和本学期工作特别是开学工作（军训和入学教育）进行初步介绍。

4. 根据前一阶段掌握的情况，对单亲家庭、特殊的农村或者贫困家庭、留守儿童家庭、有心理异常情况的孩子的家庭进行家访。

（三）开学准备

1. 新生报到，班主任要尽量做到能够凭借前期工作和电子照片人脸记忆，准确叫出班级三分之一以上的学生姓名，这对于学生来说是一种莫大的肯定与鼓励。

2. 准备好家长会讲话稿。内容主要包括：

（1）个人情况简介：本人教育理念、教育底线与原则、对学生的教育期待等。

（2）班级管理目标与构想：近期目标与长远目标、班团干部的架构与岗位设置、班级活动的初步构想等。

（3）军训准备：物质上的准备、心理上和思想上的准备、军训的主要内容与要求等。

（4）相关联系方式公布：班主任移动电话与固定电话、QQ、微信和电子邮箱，与学生关系密切的学校职能部门及其联系电话，等。

（四）常规管理

1. 班主任将班委会制定的班级管理规章制度在家长群里发布，告知家长。

2. 班主任根据班级管理规章制度对班级情况进行每周一小结，每月一总结，并将情况及时反馈到家长群里。对表现突出的人或事，应在家长群里进行重点表扬；对一些需要注意的情况，应在群里进行通告和提醒，尽量不在群里点名批评；对表现欠佳的学生的有关问题的反馈，尽可能与家长单独交流，在尊重家长的基础上与其共同协商解决问题的办法。确保每个月跟每位家长的单独交流不少于一次。

3. 对家长提出的合理要求或问题，班主任应尽可能当天解决或答复，确实不能当天解决或答复的应予以说明并尽快解决或答复。

4．针对家长在家庭教育中遇到或关注到的一些热点问题，应与家长共同探讨，指导家长使用正确的家庭教育方法。

5．天气变化、与学生生活学习有一定关联的新情况应通过发信息等方式提醒家长关注。对周末或节假日学生的安全问题，应在群里重点提醒，特别是要提醒家长对学生平安返家情况进行及时反馈，以免出现家校联系的真空地带。

（五）专业学习

1．每天一总结。班主任对学生的学习情况与家长进行日互动，每天在群里发送学生的学习情况、作业情况、重要知识点和难点、实操中的注意事项等信息。

2．每天一小视频。每天发布一次课堂的精彩小视频。

3．技能任务每周结。周末给学生布置家长能参与的实操作业，比如给家长化妆、美容、美甲等，由家长在群里反馈孩子的完成情况。

4．每阶段一总结。各科单元测试或各章节教学完成后，与任课老师共同对学生学习情况进行总结，在家长群里予以公布。

5．期中总结。主要包括学习情况分析，单科、总分优秀情况总结，学习中的不足，努力的方向和方法，等。

6．期末总结。主要在期末家长会上呈现，总结内容与期中总结基本相同。

（六）特殊问题

1．专业用品购置问题。

（1）需要新生购置专业用品前，班主任应将教育局关于购置专业用品的相关文件发布在家委会群里。

（2）班主任应与家委会沟通，并协助任课老师将需要购置专业用品的情况（包括用量与用途）详细告知所有家委会成员，强调自行自愿购买原则。

（3）家委会一致商讨通过后，由家委会在群里发布购置需求和原则。任何老师不得向家长推销或推荐教育局和学校规定范围外的用品。对个别有明确需求的学生，在学生或家长主动咨询的前提下，教师可以给出合理化的建议，但是禁止向学生推销商品。

（4）编制自行自愿购买承诺书，学生家长签字确认后上交，由班主任存档。

2．新生班级疫情期间家校联系问题。

（1）重点了解并关注来自疫情严重地区的学生的情况，单独建立档案，每天跟家长联系，跟踪家庭情况。

（2）重点了解并关注父母奔赴抗疫前线的学生的情况，每天联系，为学生解决学习和生活中的问题，尤其是要做好学生的心理疏导工作。

（3）重点了解并关注贫困学生、低保困难户情况，了解他们面临的困难，关注国家政策，对家长及学生做好心理疏导工作。

（4）重点了解因疫情导致家庭变故或者思想波动较大的学生的情况，与家长联系，做好学生的心理疏导工作。

（5）在上网课前，针对新生思想不够成熟而导致的上网课过程中出现的各种焦虑、抵触情绪进行疏导，并与家长联系，取得家长的协助。

（6）每天在家长群里对网课情况进行总结，提醒家长特别关注网课期间学生迟到、早退、学习不认真、人在心不在的情况。

（7）个别情况与家长单独沟通。

（8）每天收集班级学生及家长的身体健康情况，在家长群里做好解释工作。

3．女生问题。

（1）高中阶段比较突出的女生问题有经期养护、早恋、女生男性化及同性恋等问题。新生班班主任在联系家长前一定要先了解清楚学生情况，特别是思想动态。

（2）班主任尽可能先做好学生思想工作，切忌盲目通知家长解决问题。

（3）与多位家长沟通时要注意保护学生和家长的隐私，做到关心关爱每一名学生。

4．突发问题。

（1）对于突发问题，班主任一定要及时处理。

（2）在与家长交流互动前一定要确认问题的严重程度，关注家长的心理，避免引起家长的恐慌。

（3）在与家长沟通的过程中，要关注关爱学生，保障学生和家长权益。

（4）对于超出自己处理权限和能力的问题一定要及时上报，请求学校指导与协助。

第二节　新生班家校互动实施

从操作流程上看，班主任自接手新生班花名册开始，家校互动工作就应该启动。为了保证全学期的家校互动工作全面无疏漏地有序开展，有必要事先根据实际情况制订好家校互动计划或方案。计划或方案要尽可能详尽，包括什么时间做什么事、具体怎么做、要注意什么等内容。示例1为一位班主任制订的新生班家校互动计划，该计划从准备工作到每一个阶段的具体实施都有详细的安排，包括应用表格的制作、家长会现场的布置和互动交流内容等。

从操作策略上讲，班主任需要深入思考怎样互动才可以让每一次家校互动达到好的效果。除了在态度上尊重家长，与家长平等真诚交流、不卑不亢以外，语言沟通技巧也十分重要。在家校互动过程中，班主任对家长的称呼要得体规范，比如用敬称"您"，多用礼貌用语"烦请""麻烦您"等；对家长的支持配合真诚地表达谢意；与家长交流过程中多倾听，多了解，多肯定；交流中要用具体事例取信于家长，用科学的方法指导家长，让家长感觉教师的坦诚和包容。示例2为多位一线班主任在多年的班主任工作中总结出来的与家长互动时的语言模板，该模板为家校互动各个环节的语言运用提供了范本。

示 例 ①

长沙财经学校 1831 班一年级上期家校互动计划

一、目的

为了促进学校（尤其是班主任）与新生家长之间的互动，在班主任与学生家长之间架起沟通桥梁，让班主任深入了解学生及学生家庭，让学生家长了解学校的管理制度，了解班主任的教育理念，了解学生在校的学习与成长，提高家长对孩子教育的主动性，并形成规范、科学的家校互动体系，助力班级管理，助力学生成长，特制订本计划。

二、准备工作

（一）设计新生调查问卷

调查问卷如下：

1831 班新生调查问卷

个人基本信息

姓名：_____ 性别：_____

毕业学校：_____

是否团员：□是　□否

是否寄宿：□是　□否

家庭信息

父亲姓名：_____ 职业：_____ 文化程度：_____ 联系电话：_____

母亲姓名：_____ 职业：_____ 文化程度：_____ 联系电话：_____

户口地址：_____ 户口性质：_____

居住地址：_____

与谁一起生活：□父亲　□母亲　□父母亲　□其他 _____

是否为农村建档立卡贫困户（或城市低保户）：□是　□否

（二）制作特殊家庭档案表

特殊家庭档案表如表1。

表1　1831班特殊家庭新生档案

姓名	
家庭情况	

（三）制作班级家校互动台账

班级家校互动台账如表2。

表2　1831班家校互动台账

学号	姓名	联系时间及沟通内容

三、实施

（一）第一阶段：开学报到前

1．建立班级QQ群、微信群，方便后续工作的统一布置与安排。

2．给家长发短信。根据名单上家长的电话，给家长发短信，短信内容包括自我介绍、学生所在班级、班级QQ群号以及微信群名称等，同时给家长提供电话和QQ、微信等多种咨询途径。

3．在QQ群、微信群发布报到相关事项。报到事项包括报到时间、报到地点、报到所需物件、需缴费用、家长会安排、军训安排及其他注意事项等。

4．初步熟悉班里学生情况。通过网上问卷调查，了解学生毕业学校、家庭住址、家庭成员、家庭经济情况、父母职业及文化程度等信息。

5．对贫困家庭、单亲家庭、留守家庭等特殊家庭的学生进行家访或电话联系，详细了解情况，进行归类存档。

（二）第二阶段：报到及开学初

1．根据前期对学生的了解，安排两名学生协助开学报到工作：一名学生负责收集资料，一名学生负责引导家长完成报到流程。

2．报到时，与需要咨询的家长进行沟通，及时解答家长的疑问。

3．开好新生家长会。

（1）提前两天准备家长会发言稿。发言稿内容包括自我介绍、学校介绍、职业学校特点、专业介绍（展示并介绍上一届本专业学生的作品）、学校管理制度、作息时间、家庭教育指导等。

（2）提前一天布置教室。桌椅干净整齐，摆好矿泉水，黑板上写上标语。

4．做好军训期间的家校联系，及时向家长通报相关情况，让家长了解自己孩子的实际状况，回应家长关切。

5．告知家长入学教育的目的、意义、内容，取得家长的理解与支持。

6．入学教育结束时进行总结，对表现好的学生在家长群里进行点名表扬。

（三）第三阶段：学期中

1．学生上课情况。早自习、晚自习和课堂上好的方面以照片或视频形式在家长微信群里展示，对个别学生存在的问题则私下以电话或私信的形式与家长进行交流。

2．学生作业情况。每天的作业公布在家长群里，请家长监督；对优秀的作业以照片形式公布在家长群，树立好的榜样；对没完成作业的学生，私下与家长交流，弄清原因，找到改进的方法。

3．手机管理。每天早晨将走读生上交手机情况发群里，每周一上午将寄宿生上交手机情况发群里，请家长监督。

4．出勤。对没有按时到校（包括寄宿生周末没有按时返校）的学生，在第一时间跟家长联系，弄清原因，确保学生的安全。

5．放学时间。向家长公布每天的放学时间，如因特殊原因没能按时放学，在家长群里进行说明。

6．学校活动。在家长群里上传学生参与各项活动的照片，多方面展现学校的教育教学情况。

7．缴费通知。所有的收费与退费、助学金的申请与发放，在家长群里进行明确，让家长知道每一笔钱的来源与去向。

8．周五留校。对当周表现不好需要周五留校的学生，单独跟家长交流情况，取得家长支持，共同教育。

9．放假安排。对正常的放假，在家长群里通知即可；对因学校原因调整的放假，发放书面的放假回执，并请家长签字，由学生假期结束返校时带回统一保存。

10．报平安。学生每次放长假到家后，由家长在家长群里报平安。

11．安全教育平台。督促家长带学生一起完成相关教学内容的学习，增强学生和家长的安全意识。

（四）第四阶段：学期末家长会

1．发放通知。提前两周以书面形式发布家长会通知，同时在家长群里告知家长。通知内容应包括家长会的具体时间及地点。为确保到会率，要获得所有家长的反馈，对没有及时反馈的家长要主动联系，确保通知到位，并要求所有家长尽量按时参加。

2．教室布置。黑板上写上标语；学生课桌上摆放学生手册、学生成绩单、学期获奖证书、寒（暑）假通知单、假期作业；教室外走廊张贴学生的作品，摆放优秀学生的作业。

3．接待。安排两名学生带上班牌在校门口引领；一名学生在教室门口签到；

一名学生发放矿泉水；一名学生带家长入座。

4．家长会程序。

（1）班干部介绍本期活动开展情况。选一名表达能力强的班干部，介绍一学期以来学校和班级活动的开展情况。

（2）学生代表发言。学生讲出他们的心声，让家长了解孩子、理解孩子，拉近家长和孩子之间的心理距离。

（3）学生专业技能展示。选出优秀学生代表，现场进行专业技能展示，让家长了解孩子们在校的学习成果。

（4）任课老师代表讲话。请专业课老师代表和基础课老师代表各一名，对教学情况做汇报，让家长更好地了解教师的教与学生的学。

（5）班主任发言。班主任对班级的管理制度进行详细解说，以取得家长的支持与配合；对学生一学期以来的表现、成绩及技能等各方面进行总结，肯定好的现象，表扬优秀的学生，指出存在的问题；对家长的家庭教育给予适当的指导。

（6）会后个别家长交流。请部分需要单独交流的学生家长留下，了解家庭情况，商议适合学生成长的教育策略。

示 例 ②

新生班班主任与家长沟通语言实录

时间节点：开学报到前

语言实录：

亲爱的家长们，你们好，暑尽秋来，很高兴在孩子们即将迈入高中阶段时与你们相识，并成为孩子们未来三年的班主任。

先做一个自我介绍……（突出介绍让学生亲近，让家长放心的品质，如严格、温暖、有爱心、热心等），我的联系方式是……，欢迎大家经常给我来电或者来信息，咱们一起分享孩子们成长途中的点点滴滴。

我们学校是一所……的学校，管理规范，学习风气浓。孩子在学校，您可以放心。咱们孩子选择的××专业是一个非常需要……（比如细致认真、爱动脑筋、有挑战性等）的专业，孩子选择这个专业说明他们具备了这样的品质，或者已经做好了磨炼自己意志、培养这方面品质的准备。这些都有赖于家长长期以来言传身教的影响，非常感谢家长们背后的默默付出！

明天孩子们就要来学校报到了，怀着对新的学校、新的班级、新的同学、新的学期的憧憬。请家长们保护好孩子们的憧憬，像呵护眼睛一样呵护好他们的梦想。明天的报到请家长们提醒孩子们注意如下几点：

1. 注意调适好新阶段学习的心理。

2. 检查仪容仪表：头发、指甲、服装、鞋子等。

3. 注意到校时间。

4. 寄宿生注意带好相关用品。

5. 做好马上进入军训的相关心理准备。

……

亲爱的家长们，等孩子们报到结束了，请家长们一定记得跟孩子们交流他们在学校的适应情况，尤其是寄宿生。发现有不适应的，要及时疏导并与我联系。请家长们放心，学校、我和其他老师一直在你们身边，一直在孩子们身边！

感谢家长们对孩子的关注，感谢家长们对我和学校工作的支持，谢谢大家！

要点提炼：

1. 简单的自我介绍，让家长了解并信任班主任。

2. 对学校尤其是对专业及学习该专业所需的品质进行介绍，让家长了解该专业并为后期协助学校工作做好心理准备。

3. 提醒家长关注孩子开学第一天的情况。

时间节点：新生家长会

语言实录：

我姓×，毕业于×××，是孩子们的××老师。我担任班主任工作×年，是一名老班主任了。多年来，我一直饱含热情投入工作，认真负责，热爱学生，课堂上是学生的老师，生活中是他们的朋友。把你的孩子交给我，我一定会热情专注地努力培养孩子健康成长。

我校是全省排名第一的国家级示范性中职学校，我们职业教育培养的是既具备基本文化素质，又具有专业知识与技能的人才。

咱们市场营销专业是经济管理类专业中比较实用的类型……（介绍专业特点）

我们的教育理念是先成人后成才，学会劳动，学会自理，学会感恩，学会思考，学会学习，学会做人。让能走的学生走得更稳，让能跑的学生跑得更快，让能飞的学生飞得更高！

在学校管理上，我们学校一直是以严格与规范著称的……（介绍各项具体的管理措施，包括出勤、风纪风貌、作息时间、寄宿生管理、违纪学生处理等方面）

著名的教育家陶行知先生说："千教万教，教人求真；千学万学，学做真人。"我一直持这样的观点：学会做人是第一重要的，然后才是长知识长本领。因此，我一直把教学生如何做人放在首要的地位……（介绍自己的教育理念）

最后说明几点：……（包括军训及入学教育安排、相关费用收缴说明、班级微信群、班主任联系电话等）

要点提炼：

1. 学校介绍，让家长了解学校。

2. 职业教育的特点，让家长了解职业教育。

3. 专业特点，让家长了解学生所学的专业。

4. 学校管理制度，让家长了解学校的管理模式，后续能够配合学校对学生进行管理教育。

5. 班主任的管理理念，让家长了解班主任，支持、配合班主任的教育工作。

6. 家庭教育经验交流，对家长的家庭教育进行适当的指导。

时间节点：军训前

语言实录：

亲爱的家长们，大家好！从明天开始，咱们的孩子就要进入既让人充满期待又有点小小紧张的军训中了。军训是提高咱们孩子身体素质的一次训练，也是提高孩子纪律性的一次训练。这里烦请家长们也调整好心态，一定要舍得放手让孩子自己去飞，去成长。当然，有我们老师和教官在，孩子们在学校的安全和健康您尽管放心！

烦请家长们今天抽空做好以下事情：

1. 跟孩子们谈一次心，了解孩子们的思想动态，及时疏导。

2. 跟孩子们强调以下注意事项：

（1）做好吃苦的心理准备。

（2）身体确有不适一定要打报告。

（3）做好防晒。

（4）穿一双舒适的鞋子。

（5）多喝水，少吃冷饮。

（6）女生与男教官保持合适距离。

……

军训期间，烦请家长们每天关注群消息，我会定期给孩子们下发手机，方便孩子跟家长联系，请家长们关注孩子的思想动态，发现情况及时联系我。在此期间，请每位家长至少跟我联系一次，当然如果出现有些情况，我会单独与家长联系。

感谢家长们的配合！

要点提炼：

1．强调军训的重要性。

2．帮助家长进行心理疏导。

3．强调注意事项，让家长放心。

时间节点：军训结束

语言实录：

亲爱的家长们，你们好！为期×天的军训圆满结束了。通过这次军训，孩子们都晒黑了，也更加结实了。如果我们仔细观察，会发现咱们的孩子似乎长高了，那是因为军训，孩子们成长了，孩子们的身体更挺拔了！

下面大家来看看孩子们的军训情况。

1．军训期间的图片及视频展示。

2．军训班级荣誉展示。

3．军训中涌现的优秀个例展示。

……

军训后，希望家长们一如既往，以军人的高标准严格要求孩子，把军人的精神带到以后的生活中去。感谢各位家长！

要点提炼：

1．孩子们在军训中的成长。

2．军训总结。

3．寄予期望。

时间节点：入学教育

语言实录：

亲爱的家长们，大家好，咱们的孩子经过军训洗礼后，马上就要进入为期两天的入学教育了。入学教育是为了方便新生了解学校规章制度和各种评价标准（毕业标准、优秀标准等）而设置的一项综合教育课程，这门课程以课本《学生须知》为蓝本，让咱们的孩子通过学习了解自己未来三年要做什么、怎么做，规划自己的人生目标，并制订相应的学习计划。

这里我把入学教育中与孩子未来发展紧密相关的几点总结如下，请家长们关注。

1. 课程及科任老师介绍：……

2. 实习标准：……

3. 毕业标准：……

4. 优秀标准：……

……

相信今天的莘莘学子，三年后将是谦虚务实、才华横溢的翩翩少年！感谢各位家长！

要点提炼：

1. 介绍入学教育学什么。

2. 提醒家长需要重点关注的方面。

3. 寄予期望。

时间节点：第一周学习后

语言实录：

亲爱的家长们，大家好，孩子们经过为期一周的学习，大部分都已经适应了新环境，结识了新朋友，学习上积极性很高，通过孩子们自愿自发地进行竞选，咱们班产生了班干部和各科的课代表，常规方面大家也做得很好。下面我把这一周的情况进行总结。

1. 班干部介绍：……

2. 常规和学习情况介绍：……

3. 需要家长关注的方面：……

……

各位家长，让我们携起手来，相互合作，共建和谐班级，把我们的学生——您的孩子，培养成学习勤奋、品质优良的优秀人才，为孩子将来的升学、就业乃至整个人生的发展打下扎实的基础。

要点提炼：

1. 孩子适应新环境的情况。

2. 情况总结。

时间节点：每学月

语言实录：

亲爱的家长们，你们好！孩子们经过一个阶段的学习，学习更踏实了，技能更熟练了。当然，这些进步都离不开您平时的努力付出。我看到××同学每天晚自习都在操练技能，下课后跟同桌互相练习；还有××同学学习上很努力，每次下课都向任课老师问题目；还有××同学……

下面我把这一学月的情况进行详细的总结。

1. 出勤情况：……

2. 卫生方面：……

3. 大型活动方面：……

4. 学习情况介绍：……

5. 还需要家长关注的方面：……

……

今天的总结，让我们知道了孩子的成绩，也明白了孩子们的不足，也许这些不足会让我们的心里有些许的失落，但不要紧，在下一学月，我们一起加倍努力，助孩子们成长！谢谢大家！

要点提炼：

1. 情况总结。

2. 需要家长配合的方面。

（注意：此为基本模式，具体细节需要根据情况落实）

时间节点：学生出现问题时

语言实录：

××同学家长，您好，我是班主任×老师，我想跟您沟通下孩子的情况，您现在方便吗？

××同学最近在学校的表现不错，他是个特别热心的孩子，我看到他上周主动帮班上一位请假的同学做卫生；他性格开朗，大家都很喜欢他，上次全班推选体育委员，大家都选了他。看到这些，我真的很开心。也正因为他性格开朗，有点好动，所以他有时上课有点坐不住，专注力不够，成绩有点下滑，特别是上次的英语测试比前一次下滑了20分，英语老师也反映他最近学习状态不太好，不知道您关注到没有？不知道最近家里有没有什么事情让他分心？

……

家长您也别着急，任何孩子都不是一帆风顺长大的，出现这些状况都是很正常的，咱们可以一起努力想办法解决，我觉得可以从以下两方面着手。

第一，关注他的学习，督促他把前面学习的那些单词、句型默下来，课文背下来。

第二，每天让孩子抽时间做运动，做他喜欢的运动，比如打篮球、吊单杠等，让孩子在锻炼身体的同时还可以把过剩的精力释放出来，从而专注于学习。

最后感谢家长的支持，我们一起努力，孩子一定会越来越优秀的！

要点提炼：

1. 肯定孩子的优点。

2. 指出孩子的问题。

3. 探究原因。

4. 提出合理化建议。

时间节点：学生进步时

语言实录：

××同学家长，您好，我是班主任×老师，我想跟您沟通下孩子近段时间的情况，您现在方便吗？

通过这段时间我们共同的努力，孩子的英语成绩明显进步啦，甚至赶超以前的状态了。英语老师反映，孩子上课回答问题非常积极，做作业也很认真，这次测试成绩相比上次提高了26分，孩子的学习劲头也更足了，孩子经常下课后问老师题目，课后还经常帮助其他同学。孩子说，您在家经常督促他默写单词、背诵课文。孩子的进步离不开您在背后的付出，谢谢您！相信有您的支持，孩子会更加优秀的。

要点提炼：

1. 肯定学生的进步。
2. 肯定家长的付出。

时间节点：期中考试后

语言实录：

各位家长，半个学期就过去了，现在对这半个学期班级情况稍做总结。

1. 全班同学基本能完成学习任务，按时上交作业，但有几个同学学习有拖拉现象，不能在规定的时间及时完成学习任务，还有些同学学习不够主动。本次期中考试的成绩能反映出学生在学习方面大致的努力程度。

2. 本次考试总分前十名：……

单科前三名：……

3. 全班同学按时到校做得比较好，很少有迟到现象，只有2名走读生这方面还有待加强，我会单独跟这两位家长联系。

4. 一些寄宿生的表现有待提高，主要表现在不能按时起床、按时就寝、内务卫生不到位，晚自习有同学讲话。我把39位寄宿生这半个学期的情况做了小结，发在群里，家长们自行查看，对孩子表现不好的方面，还要家长加强教育。我在学校已经给了他们相应的惩罚，也进行了教育。按规定，一个学期内违反寄宿生制度超过5次的同学，学校将取消其寄宿生资格，今后该同学将不能再在学校寄宿，所以请家长们引起重视，督促孩子遵守相关规定。

5. 对半个学期来没有违反寄宿生管理制度的同学提出表扬：……

希望我们携手，一起帮孩子养成良好的行为习惯和学习习惯，助他们健康成长。

要点提炼：

1．学习情况：……

2．出勤情况：……

3．寄宿生情况：……

时间节点：期末家长会

语言实录：

第一环节：甲同学介绍班级情况

叔叔阿姨，大家好，我是××，下面由我来跟大家汇报班级基本情况。

1. 班级文化：……

2. 班级视频展示：……

3. 班级荣誉：……

4. 班主任及辅导员、科任老师介绍：……

5. 班干部、寝室长、课代表介绍：……

6. 常规积极分子：……

7. 学习积极分子：……

8. 优秀名单：……

……

这一学期来，我们在××班这个温暖的班集体中，收获了很多，我们戒骄戒躁，我们脚踏实地，我们用更平和的心态、更纯粹的初心去学习，去生活，去挑战！

第二环节：乙同学介绍班级活动和竞赛情况

叔叔阿姨，大家好，我是××，下面由我来跟大家汇报班级活动及竞赛情况。

1. 校运会情况：……

2. 经典诵读比赛情况：……

3. 广播体操比赛情况：……

4. 元旦文艺会演情况：……

5. 校外实践情况：……

6. 技能竞赛情况：……

……

这一学期来，在学校各项活动中，我们历练了，成长了！赛场上，有我们拼搏和呐喊的声音；赛场下，有我们快乐的笑与泪！爸爸妈妈，也许今天你没在获奖名单中看到我的名字，也许我不是最优秀的，但是请相信我一直在努力，也一直想让您看到我的努力！

第三环节：丙同学介绍学习与技能情况

叔叔阿姨，大家好，我是××，下面由我来跟大家汇报学习与技能情况。

1. 学习优秀名单：……

2. 单科优秀名单：……

3. 期中期末考试前十名名单：……

4. 技能优秀名单：……

5. 参加技能展示名单：……

……

这一年来，从每一堂课、每一次作业、每一次考勤中，不经意间，我们学会了自我管理。在老师和同学们的陪伴中，在爸爸妈妈从远方对我们发来的叮咛和嘱托中，我们做到了努力拼搏，青春无悔！

第四环节：任课老师代表发言

大家好！首先感谢你们在百忙之中抽时间来参加今天的家长会，我是孩子们的××科老师，我姓×。召开这次家长会的目的是为了加强老师与家长、家长与家长、家长与学生之间的联系，交流一下学生在校及在家的情况，以便老师、家长能够更有针对性地实施教育。

1. 本学科班级总体情况：……

2. 表现突出的孩子：……

3. 孩子们在学习上存在的困难：……

4. 需要家长协助、共同努力的方面：……

……

各位家长朋友，孩子的教育工作是琐碎的、繁重的，我们在工作中，难免也会出现疏忽之处，恳请家长们批评指正，您的理解是对我们工作的最大支持！谢谢大家！

第五环节：班主任讲话

各位家长，大家好！今天，因为孩子们，我们走进了××学校，走进了××班。首先，对各位家长能在百忙之中抽出时间来参加这次家长会表示衷心的感谢！同时也感谢大家开学以来对我们学校工作的大力支持和帮助！今天我们大家坐在一起，是为了一个共同的目的——为了孩子。希望我们今天的交流能更好地促进孩子成长。

下面我先谈谈班级存在的问题：……（客观地陈述班级中存在的问题）

学校教育永远离不开正确的家庭教育。假如没有良好、正确、合理的家庭教育相配合，再好的教师、再好的学校教育也难以取得理想的教育效果。家庭教育的失败，往往会让学校教育事倍功半。为此，我希望我们能在以下几个方面达成共识：……（对家长提出希望，争取家长的支持，家校合力，共同教育）

最后，再次感谢大家的支持，愿我们的孩子朝着我们希望的方向蓬勃向上、全面发展。祝大家工作顺利，家庭幸福！

要点提炼：

1．班级情况介绍。

2．班级活动及竞赛情况总结。

3．学习与技能情况介绍。

4．任课老师交流分享本学科的情况。

5．班主任交流，与家长互动，探讨交流教育方法，分享教育理念，确定共同努力的方向。

时间节点：学期结束（不开家长会）

语言实录：

各位家长，一学期结束了，现就一些相关事项进行说明：

1．从今天下午开始，寒假就开始了，今天所有孩子都会离校回家，请大家在孩子们到家后，在群里报个平安。

2．本学期包餐费退了三天费用，走读生18元，寄宿生51元，已退给孩子们。

3．本学期的期末成绩还没出来，两天之后可以在学校官网上查成绩，成绩查询方式已通过纸质稿发给孩子们。

4．本学期思想品德评价优秀的同学：……

本学期三好学生、优秀干部及各项评优名单：……

5．发了一份《寒假告家长书》和一份推进移风易俗的通知给孩子们，请家长们签好字，下学期让孩子们带回学校。

6．请大家督促孩子完成寒假作业，适当运动，保证身心健康。

7．寒假在家，多提醒孩子们注意安全，多跟孩子聊天，尽量多陪伴孩子，促进亲子关系和谐发展。

8．下学期2月17日报到，开学事宜到时再在群里公布。

感谢大家半年来的配合，祝大家工作顺利，家庭幸福！

要点提炼：

1．放假通知。

2．学期各项费用说明。

3．本期成绩查询。

4．学生表现。

5．《寒假告家长书》及其他通知。

6．寒假作业。

7．寒假注意事项。

8．下期开学时间。

时间节点：下学期开学前

语言实录：

各位家长，新年好！

愉快的寒假就要结束了，现将开学报到事宜告知大家：

1．报到时间：2月17日上午8点到9点半，9点半学生集合，发书及安排后续学习事项，当天寄宿生开始上晚自习，2月18日所有同学按作息时间正式上课。

2．住得远的寄宿生可于16日提前返校，但请家长告诉我一声，我再通知生活老师查寝。

3．请记得提醒孩子们带好学生手册及所有寒假作业、相关材料来校报到。寒假作业除专业课作业和基础课作业外，还有放假通知书上的一些作业，请对照放假通知书整理好；另有两份须家长签字的回执，一是安全工作告家长书，一是推进移风易俗工作的，请家长签好字让孩子带来；如有在社区参加了社会实践的，要到社区开好证明、盖好章带来。

4．报到前整理好仪表（头发、指甲、校服、校牌等）。

5．缴费。

（1）缴费方式：可在长沙市内建设银行、工商银行、长沙银行、交通银行四大银行各网点缴费；也可以通过长沙银行 e 钱庄、手机微信方式进行缴费，缴费后将收据绿色联或者手机缴费的记录截图打印出来交班主任，班主任收齐后统一交财务室结账。

（2）收费标准：住宿费 300 元，书籍费 300 元（多退少补）。

（3）若缴费时住宿费用有差错，请先告诉我，修改后再缴费，因为退费手续很麻烦。

（4）学生缴费档案号等下会发到群里。

感谢大家配合！

要点提炼：

1．报到及返校时间。

2．所带物品及仪表自查。

3．缴费标准及缴费途径。

（执笔：康丽、高娅头、余艳萍、邓腊良。统稿：康丽）

第八章

学校开放日、技能训练成果展示等
重要活动规程与实施

第一节　学校开放日、技能训练成果展示等重要活动规程

开放日是指平日谢绝参观的机关、单位或组织，为了一定的目的，面向公众开放、接受公众参观与交流的特定日子。它属于公共关系项目活动范畴。

学校开放日就是学校向学生家长和社会开放的日子，是学校向学生家长和社会展示学校的办学思想、师资力量、育人环境、教育教学成果等方面的情况，便于家长和社会更全面更深入地了解学校，从而支持学校工作的一次大检阅。可以说，学校开放日是学校与外界沟通交流、展示自我形象的重要窗口，有利于学校宣传办学品牌，树立良好形象，增加办学透明度，扩大社会影响力。

技能训练成果展示既是中职学校的一项常规性工作，又是学校教学成果的一个缩影，其重要性不言而喻。因此，开展好技能训练工作，展示好学生的技能训练成果，成了中职学校专业技能培养水平和社会影响力的重要标志。

作为中职学校的重要活动，无论是开放日活动，还是技能训练成果展示活动，都具有明确的目的性和针对性，都有相对规范的活动流程和实施方案，可

操作性强。为了确保开放日、技能训练成果展示等重要活动的实施效果，学校应建立健全组织机构，确定专门的负责部门。原则上，开放日活动由学校办公室牵头组织与协调，技能训练成果展示活动则归口学校教务科组织、管理和实施，其他部门积极配合。当然，也可以充分调动家长的积极性，让他们主动参与到这些重要活动中来。

学校开放日、技能训练成果展示等重要活动对于增进家校联系、保障家长教育知情权、展示学校办学特色、促进学校不断发展具有重要的作用和意义，具有开放性、全面性、宣传性的特点，应遵从安全、有利原则。在学校开放日、技能训练成果展示等重要活动的组织和实施上，首先，学校自上而下要高度重视，达成共识，形成合力，展示学校的办学质量和良好形象；其次，要建立健全组织机构，保障各项措施落实到位、各项工作顺利开展；最后，对活动的具体内容和流程要仔细斟酌，要立足学校实际，考虑好各种细节问题，尽量体现学校的办学特色，做到事前有计划、事中有保障、事后有总结。

制定学校开放日、技能训练成果展示等重要活动规程，就是要从宏观上对开展这些重要活动的目的、作用、特点、原则、组织机构、内容和流程做出相应的规定，为这些活动的开展提供相对规范的操作模式和具体内容。

示例 ①

中职学校开放日活动规程

一、中职学校开放日活动的意义

学校开放日活动的开展，无论是对学校，还是对家长，都具有十分重要的意义。

（一）增进家校联系

中职学校开放日活动的开展，能为学校与家长架设沟通的桥梁，有利于增进家校联系。让家长到学校参观，深入实际，充分了解学校的办学宗旨、办学思路、办学条件和办学成果，可为家长更好地配合学校、支持学校奠定思想和情感基础。

（二）保障家长权利

中职学校开放日活动的开展，就是要保障家长对教育的知情权，构建学校与家长、社会沟通的渠道，让家长不仅了解孩子的在校表现，还享有参与学校管理和监督的权利，为家长支持和配合学校提供了现实可能。

（三）促进学校发展

中职学校开放日活动既是学校展示自我、宣传自我的窗口，也是学校自我剖析、自我净化的良机。一方面，开放日活动的"倒逼"能进一步促使教师转变教育教学观念，提高教育教学能力，从而全面提升学校教育教学管理水平；另一方面，通过开放日活动，学校自觉接受家长和社会的评议与监督，可以发现办学的问题和不足，进一步规范管理，实现民主治校、依法治校，努力打造人民满意的教育。

二、中职学校开放日活动的特点

（一）开放性

中职学校开放日活动改变了学校以往封闭办学的模式，实现了对家长、对社会的开放。这不仅是学校实体的开放，更是办学思想上的开放。

（二）全面性

中职学校开放日活动涉及办学思想、办学条件、教育模式、课堂教学、教研教改、学生活动、学校文化等方方面面，可以说是学校一次全方位的集中展示，具有全面性的特点。

（三）宣传性

中职学校开放日活动是展示学校、宣传学校的重要途径，所以，学校会充分利用现场展示、活动展板、座谈会等各种形式提升宣传效果，扩大社会影响。通过耳闻目睹，家长和社会能更全面、更深入地了解学校。

三、中职学校开放日活动的原则

（一）有利原则

家长开放日活动要有利于学校提高声誉，有利于学生健康全面发展，有利于减轻班主任负担，有利于家校互动沟通。

（二）安全原则

家长开放日活动以及任何学生参与的活动，都必须将安全摆在第一位。学校必须严格按上级教育行政部门的要求，结合本校学生特点，提前制订安全应急预案，落实学生安全工作各项措施，避免一切可能的意外事故发生。

四、中职学校开放日活动的内容与流程

通常，开放日活动可分为活动筹划、活动组织与实施、活动结束及评价三个阶段。

（一）活动筹划阶段

1. 确定主题

中职学校开放日主题的确定关系到学校能否把办学理念有效地传递给家长，关系到家长能否理解学校的教育教学工作，更关系到学校与家庭能否建立一种平等合作、互助的关系，形成教育合力，共同促进学生全面发展。

2. 确定活动内容与形式

以教学活动展示为主要内容的开放日活动是常见的、传统的形式。家长通过观看老师的教学活动和孩子的学习活动，对教师的教学水平形成一定的认知，在课堂上也能直观地了解孩子的学习状态。

以学生能力展示为主要内容的开放日活动是职业学校常见的、更受欢迎的形式。学生通过基础能力学科展示、专业技术能力展示和综合素养能力展示，可以让家长看到一个个全方位发展的不一样的个体。

3. 制订活动方案

学校应根据学校办学特点和家长需求，有计划地安排活动日当天各项活动。方案的制订可分三步进行：第一步，由学校领导组织各科室制订大活动方案；

第二步，各科室牵头布置所在职能部门的任务，共同商讨制订子方案；第三步，教师结合自身教学、班级管理、家长需求研究落实具体安排，尽量落细落小活动任务。

中职学校开放日活动方案一定要注重实用性，在各小组分配实施任务时一定要落到实处，舍去浮在表面上的、流于形式的工作安排。例如，后勤保障工作要确保万无一失，提前对学校的供水、供电设备进行检修，必要时还要向供给部门提前报备。

4. 制作家长意见反馈表

意见反馈表不容忽视，它往往是活动总结的重要资料来源，是改进工作的重要依据。中职学校开放日家长意见反馈表的设置可以是主观问答式，也可以是客观选择式。它的设置能让家校之间的合作更密切，既解决了家长们的疑惑，也提升了学校的办学水平。

5. 预估活动效果，预设突发状况并制定解决措施

预估活动效果最直接的方法就是彩排、演练，只有通过一遍遍实练才能出效果。同时，对天气、场地等因素的影响也要有预见性，应充分考虑活动本身对于表现形式与方法的承载力度，即活动本身的灵活性。当出现不可抗因素时，一定要积极应对并加以克服，尽量降低其他客观因素对活动实施效果产生的负面影响。

6. 融入家长意见，调整计划与方案

融入家长意见是一个承上启下的工作，既是对前一次活动家长意见的落实，也是对当次活动的工作改进，更是促进家校共同育人机制的润滑剂。

7. 动员家长参与筹备工作，获取家长支持

动员家长参与活动筹备工作有以下几个意义：第一，尊重家长，让家长有主人翁的意识；第二，引导家长身体力行，亲身投入活动中，从中获得教育教学的体验感，增进对学校教育的理解与认同；第三，获得多重视角，从家长视角看待问题、组织活动，有助于让活动取得最佳效果。

8. 创设环境，准备相关材料

创设环境主要通过精心设计宣传栏、活动板报、校报、电子显示屏等宣传载体的展示内容来实现，一般包括两个层面的内容：

其一，学校层面，主要包括学校近年来所获荣誉、教学成果、教育管理模式、专业建设、特色活动和办学目标等。

其二，班级层面，主要包括班级组织机构、基础学科学习情况、专业课学习情况、班级活动参与情况和班级目标等。

9. 宣传与通知工作

活动前期的宣传工作主要是在开放日活动前一个（或两个）星期，利用不同的平台和渠道对家长进行动员与宣传，主要的渠道有学校官方网站、微信公众号、班级家长微信群与QQ群。

通知工作以班级为单位进行，主要通过QQ、微信等方式；至少提前一周确保每个学生都有家长收到通知，初步落实能来参与活动的家长名单；在活动召开的前三天，再次确认前来参与活动的家长名单，同时发送邀请信（函）。

（二）活动组织与实施阶段

学校开放日活动内容丰富，事务繁杂，参与人员众多，工作安排上很容易产生疏漏，稍有不慎就会出差错，所以，成功的学校开放日活动必然是安排严谨、组织有序的。

1. 建立组织机构

（1）建立"开放日"活动领导小组。由校长任组长，党委书记、副校长任副组长，各科室负责人任组员。具体负责开放日活动的主题及内容、组织和安排、调控与监督。

（2）建立开放日活动相应的执行小组。由各科室、部门负责人牵头，组员若干。明确各自分工，负责各项具体工作的组织和实施。

①宣传组。

职责：围绕学校开放日活动，营造活动氛围（悬挂横幅标语，制作导引牌、彩旗等），发放宣传资料，制作宣传展板，培训学生讲解员，撰写新闻报道，安排活动摄影、摄像，等。

②材料组。

职责：准备家长开放日各种材料并汇总装袋，包括《家长开放日活动安排表》、《学校作息时间表》、《家长听课安排表》、《家长意见反馈表》、参观证、学校简介及办学成果介绍资料、外校教师听课学分证书等。

③会务组。

职责：打扫会场卫生，安排家长座区，调试音响，发放会议资料，组织会议，维持会场秩序，等。

④安全保卫组。

职责：引导家长车辆停放，做到服务热情、车辆停放有序、疏导迅速无拥堵；校园巡查，保障安全有序；等等。

⑤后勤服务组。

职责：准备学生讲解员用扩音器、活动场地器材，准备家长饮用水、纸杯、听课用的凳子，安排家长午餐，等。

⑥卫生礼仪组。

职责：指导学生打扫好校园公共区卫生、教室卫生、宿舍卫生及内务整理，指导学生摆放好课桌凳、卫生工具，督促学生穿好校服、佩戴好校徽，等。

⑦成果展示组。

职责：学校介绍视频播放，学校成果展示（包括办学条件展示、课堂展示、教育科研成果展示、学生社团活动展示、特色展示等），收集整理反馈意见。

⑧协调联络组。

职责：负责领导小组和执行小组之间的联络，负责各执行小组之间的协调。

2. 确定活动内容

开放日活动的内容决定着活动的安排和实施，因此，在开展活动之前，必须确定好开放日活动内容。教学开放日的活动内容一般包括：

（1）成果展示。

①场馆及硬件展示。组织家长参观学校教学楼、图书馆、实验室（职业学校的实训室）、艺术馆、社团活动室等，由相关管理教师介绍学校硬件投入、设施设备使用情况、学生相应素质发展和提升状况。

②校园文化展示。组织家长参观校园，由学生介绍学校各建筑物、风景点的风格特色和文化内涵，展示学校文化建设的各种文本材料、校园智慧网络，展示学校读书节、艺术节师生作品等。

③教师能力展示。制作学校在师德教育、教师专业成长方面的专题展板和教师个人专业发展成果展板，组织家长参观。全面开放课堂教学，印发活动日当天全校教师任课表，供家长和外校教师自主选择，以课堂观摩的形式让家长和外校教师全面、动态地了解学校教师的素质和能力。

④学生素质展示。制作有关学生素质发展成果的照片、图表、荣誉证书、发表作品等喷绘展板，更新宣传画廊供来访者参观；现场观摩学生大课间活动、社团活动、职业学校技能展示活动。

⑤教育成果展示。展示学校德育和学生管理方面的特色和亮点，展示学生的文明礼仪和精神风貌，展示学校在育人方面所取得的成果。

⑥教研教改成果展示。通过展板和口头介绍的形式让家长和社会了解学校在教学改革上的措施和成绩，了解重大项目、课题研究、教材编写出版、论文发表获奖情况等；带领家长到展厅现场参观奖杯、荣誉证书等。

⑦校务公开成果展示。组织家长参观校务公开栏，重点进行教育收费、学生服务、奖学金助学金发放等方面的展示，现场接受家长的咨询。

⑧班级活动展示。选择一两个班级作为代表进行主题班会活动展示，反映班级精神风貌，体现班级管理文化。

（2）家校互动。

①召开家长座谈会。集中召开家长座谈会，全面介绍学校办学的思想、目标、

举措以及目前存在的制约学校和学生发展的因素，提出家校协同教育的构想。倾听家长的意见和建议，请家长对学校整体工作和任课教师的师德建设情况进行无记名书面评价。

②现场咨询。除了设立咨询服务台和意见箱，学校还应就群众关心的教育公平、教学质量、学校管理、招生工作等热点、难点问题进行现场答疑，设立自主管理、习惯养成、学科学习、特长发展、心理辅导、家庭教育等咨询指导窗口，为家长提供咨询指导。

③民主评议。学校通过书面问卷、家长反馈意见表等方式和校园网家校交流平台，引导和鼓励家长及社会群众对校务管理、校园安全、制度建设、队伍建设、办学条件、学生培养、教学常规等工作进行评议，提出意见和建议，实现学校自我净化和自我提升，真正办好人民满意的教育。

3．设计活动流程

（1）活动准备。

①制订《××学校校园开放日活动方案》，明确人员分工与职责。

②制作好介绍宣传学校的纸质资料、PPT、视频及活动展板，班级准备好主题班会相关资料。

③将拟发放给家长的资料整理装袋；事前通知，发放《××学校校园开放日邀请函》。

④教务科调整课表，制作并张贴放大版的当日课表，公布上课班级、教室、内容、老师。

⑤布置好会场、咨询台、成果展示现场和成果展厅。

⑥打扫好校园环境卫生，划定家长及社会车辆停放区域。

⑦布置好标语、彩旗等，营造氛围。

⑧设计好家长参观路线，制作好导引指示牌。

⑨培训好学生讲解员、礼仪队。

⑩安排好茶水、午餐等。

（2）活动实施。

①家长签到。工作人员查验《××学校校园开放日邀请函》，并按邀请函上的学生班级分班整理。家长签到，领取校园开放日家长资料袋。学生礼仪队员引导家长至报告厅。

②校方领导宣讲。领导宣讲地点是报告厅。宣讲前播放学校简介视频，校长致欢迎辞。

③校园参观。根据学校实际，确定参观的重点。尽管参观的地点总数不变，但因为人数多，为避免扎堆，可设计3～5条参观路线，最后的参观地点为成果展厅。

④成果展示。上午主要展示教师课堂教学和大课间活动，下午主要展示特色课程（职业学校为学生技能展示，艺术类学校为文艺演出或书画作品展示）和社团体验活动等。校方给家长的资料袋中有展示的具体安排，家长可自行选择听课的教师、科目和展示项目，按照指示导引牌自行前往展示现场。

⑤评课及家校互动。评课和家校互动同时进行。评课由教务科组织，参加人员为主管教学的副校长、教务科领导、校内相应学科教师、听课的外校老师。家校互动由办公室组织，参加人员包括校领导、家长和工作人员若干。

评课具体流程：主持人发言，上课教师简述教学设计思路，听课教师评课，主管副校长总结发言，发放听课学分证书。

家校互动具体流程：召开家长座谈会，主持人小结开放日活动；家长就有关问题向学校领导提问，学校领导现场答疑；进行民主评议，家长填写上交《家长意见反馈表》。

（3）活动总结。

①归类整理反馈意见。将收集到的反馈材料分门别类进行整理，形成有效信息并汇总。

②撰写《××学校校园开放日活动总结》。

③召开行政会，研讨开放日活动情况，结合有效的反馈意见，进行整改，

促进教育教学质量再上新的台阶。

4．明确注意事项

（1）认识到位，主题明确。开放日活动对于提高学校声誉、争取社会各界对学校的支持具有十分重要的意义。学校应专门召开教职工大会，明确开放日活动的主题，大力宣传学校开放日活动的意义，让全校教师站在学校形象和学校声誉的高度，重视此项工作，在平时工作中严于律己、认真规范，树立良好的师德师风形象，同时教育学生要文明有礼、爱校如家。

（2）明确分工，有序组织。建立健全组织机构，召开专门准备会议，明确职责分工，落实开放日的程序安排、来客接待及安全保卫等工作，以确保开放日活动的质量和效果。特别是来客接待及安全工作，来不得半点马虎。还有现场成果展示环节，项目杂，场地散，参观人数多，须精心安排，做到有条不紊。

（3）整理资料，及时总结。活动结束，整理各种反馈意见，形成台账，及时反思，并做好总结上报工作。

（三）活动结束及评价

开放日活动结束后，学校应及时进行总结，对家长反馈意见进行梳理，对活动中取得的成果和不足进行总结。可从以下几个方面开展：

1．对校园环境及专业实训场地的评价

（1）校园硬件设施配备。

（2）校园文化建设。

（3）专业实训场地硬件设施配备。

（4）专业实训场地文化建设的更新。

（5）专业实训场地课余利用率。

2．对教育教学管理工作的评价

（1）管理工作的开放性。

（2）家长与学校交流平台建设。

（3）家长与孩子交流平台建设。

（4）家长与家长交流平台建设。

3．对师资队伍建设的评价

（1）教师素养。

（2）教师业务能力。

（3）教师教学成果。

示 例 ❷

技能训练队家校互动规程

第一章　总则

第一条　为提高家长对其孩子参加技能训练的认识，了解孩子在学校的发展，传递学校和指导老师的用心与付出，从而得到家长的理解与支持，达到提高技能训练效果的目的，特制定本规程。

第二条　本规程适用于学校各专业的技能训练队，包括为备战市专业技能竞赛的市赛预备队、市赛队，备战省职业院校技能竞赛的省赛队，备战全国职业院校技能竞赛的国赛队，以及为参加有较大影响力的各级各类行业赛组建的技能训练队。

第三条　技能竞赛是衡量各职业院校教学质量的核心指标和提高专业技能的有力抓手。组建技能训练队，落实训练任务，选拔选手参加技能竞赛，是学校教育教学的有机组成部分，应得到家长的理解和支持。

第四条　学校教务部门主管和指导技能训练队的家校互动工作，技能训练队指导老师直接负责该训练队的家校互动工作。

第二章　组建阶段的家校互动

第五条　各教研室（组）通过发动学生自愿报名、任课老师和班主任推荐、统一组织选拔的方式，确定进入技能训练队的成员。成员确定后，向入选学生的家长发放学校统一印制的《喜报》。

《喜报》应包含如下内容：孩子所加入的技能训练队的名称，该训练队的大致情况，加入该训练队对孩子成长带来的好处，等。让家长产生自豪感，为后面组织学生开展训练时得到家长的支持做好铺垫。

第六条　组建训练队选手 QQ 群或微信群，同时组建选手的家长 QQ 群或微信群，指导老师为群主，方便日后的家校沟通。同时制作选手及家长通讯录，打印后附在训练记录本的前面。

第三章　训练阶段的家校互动

第七条　做好训练初期与选手家长的沟通交流工作。

训练初期，利用中午或第七、八节课或晚自习对学生进行基础性训练，不影响学生正常学习及周末回家，但指导老师须在家长群告知训练时间，同时配发学生训练过程中的照片，让家长认同学校和老师的付出，并意识到孩子能拥有这样的学习机会非常难得。

第八条　做好选手情绪波动时与家长的沟通交流工作。

随着训练的推进，如有选手因为各种原因（占用了休息时间、怕苦怕累、跟不上训练进度等）而申请退出训练队，指导老师（含班主任老师）在做思想工作无果的情况下，通过电话或微信与家长沟通。如果孩子资质一般且家长认可孩子的选择，则直接同意选手的申请。如果孩子资质较好而家长认可孩子的选择，则进一步和家长沟通，用案例告诉家长技能训练对孩子成长产生的巨大优势，尽量得到家长的支持，并通过家长做通孩子的思想工作。如果家长依旧认同孩子的选择，或者家长提高了认识但做不通孩子的思想工作，也应同意选手的申请。

第九条 做好市技能竞赛选拔阶段与家长的沟通交流工作。

备战市技能竞赛选拔阶段，是指占用周五晚、周六白天的时间训练，并层层选拔，逐渐缩小训练队规模，最后确定市赛队人选的阶段。

此阶段要发布《告家长书》，主要内容包括选手目前的训练情况、将要面临的任务、训练的时间及理由、选拔的原则等。同时，《告家长书》要配回执，确保家长知晓训练队的一切安排，避免出现周五晚和周六白天管理盲区带来的安全隐患。

第十条 做好市技能竞赛选拔完成后与家长的沟通交流工作。

选拔完成后，指导老师应在第一时间将选拔结果在家长群公示。公示的内容包括选拔的依据和入围选手的名单等。对未入选的学生及家长应做好思想工作，并及时与班主任沟通。

与入围选手家长进行一对一的沟通交流，告知家长市赛冲刺阶段的训练安排，打消家长对市赛前半个月停课训练的顾虑，督促家长做好孩子双休日留校训练时费用方面的安排，让家长配合指导老师一起做好选手的思想工作，使其能全力以赴参加市赛。

第十一条 做好市赛选手尚未入围省赛时与家长的沟通交流工作。

部分项目因市赛规则与省赛规则不一致，部分市赛选手将被淘汰。指导老师根据市赛成绩确定参加省赛的人选时，须做好未入围选手及家长的思想工作。

第十二条 做好寒暑假集训时与家长的沟通交流工作。

为备战省赛、国赛，需要利用寒假（一般5天左右）、暑假（一般10天左右）的时间对选手进行集训，老师应提前制订训练计划，并将计划提前告知家长，方便家长妥善安排孩子的假期。

第十三条 做好省赛、国赛选手家长的沟通交流工作。

对入选省赛（有国赛的项目，省赛选手即国赛选手）队的学生，以学校名义给其家长发放《喜报》。

《喜报》内容包括孩子的市赛成绩，省赛的比赛时间，省赛的训练安排，省赛、国赛选手能享受到的优惠政策，等。

第四章 训练结束后的家校互动

第十四条 妥善做好训练结束后与家长的沟通交流工作。

拟一份《告家长书》发放给家长。具体内容包括孩子在比赛中的获奖情况、训练结束后补上相关功课的安排、孩子安全问题的落实等。

第十五条 在家长中做好技能训练宣传工作。

通过学校校园网、微信公众号等平台，推送各项目的比赛总结（也可由学校汇总各项目总结后统一推送），包括项目获奖情况、选手获奖证书、颁奖现场照片、选手感言等，让家长和社会全面了解学校的办学质量及为学生成长搭建的良好平台。

第五章 附则

第十六条 学校其他技能训练队的家校互动，可参照本规程执行。

第十七条 本规程的解释权归学校教务科。

示 例 ③

学生专业技能成果展示家校互动规程

第一章 总则

第一条 为提高家长对学校教育教学的认知，帮助家长了解孩子对专业知识和专业技能的掌握程度，合理搭建直观、高效、和谐、智慧的家校互动展示平台，推动学校各专业建设，为学生的专业成长及就业奠定良好基础，特制定本规程。

第二条 本规程结合专业基础技能培训，通过学校、家庭、用人单位的多方参与，展现现代学徒制模式下家、校、企、生的合作成果，将技能成果展示融入正常的教学活动中，使其规范化、常态化。

第三条 本规程适用于学校各专业的技能成果展示活动，尤其是有直观体验感的专业，如形象设计、烹饪、旅游和酒店管理等专业。技能成果展示分为静态展示和动态展示两种。静态展示以观摩为主，动态展示以家长体验参与为主。通过展示，家长可分享孩子进步的喜悦，学校可最大限度地争取家长的支持。

第四条 学校教务部门主管和指导技能成果展示的家校互动工作，各专业教研室（组）联合本专业教师及班主任直接负责技能展示的家校互动工作。

第二章　筹备阶段的家校互动

第五条 教研室（组）全面负责技能展示的策划，与企业共同制订活动方案；以班级为单位发放《告家长书》，邀请家长参与技能成果展示的筹备工作。

《告家长书》的基本内容应包括技能成果展示的名称、项目、形式以及学生参加成果展示对其成长的价值等，帮助家长了解专业，理解学校和老师的付出，增强家长对学校和对孩子所学专业的信任感与认同感。

第六条 组建展示团队人员微信群或 QQ 群，各技能展示项目的主负责老师为群主，并分项目邀请家长和学生进群。同时群内选择一名热心家长负责联络工作，与老师一起协调组建过程中出现的问题。

第七条 确定家长发言人选，给家长发送邀请函，安排专业教师与所选家长进行沟通，并指导家长撰写发言稿。同时告知所有家长，展示现场有可能接受采访或安排即兴发言环节。

第八条 班主任在本班家长群中对技能成果展示活动进行介绍和宣传，让家长知晓并理解技能展示的意义与要求，发放《承诺书》并要求家长填写、签字。

《承诺书》主要内容为承诺参加展示活动，承诺对该活动给予大力支持，如陪同学生购买展示所需的工具和耗材等，并确定是参加观摩还是参加现场体验项目。

第九条 落实参与活动的家长名单。班主任收集，教研室（组）汇总承诺书中家长的报名情况。由教研室（组）分项目制作通讯簿。

第十条 召开班主任、专业教师专题会议，布置相关工作，培训好工作人员和学生志愿者。

第三章 展示阶段的家校互动

第十一条 提前跟参与技能展示的家长沟通，确保家长能按时到校。活动当天安排学生志愿者进行接待。引导现场观摩的家长直接进入主会场。引导参加现场体验项目的家长到达体验区；让家长体验结束时填写调查表，及时反馈意见，提出建议；体验结束后引导家长进入主会场。

第十二条 引导家长做好学校技能成果展示的宣传工作。学校教师要引导参与展示的家长，尤其是参与了体验的家长，通过微信朋友圈推送等方式分享自己的所见、所闻、所感。

第四章 展示结束后的家校互动

第十三条 活动结束后与家长进一步交流。听取家长对本次活动的看法和建议，引导家长积极肯定孩子的技能成果展示，将家长提出的合理化意见与建议汇总，反馈给各班班主任和专业教师，为活动的再次开展积累经验。

第十四条　将校园网、微信公众号、校报等平台内容推送给家长，提醒家长浏览和转发，提升学校各专业的知名度，形成品牌效应。

第五章　附则

第十五条　学校其他专业技能展示的家校互动，可参照本规程执行。

第十六条　本规程的解释权归学校教务科。

第二节　学校开放日、技能训练成果展示等重要活动实施

正常情况下，学校开放日活动一年开展一次，是全面展示学校的办学特色和办学成果的重大活动。因为规模大，工作任务重，实施难度高，所以，学校要成立相应的活动领导小组、活动执行小组（下辖若干工作小组），做到人员安排面面俱到，工作任务层层分解，各工作小组制订并落实活动子方案，尤其要注重各工作小组之间的组织与协调。

相对而言，技能训练成果展示活动难度较小。从展示的时间上看，技能训练成果展示活动既可以根据备赛和比赛的不同阶段进行安排，也可以安排与每学期末的家长会同期举行，还可以安排在学生毕业季，进行毕业作品展示。尽管只是专项展示活动，工作不繁杂，但毕竟关系到学校的形象，体现着学校的办学水平，因此，学校仍需精心策划、周密安排。

从目的作用来看，开展开放日、技能训练展示等重要活动有利于加强家校互动，形成教育合力，有利于展示学校形象，提升办学质量和品位。从活动的设计安排来看，开展开放日、技能训练展示等重要活动可分活动筹备、活动

实施、活动结束三个阶段，每个阶段都有具体的工作任务，三个阶段环环相扣。活动筹备阶段，要制订实施方案，确定活动的时间、参与对象，建立相应的组织机构，准备好相关的活动资料，发出邀请函等；活动实施阶段，要合理安排活动内容、时间和场地器材，安排专人负责组织实施，保证活动安全有序进行；活动结束以后，要及时收集整理活动资料，及时总结得失，评价活动效果，为以后类似活动的开展积累经验。

示 例 1

长沙财经学校校园开放日活动方案

为了向学生家长和社会展示我校的办学思想、办学条件和近年来取得的教育教学成果等方面的情况，彰显学校办学品牌，树立学校良好形象，增加教育透明度，扩大学校影响力，学校决定于2018年10月26日开展校园开放日活动。为了让本次活动有序开展，特制订如下实施方案。

一、活动目标

（一）促进家校沟通再深入

开展校园开放日活动，让家长深入学校参观，充分了解学校的办学宗旨、办学思路、办学条件和办学成果，从而更好地配合、支持学校工作。

（二）保障家长教育知情权

开展校园开放日活动，就是要保障家长对教育的知情权，构建学校与社会沟通的渠道，让家长不仅了解孩子的在校表现情况，还享有参与学校管理和监督的权利。

（三）推动学校工作再发展

通过校园开放日活动，进一步转变教师教育教学观念，提高教育教学能力，全面提升学校教育教学管理水平。同时，学校在活动中自觉接受家长和社会的评议与监督,发现办学的问题和不足,及时整改,推动学校整体工作再上新台阶。

二、活动时间

2018 年 10 月 26 日 8：00—16：30。

三、活动对象

本校全体师生、学生家长，也欢迎外校教师来校听课。

四、活动主题

本次校园开放日活动的主题是"开放的财经，向卓越奔跑"。

五、活动组织机构

（一）领导小组

组长：……（校长）

副组长：……（其他校领导）

组员：……（有关处室领导）

（二）执行小组

组长：……（主管教学的副校长）

副组长：……（有关科室领导）

组员：……（有关科室其他教职工以及各教研室主任、年级组长、全体班主任）

具体分八个工作组：

1. 宣传组（陈××负责）。

职责：围绕"校园开放日"活动，营造活动氛围（悬挂横幅标语，制作导引牌、彩旗等），制作学校宣传片、宣传展板（各专业介绍、近五年教师教学竞赛获奖情况、近五年学生技能大赛获奖情况、近五年学校科研成果、学生评优评先名单等），发放宣传资料，培训学生讲解员，撰写新闻报道，负责活动摄影、摄像，等。

2. 材料组（杨×负责）。

职责：准备校园开放日发放给家长的各种材料并汇总装袋，包括校园开放日活动安排表、学校作息时间表、参观证、家长听课安排表、家长意见反馈表、学校简介及办学成果；准备外校教师听课学分证书等。

3.会务组（刘×负责）。

职责：打扫会场卫生，安排家长座区，调试音响，发放会议资料，组织会议，维持会场秩序，等。

4.安全保卫组（邹××负责）。

职责：引导家长车辆停放，做到服务热情、车辆停放有序、疏导迅速无拥堵；校园巡查，保障安全有序，等。

5.后勤服务组（易××负责）。

职责：准备学生讲解员用扩音器、活动场地器材，准备家长饮用水、纸杯、听课用的凳子，安排家长午餐，等。

6.卫生礼仪组（雷××负责）。

职责：指导学生打扫好校园环境卫生（含教室卫生、宿舍卫生及内务整理），指导学生摆放好课桌凳、卫生工具，督促学生穿好校服、佩戴好校牌，等。

7.成果展示组（杨××、刘××、汤×负责）。

职责：学校介绍视频播放，学校成果展示（包括办学条件展示、课堂展示、教育科研成果展示、学生社团活动展示、特色展示等），收集整理反馈意见。

8.协调联络组（许××、罗×负责）。

职责：负责领导小组和执行小组之间的联络，负责各执行小组之间的协调。

六、活动具体安排

（一）活动准备（宣传发动、资料准备、现场布置）

1.印制《长沙财经学校校园开放日邀请函》，要求学生国庆放假期间带回给家长。

2.制订《长沙财经学校校园开放日活动方案》，明确人员分工与职责。

3.制作好介绍宣传学校的纸质资料、PPT、视频及活动展板，制作好教室平面图、教学宣传板，布置好电子屏、主会场音响和直播设备；各班级准备好主题班会相关资料。

4．将拟发放给家长的资料整理装袋。

5．教务科调整课表，制作并张贴放大版的当日课表，公布上课班级、教室、内容、老师。

6．布置好会场、咨询台、成果展示现场和成果展厅。

7．搞好校园环境卫生，划定家长及社会车辆停放区域。

8．布置好标语、彩旗等，营造氛围。

9．设计好家长参观路线，制作好导引指示牌，培训好学生讲解员、礼仪队。

10．后勤部门安排好茶水、午餐等。

（二）活动实施（活动安排表及具体要求）

长沙财经学校家长开放日活动安排表

序号	时 间	活 动	负责人	参与教师
1	8：00—8：30	家长签到	雷××	周××等6人
2	8：30—9：00	学校领导讲话	陈×甲	罗××、王××
3	9：00—9：30	校园参观	汤×	学生礼仪队员4名、讲解员4名
4	9：30—12：00	课堂教学成果展示	刘××	相关任课教师
5	10：10—10：30	大课间展示	汤×	每栋教学楼德育组长、体育老师
6	12：40—13：40	特色项目展示	杨××	文××等2人
7	13：40—14：20	技能展示	陈×乙	各技能队指导老师
8	14：20—15：00	社团活动展示	贺××	各社团指导老师
9	15：00—16：30	评课	陈×丙、刘××	教务科干事3人
		家校互动交流	杨×	学校领导、工作人员6人
10		活动结束，家长离校		

1．家长签到（8：00—8：30）。

工作人员校门口查验并回收《长沙财经学校校园开放日邀请函》，并按邀请函上的学生班级分班整理。家长签到，领取校园开放日家长资料袋。学生礼仪队员引导家长至报告厅。

2．学校领导讲话（8：30—9：00）。

地点：慎勤楼报告厅。8：30开始播放学校简介视频，8：45左右陈××校长致欢迎辞。

3．校园参观（9：00—9：30）。

根据学校实际，确定四条参观线路，每条线路配备一名学生礼仪队员和一名学生讲解员。

线路一：报告厅—2教学楼—未来教室—航空服务实训室—烹饪实训室—计算机实训室—会计实训室—学生食堂—学生宿舍—慎勤楼成果展厅。

线路二：报告厅—1教学楼—会计实训室—计算机实训室—学生食堂—学生宿舍—烹饪实训室—航空服务实训室—未来教室—慎勤楼成果展厅。

线路三：报告厅—烹饪实训室—航空服务实训室—2教学楼—未来教室—会计实训室—计算机实训室—学生宿舍—学生食堂—慎勤楼成果展厅。

线路四：报告厅—学生食堂—学生宿舍—1教学楼—会计实训室—计算机实训室—未来教室—航空服务实训室—烹饪实训室—慎勤楼成果展厅。

4．成果展示（9：30—12：00；12：40—15：00）。

（1）课堂教学展示（刘××负责）。

展示时间：第二节（9：30—10：10）

第三节（10：30—11：10）

第四节（11：20—12：00）

展示地点：见安排表。

（2）大课间活动展示（汤×负责）。

展示时间：10：10—10：30。

展示地点：一、二栋教学楼之间空坪，三、四栋教学楼之间空坪。

（3）"跳蚤市场"——特色项目展示（杨××负责）。

展示时间：12：40——13：40。

展示地点：一、二栋教学楼之间空坪，风雨长廊。

（4）学生技能展示（陈×乙负责）。

展示时间：13：40—14：20。

展示地点：会计实训室、航空服务实训室、烹饪实训室、计算机实训室、仿真实训室。

（5）社团活动展示（贺××负责）。

展示时间：14：20—15：00。

展示地点：各社团活动室。

学校给家长的资料袋中有展示的具体安排。家长可自行选择听课的教师、科目和展示项目，按照指示导引牌自行前往展示现场。

5．评课及家校互动（15：00—16：30）。

评课和家校互动同时进行。

（1）评课。由教务科主任组织，参加评课人员为主管教学的副校长、教务科副主任、教研科副主任、校内相应学科教师、听课的外校老师，工作人员为……（具体名单略）

评课具体流程：主持人发言；上课教师简述教学设计思路；听课教师评课；主管副校长总结发言；工作人员发放学分证书。

（2）家校互动。由办公室副主任组织，参加人员为有关校领导和学生家长，工作人员为……（具体名单略）

家校互动具体流程：召开座谈会，校长陈××向家长汇报学校近期工作情况、学校取得的成绩以及制约学校发展的问题；家长就有关问题向学校领导提问，学校领导现场答疑；主持人小结开放日活动；进行民主评议，家长填写并上交《家长意见反馈表》。

（三）活动总结（总结得失、资料归档）

1. 归类整理反馈意见。各工作组将收集到的反馈材料汇总到学校办公室，由办公室分门别类进行整理，形成有效信息，撰写《长沙财经学校校园开放日活动总结》。

2. 召开行政会，研讨开放日活动情况，结合有效的反馈意见，进行整改，促进教育教学质量再上新的台阶。

3. 资料归档。

七、经费预算

资料费：3000 元。

展板、标语等制作费：2200 元。

茶水、纸杯费：1600 元。

家长午餐费：20000 元。

实训烹饪食材费：5000 元。

合计：31800 元。

八、其他事项

1. 所有准备工作于 10 月 25 日 15：00 前完成，15：10 学校组织验收。

2. 校园开放日当天所有教职员工早上 7：30 之前赶到学校，履行各自职责。

3. 各执行小组各司其职，分工合作。领导小组要加强领导和督促，联络协调组加强联络和协调工作，确保校园开放日活动安全、顺畅、有序进行。

长沙财经学校

2018 年 10 月 12 日

示 例 ②

专业技能成果展示实施中的家校互动
——以美发与形象设计专业为例

为提高家长对学校教育教学的认知，帮助家长了解孩子专业知识和专业技能的掌握程度，搭建直观、高效、和谐、智慧的家校互动平台，展示学校的办学质量，推动美发与形象设计专业建设，促进学生专业成长，学校拟开展技能成果展示活动。各阶段的互动环节如下：

一、筹备阶段

1. 以班级为单位发放《告家长书》。

告 家 长 书

尊敬的_____同学的家长：

您好！

长沙财经学校美发与形象设计专业学生技能展示活动将于××××年××月××日举行，主要分为主会场观摩、分会场体验两个部分，期待您的参与和体验。现将具体事宜告知如下：

一、请家长与专业指导老师保持联系，关注学生参与技能展示活动的动态，理解、关爱、鼓励学生，并给予及时帮助。

二、主会场观摩活动将于××月××日上午××时在荷花池校区综合楼四楼举行，请您提前进入会场，静候开幕。我们将安排礼仪队员引导。

三、分会场体验活动将于××月××日××时上午在荷花池校区综合楼二楼、三楼举行，体验项目有护肤、美睫、美甲、色彩与风格诊断、化妆、修眉、洗发、头皮养护等。请您准时到达指定场所，参与体验，并给予评价和建议。

长沙财经学校

××××年××月××日

2．以各技能展示项目的主负责老师为群主，组建展示团队人员微信群或QQ群。

3．确定家长发言人选，给家长发送《邀请函》。

邀 请 函

尊敬的 _____ 同学家长：

　　您好！我们诚挚地邀请您参加于××月××日上午举行的美发与形象设计专业学生技能成果展示活动。我专业自××年创办至今，感恩有您的关注与鼎力支持，更期待您一如既往的陪伴。在此，我们再次诚挚邀请您出席，并在展示活动中作为家长代表发言。

　　谢谢！

长沙财经学校

××××年××月××日

4．班主任发放《家长承诺书》，请要求家长填写。

家长承诺书

　　专业技能展示活动相关事宜家长已经知晓，承诺将在精神和耗材费用上全力支持 _____ 同学参加展示活动。

　　本人将参与以下活动，并准时到达。

□10：30 主会场观摩　　　□8：30 分会场体验

□ 护肤　□ 美睫　□ 美甲　□ 色彩与风格诊断

□ 化妆　□ 修眉　□ 洗发　□ 头皮养护

□8：30 分会场体验 +10：30 主会场观摩

家长签名：　　　　联系电话：

年　月　日

二、展示阶段

家长填写意见反馈表。

美发与形象设计、美容美体专业技能展示活动
家长意见反馈表

家长姓名		关　系		联系电话	
学生姓名		班　级		家长签名	

1. 您参与的展示活动?
   □10：30 主会场观摩　□8：30 分会场体验
   □ 护肤　□ 美睫　□ 美甲　□ 色彩与风格诊断
   □ 化妆　□ 修眉　□ 洗发　□ 头皮养护
   □8：30 分会场体验 +10：30 主会场观摩

2. 您对本次技能展示活动整体设计及安排感觉如何?
   □ 满意　□ 较满意　□ 一般　□ 不满意
   理由与建议：

3. 您对本次技能展示活动的自我参与度感觉如何?
   □ 积极　□ 较积极　□ 一般　□ 不积极
   理由与建议：

4. 您对技能展示活动给予您家庭教育和家校互动的启示或建议有哪些?

   感谢您的反馈与建议!

   长沙财经学校
××××年××月××日

三、展示活动结束后

将校园网、微信公众号、校报等平台上的相关内容推送给家长，提醒家长浏览和转发。

（执笔：翟芳华、王朝辉、贺佳、杨迪、王容、彭为。统稿：翟芳华）

应用篇

家校互动常识
经典问答 100 题

　　使用说明：本章为模拟新教师与资深教师之间就学校家校互动常识进行问答。

一、学校家校互动常识经典问答

1. 学校家校互动工作的内容有哪些？

答：学校的家校互动工作一般涵盖两个层面的内容，即学校层面整体活动和教师层面个体活动。其中学校层面主要是创建家长委员会和家长学校，且活动内容涉及校园开放日、家长会、家长学校会议与培训、家校通平台建设、接待来访等需要从学校整体工作的角度来组织和设计的涉及学生家长或需要学生家长参与的所有活动的活动组织、制度建设、平台搭建、问题处理等工作。而教师层面的家校互动活动内容则主要是创建班级家长委员会，组织班级家长会，进行家访，维护管理班级家校通，发布通知或公开信，与学生家长的日常沟通交流及微信群、QQ 群管理，接待来访，等。

2. 班主任可以通过哪些途径去开展家校互动工作？

答：家校互动途径多种多样，我们可以因地制宜、因人而异加以选择。一是通过学校校园网开辟的家校互动宣传平台，自己积极向《家长学校》《教育随笔》等栏目投稿，或推荐班级家长撰写经验文章投稿；向家长宣传学校设立的面向家长开放的教育咨询指导专线，鼓励家长通过专线向专家咨询。二是积极组织家长参加经验交流会，不仅可以交流家校共建经验和班级工作经验，还可以提高学校德育管理工作的针对性，实时解决问题。三是积极邀请家长来参加由优秀家庭教育讲师团专家举办的讲座和培训，帮助他们树立科学的家庭教育理念，增进家校联系。四是充分利用班级 QQ 群、学校微信公众号，甚至自创班级微信公众号等平台，采用家访或校访的方式，及时、主动、热情地向家长介绍学校政策、学校办学成果、学生成长记录等，达到暖心交流效果。

3. 就学校家校互动工作而言，新班主任要做好哪些方面的工作？

答：班主任应严格按照有关规定，依据班主任职责开展家校互动工作。凡是学校组织的各项家校互动工作，班主任应主动积极发动自己班级的学生家长参与，积极把班内的优秀案例和典型推荐给学校进行宣传。同时，在班内的家长委员会工作中，要注重发挥班级家长委员会的作用，打造本班家校互动工作特色。

4. 在家校互动工作中，班主任可以有自己的创新吗？

答：新时代家校互动工作的开展，呼唤老师们的创新。但是，互动效果是第一位的，即必须要形成家校教育合力，而不能卸力。在创新时，一定要注意以下原则：（1）方向性原则：全面贯彻党和国家的教育方针，坚持社会主义办学方向，落实家校互动工作的基本要求。（2）针对性原则：家校互动工作的开展，应遵循学生成长规律，结合中职学校学生的实际，与时俱进，开拓创新，全面系统地开展工作，从而发挥家校一体的最大教育合力。（3）真诚性原则：教师应从实际出发设计活动内容，以充分发展学生为出发点，为与家长进行深入坦诚的交流创造条件。（4）及时性原则：家校互动的目的是形成家校教育合力，不能流于形式，要分时分段、有目的地及时进行，教师作为教育的提供者，要能急家长之所急，想家长之所想。（5）灵活性原则：教育要了解学生、研究学生、满足学生，同时也要了解家长的需求，需要根据不同学生和家长的实际灵活采取不同的家校互动策略和方法，以实现家校共育的目的。（6）有效性原则：家校互动内容丰富，形式多样，有面向家长集体的活动，也有面向单个家长的活动，需要因时因地、因人因事而异，追求互动效果的最大化。

5. 学校家长委员会工作领导小组和家长委员会是如何构成的？

答：一般情况下，学校家长委员会工作领导小组以校长为组长，分管德育的副校长为副组长。学校家长委员会和班级家长委员会则依据德育大纲和学校实际需要，通过民主推选和老师推荐的办法成立。学校家长委员会由学校学生科牵头组织，关工委主导，以学校各年级各专业学生家长代表为主体，选好家长委员会主任委员、副主任委员、常委和秘书长。班级家长委员会由学校学生科牵头组织，班主任主导，以班级内家长代表为主体，确定1位班级家委会会长和 1 ～ 2 位副会长。

6. 家长参选家长委员会委员一般应具备什么条件？

答：家长参选家长委员会应具备的一般条件是：具有较高的思想与文化素质，热心公益事业，了解和热心教育，懂得一定的教育规律。具有认真负责的工作态度，关心学校，愿意为学校、家长和学生服务，能为学校的教育教学和日常管理提出合理化意见和建议。关心、支持学校建设，积极参加学校组织的各项活动，经常与学校领导、班主任和任课老师保持联系。正直无私，有比较科学的家庭教育经验和较好的家庭教育效果。能热心听取家长们的意见，并向学校及时反映，或提出公证、客观的意见或建议。能主动为学校事业的发展和改善办学条件提供一定的支持和帮助。有一定的业余时间，能保证参与活动并具有较高的文化水平和良好的表达能力、组织策划能力、协调能力。

7. 家长委员会的一般选举流程是怎样的？

答：家长委员会的选举流程一般是：（1）先通过班级家长自荐、班主任推荐和班级家长民主选举，并报请学校研究同意后产生班级家委会成员。班级家委会一般由 5 人组成，内设会长 1 名，副会长 1 ～ 2 名。（2）班级家委会产生后，推荐其中一名成员作为学校家长代表大会代表。（3）学校家委会成员由家长自荐，并经家长代表大会投票选举产生，共 19 人，内设主任委员 1 名，副主任委员 3 名，秘书长 1 名。（4）在学校进行公示期间，如未收到其他家长对学校家委会组成人员的异议，则由家长代表大会选举产生的 19 名家长代表正式组成学校家委会。（5）家委会成立后，即在学校指定的家长委员会办公室开展工作。结合学校工作计划和实际情况，修订家长委员会工作章程，明确家长委员会职责，制订切实可行的家委会工作计划，认真组织实施。

8. 班级家长委员会的工作职责有哪些？

答：班级家长委员会成立后，班主任老师必须向家委会成员充分介绍家委会职责，传达学校政策要求，并关注家长委员会的反馈，做好家长委员会的服务工作，发挥他们与学校之间的桥梁作用。家长委员会的工作职责包括：（1）

关心学校发展，站在全局高度，做学校主人，应积极参与并监督学校的管理和有关重大决策。（2）与学校保持密切联系，配合学校用正确的教育思想、方法去影响家长、影响社会，使家庭教育、社会教育与学校教育相一致。协调学校与家庭、教师与家长之间的关系。（3）做好学校宣传工作，扩大学校影响，提高学校知名度。宣传学校良好的办学条件、教育理念及办学成果。（4）大力支持学校工作，对学校开展的重大教育教学活动提供可能的帮助，做好学校与家长的协调工作。在社会活动中，呼吁社会、企业、单位关心和支持学校工作，努力为学校教育营造良好的社会环境，维护学校、师生的荣誉。（5）在家校联系上，积极起到纽带作用，收集家长对学校管理及教师教育教学等方面的意见或建议，并及时予以反馈。（6）做好家庭教育工作，在全体家长中发挥表率作用。经常与广大家长进行交流，收集家庭教育方面的成功经验和案例，总结家庭教育先进方法并予以推广交流。（7）每学期召开一至两次家长委员会工作会议，家长委员会成员接通知后自行安排好本单位工作，准时到会。（8）各班家长委员会应将关注到的有关学校的各项信息、合理产生的相关建议及收集到的问题，及时反馈给学校家长委员会，集中后以会议的形式讨论解决。

9. 学校家长委员会的具体工作内容有哪些？

答：学校家长委员会的具体工作内容有：（1）每学期至少召开一次学校家长委员会会议。听取学校关于发展规划、教育教学工作安排等方面的情况介绍，就学校发展中的问题进行研究，为学校的发展献计献策。（2）建立和完善学校家长委员会常态工作机制。建立和完善与学校定期沟通的议事机制，就学生家长、学生、社会等反映的有关问题及时与学校进行沟通协商；建立和完善专题例会制度、参与管理制度、家长咨询制度、监督检查和组织建设等工作制度；建立和完善家长评价的运作机制和家长评优机制，确保家长委员会的工作有章可循，有效运行。（3）参与学校管理，监督依法办学情况。可对学校办学方向、教育理念、教育教学行为、规范收费、招生入学等工作加以监督，可选派家长委员会委员列席学校校务、教务等会议，与学校一起组织家长听课、参与家长接待日活动，参与对学生和教师的评价。（4）为学校发展创设安全、有利的环境。家长委员会及时向学校反馈社会各界对学校教育教学及管理等方面的意见，为学校献计献策；应定期、不定期地检查学校各项安全防范措施的落实情况，及时向学校反馈安全隐患并提出合理化改进措施。在依法治校、学校管理、校园文化建设、学校周边环境治理、开展校外教育实践等方面，切实帮助学校解决办学中遇到的实际问题和困难。（5）协助开展家庭教育和家长教育。积极向家长和社会宣传学校工作制度和工作措施，增进家长对学校工作的理解和支持。动员家长积极学习教育知识，参与学校活动和家长培训，促进家庭教育与学校教育协调一致。在学校领导和班主任协助下，以班级为单位，每学期组织不少于两次的家庭教育讲座活动，讲座主题可以是后进生的转化、学生实习期的作息时间的科学安排等。（6）关心、鼓励、支持教师依法履行教育管理职责。宣传教师教书育人的先进事迹，宣传学生家长尊师重教的典型事例，宣传品学兼优的学生和先进班集体。（7）支持和帮助学生开展校外实践活动，为学校和学生开展社会实践活动提供支持。（8）家长代表大会闭会期间，由学校家长委员会常务委员会代行其职责。

10. 家长们普遍关心的家长学校的授课内容有哪些？

答：家长学校授课或活动内容的选择应该遵循的原则是，必须有益于提升家长家庭教育方面的素养和能力，促进青少年的健康成长。授课或活动内容一般包括：（1）法规条例的学习。比如邀请法制教育公职人员或德育老师进行《教育法》《未成年人保护法》《道路安全法》《治安管理处罚条例》等法律法规有关章节的主题学习活动。（2）家庭教育专家讲座。比如邀请教育科研工作者或专家名人做"智慧家长"专题报告。（3）学校工作情况汇报。比如学校领导或教师做关于学校管理和教学成果、学生优秀作品展览的汇报。（4）家庭教育经验交流。可以组织有经验的家长开展如"培养孩子的责任心"等主题交流互促活动。（5）亲子活动。如安排家长与孩子一起参加学校组织的活动或一起登台演出等。（6）意见征集。如征求家长对学校教育教学、安全管理、食堂建设等各方面工作的意见和建议。

11. 家长如何进入家长学校？

答：家长学校主要针对本校学生家长开设，无任何门槛，凡是有需求想进入家长学校的家长，均可以通过向学校填写申请表，或通过学校官网进行网上报名填报相应资料，经审核后进入。一旦进入家长学校，家长必须遵守家长学校的规定，积极参加学校组织的家长学校活动。

12. 家长学校的机构组成及其职责有哪些？

答：家长学校的机构组成及其职责主要包括：（1）校长，负责家长学校全面的领导和管理工作，制订家长学校发展的中长期规划。（2）分管德育的副校长，协助校长具体分管家长学校工作，指导和监督家长学校各项工作的落实。（3）分管教学的副校长，负责家长学校的教学与课题研究工作，负责课堂定期向家长开放工作，宣传教育改革的前沿信息。（4）学生科科长，具体负责家长学校培训、家长会的安排、家校联系等具体工作。（5）分管法治的副校长，负责对家长进行法制、安全等方面的宣传与教育工作。（6）社区书记，参与学校家长学校的管理，负责监督学校家长学校的工作，并及时向学校反映社区对家长学校的意见，配合学校开展有效的教育教学工作。（7）德育组长，负责家长学校所安排的本年级组的工作。（8）家长代表，代表家长的意愿，负责反映家长对学校工作的意见，协助学校圆满完成教育教学任务。

（执笔：贺红）

二、家长座谈会常识经典问答

13. 对于新教师而言，开好家长座谈会的意义何在？

答：家长座谈会是联系学校和家庭的重要纽带，是实现家校良性互动的重要环节。组织召开家长座谈会是新教师必须完成的重要工作，是新教师成长路上的重要节点。开好家长座谈会有利于提高新教师教育能力，有利于营造和谐的家校互动环境，为教育教学工作的顺利开展提供有力保障，新教师必须认真对待。新教师要充分利用家长座谈会这一平台，加强与家长之间的沟通交流，让家长与老师共同关注学生健康成长，更好地配合学校教育，形成"社会、学校、家庭紧密结合，良性互动，合作共赢"的教育格局。

14. 召开家长座谈会的基本目的是什么？

答：明确召开家长会的目的是开好家长会的前提条件。一般而言，家长座谈会应该达到以下目的：让家长了解学校的基本情况，主要包括办学水平、办学成绩、办学特色等，形成"以校为荣"的心理优势；让家长了解学校的规章制度，认同"从严治校、从严治教"的办学思想，激发家长积极配合学校加强对学生的管理的责任感；让家长了解学生所在班级的基本情况，包括班主任、任课老师、学习环境、设施设备等，让家长对班级产生信任感和安全感；让家长了解老师特别是班主任的教育教学方式和基本要求，从而积极配合老师，为学生的成人成才找到切实有效的路径；让家长了解学生在校的基本情况，结合学校和班级的要求，对学生进行有的放矢的教育，达到家校共育的目标。

15. 组织召开家长座谈会要注意哪些问题？

答：召开家长座谈会应主要注意以下几个方面：一是相互尊重。学校与家长的地位是平等的，双方应该以尊重为前提开展交流与合作。二是教师主动。学校和教师要主动与家长联系，认真听取意见和建议，取得家长的支持与配合。三是目标一致。老师和家长应该有一致的目标，家长座谈会的最终目标是促进学生的全面发展，家长座谈会的直接目的是共同交流学生在学校与家庭的学习、生活、思想情况，发现问题，形成合力，探求共同培育学生的途径。四是有的放矢。不同阶段的家长座谈会应有不同的具体目标。学生的成长发育是一个呈阶段性的动态过程，高中阶段是学生人格、体格、价值观、人生观形成的关键时期。五是积极正面。家长座谈会应展示教育教学成果，展示学生全面发展的现状，包括学生的行为规范、品德言行、学业水平、身体素质、沟通能力等各个方面。六是双向互动。家长座谈会是教师与家长面对面的交流，是双向互动。交流与沟通应是家长座谈会的主旋律。沟通的双方都是积极的主体。

16. 不同年级的家长座谈会可以选择哪些主题进行准备？

答：家长座谈会的主题要根据学生发展实际精心设计。总的来说，应根据不同年级、不同专业、不同学期、不同背景的学生情况、班级情况以及家长出现的共性问题来确定主题。比如：高一新生家长座谈会可以以"严格管理、共育良才"为主题，就学校管理及办学成果、班级管理特色、寄宿生生活、专业特点和学习要求等方面做介绍。高二是学生问题最多的时期，高一下学期期末的家长座谈会就可以针对这一情况，以"科学定位、夯实基础、平稳过渡"为主题。班主任要有预见性地引导家长在出现这些问题时正确对待孩子的成绩，科学分析形势，合理定位目标；平时多关注孩子的身心健康、交友和穿着打扮，注意与孩子的沟通方式，与老师密切配合。高三是学生冲刺高考的一年。这一年，老师、学生、家长的活动都紧紧围绕提高学生学习成绩来展开。在这个过程中，学生容易出现的问题主要有心理压力较大、学习效率不高、心理承受能力较差、学习方法不当、自信心不足、不能正确面对月考成绩、情绪阴晴不定、容易与同学发生误会等。高二结束、初进高三时的家长座谈会就可以据此确定主题。班主任除了介绍高三学习特点、一般情况和本专业高考趋势外，还要引导家长在高三这一年做好"后勤部部长"和"信息员"，要在家长座谈会上给家长一些行之有效的建议。

17. 如何增强家长座谈会的互动与交流？

答：家长座谈会是教师与家长面对面的活动，是双向互动。交流与沟通应是家长座谈会的主旋律。沟通的双方都是积极的主体，应当形成信息交流的闭环。当教师方作为发信者时，家长方就为受信者，这时教师方是主体，家长方是客体。相反，当家长方作为发信者时，教师方则为受信者，主客体的位置互换了。只有双方信息相互交流，形成反馈才是有效沟通。沟通中的对话不仅仅是指二者之间的狭隘的语言上的谈话，而且是指双方的理念输送和接纳，是对对方的倾听，是家校双方互相吸引、互相包容、共同参与、良性互动的过程。

18. 班主任如何撰写家长座谈会方案？

答：在教育实践中，撰写家长座谈会方案主要是为了让组织者对座谈会组织工作做到心中有数。每一个班主任都可以根据自己的班级实际和管理思路撰写着重点不同的方案。一般说来，一个实用的家长座谈会方案应包括以下三个方面：第一，交代家长座谈会目的。比如：加强与家长的交流与沟通；向家长宣传学校的优秀办学成果和学生的先进事迹；指导家长积极配合学校及班级的教育教学工作，共同解决教育工作中出现的问题，达到共同管理教育学生的目的；为提高学校及班级的教育教学质量，广泛听取家长的意见和建议。第二，安排好座谈会前的准备工作。比如：座谈会前告知每位家长具体时间和地点，确保家长的到会率；准备好相关资料，如给家长的一封信、学生在校情况汇报表、家长联系电话及家长意见反馈表；安排好教室布置工作，如完成教室卫生清扫，黑板上写好欢迎标语和会议程序，按学生座位表在桌子右上角贴好学生的名字以便家长对号入座等；制作好家长座谈会的多媒体课件；等等。第三，设计好家长座谈会议程。比如：组织家长有序进入本班教室，按学生座位表就座；班主任致欢迎辞，同时向家长提出座谈会的纪律要求；组织家长观看学校的宣传片并听取主讲人的讲话；学生开始主持家长座谈会，进行学生技能展示和班级活动介绍；任课教师介绍本学科情况；班主任讲话；听取家长的意见和建议；学校收费情况汇报及退费；家长个别交流和沟通。

19．家长座谈会要准备哪些书面材料？

答：组织家长座谈会，材料准备很关键。材料准备越充分，座谈会效果越好，对第一次召开家长座谈会的年轻教师而言尤其如此。但究竟准备哪些书面材料，要根据座谈会的主题来定。一般而言，以下书面材料是必须准备的：一是开场白，这是班主任在家长座谈会上的亮相词，需要好好准备；二是给家长的一封信，这是班主任根据不同主题与家长书面沟通的有效途径；三是学生在校情况汇报表，这是将学生在校表现表格化的一种方式；四是家长联系电话及家长意见反馈表，这是建立家校互通的基本要求；五是班主任发言稿，这是集中体现班主任抓班治班理念与策略的总报告。

20．家长座谈会开场白应该注意哪些事项？

答：一般说来，开家长座谈会之前，班主任和家长都有过沟通和接触，有一定的感情基础，所以，班主任的开场白不同于面对陌生人时的发言稿。但因为是集体见面，有些方面必须注意：第一，要有个欢迎辞，不论学生表现如何，开场白都不能忘记表达对家长到校的欢迎和感谢；第二，要有个自我简介，"我就是班主任某某老师"，这看似简单的自我介绍，其实隐含了班主任对那些还不曾打过交道的家长的尊重；第三，"得体"是最重要的话风，"班主任就讲班主任的话"是最高原则，既表现出自己的职业操守，又表现了自己的自信；第四，"有条理，讲明白"是基本要求，有什么要求，该干什么，一目了然，不拖泥带水。

21．班主任如何撰写家长座谈会发言稿？

答：一般来说，班主任的主题发言稿分三个部分。第一部分，可以介绍自己的教育教学理念和理想。现代的家长很看重教师个人素质。教师的学生观、教育观、人生观是教师素质的核心表现。一个班主任怎样带班、怎样带学生，是家长们非常关心的问题，所以，班主任要看重这部分内容。第二部分，重点介绍班级的情况。可以分两方面介绍：一方面，介绍班级的整体表现，介绍班集体在全校的获奖情况；另一方面，从学生个人的角度逐一介绍学生的优秀表现。教师要尽量从德、智、体、美、劳各方面综合介绍，对于为班级做出了贡献、为同学们树立了榜样的同学要重点介绍，让家长产生共鸣。第三部分，今后的打算和对家长的要求或者希望。教育不仅是学校的责任，更是家长的责任，家长座谈会是家校互通的平台，学校怎么抓教育、怎么管学生需要得到家长的认可和支持。班主任应该利用家长座谈会这个平台，在很多需要家长配合的问题上，心平气和地与家长沟通，理性冷静地向家长提出要求。

22. 新教师在家长面前如何树立良好形象以让家长产生信任感？

答：首先，要努力适应自己的职业角色，找准定位，调整状态，用成熟、积极的职业心态投入工作。其次，新教师需要谦虚好问，多向有经验的老教师请教，快速积累班主任工作经验。但需要注意的是，在面对家长时不能以新人自居，家长往往不会因为班主任是新教师而予以更多理解，也不会在教师工作上出现失误时予以额外宽容，往往伴随着的是质疑和不信任。所以，新教师与家长交流时，要内心笃定，不卑不亢，亲切从容，切忌唯唯诺诺，慌张失措。时刻告诉自己，班主任是专业技术人才，理解家长的不理解，但不否定自己的付出。最后，要发挥年轻教师的优势，保持一颗年轻的心，关注学生的需要，学会站在学生的角度看问题。赢得了学生的喜爱和尊重，就能更好地赢得家长的理解和支持。

23. 新班主任在家长座谈会前期准备工作中要注意些什么？

答：家长座谈会的前期准备是否充分，关系家长座谈会的成败。班主任要系统思考，认真准备，注意以下问题：一是详尽准确地掌握学生和家长的情况。如：学生在家里生活学习的情况，学生在校期间的学习生活情况、思想品德表现、人际交往情况，家长的文化程度、工作性质、收入水平、家庭教育面临的问题，等。二是确定目标与主题。每次家长座谈会要有明确的目标与主题，教师可以采取学生座谈会、家长意见征询、调查问卷、调查表等形式获得相关信息，在调查研究的基础上与家长共同确定各次家长座谈会的主题。三是充分细致地组织准备。班主任要指导、协调班委会和家长做好会前组织准备工作，制订好家长座谈会的实施方案，安排好时间、地点、内容、流程、责任人等。

24. 班主任要完成哪些家长座谈会前期准备工作？

答：班主任是家长座谈会的决策者、指导者、组织实施者，要整体把控家长座谈会的目标、内容、形式、流程，完成以下前期准备工作：一是确定主要议题，写好主题发言稿。主题发言稿的内容包括学校、年级、班级的基本情况，本次家长座谈会主题产生的过程，班主任的主要观点、班级管理措施，希望家长配合的事宜，等。二是整理好自己的仪容仪表。班主任是学校的形象代表，要注意个人形象，做到精神饱满，穿戴整洁，热情大方，举止得体。三是建立班级家长 QQ 群、微信群，邀请家长入群，方便家长之间、家长与学校之间的沟通。四是建立班级家长通讯录。可网上填写，收集整理，形成文档，方便教师与家长之间的沟通。五是发布学校相关部门和教师通讯录，方便家长与学校各职能部门及教师之间的沟通。六是发布家长座谈会通知。至少提前一周发布，以利于家长合理安排时间；且要及时收集反馈信息，确定到会人数，做好会议安排。

25. 让学生做家长座谈会的某些工作，班主任好像是个"甩手掌柜"，这样能保证家长座谈会顺利开展吗？

答：在这一过程中，班主任看似是一个旁观者，但其实时时处处都在关注着家长座谈会的筹备进程和开展情况。在学生协助做家长座谈会的工作时，班主任要做到：第一，心态上对自己的学生要予以充分的信任，不吝啬赞美和鼓励。第二，要有民主管理意识，无论是带班还是召开家长座谈会，都不是班主任老师"一言堂"，只有真正把教育的主体——学生放在心里，只有真正发扬民主，才能让家长座谈会开出实效。第三，对于班干部筹备家长座谈会的情况做好记录，实时跟进，定期找班长了解工作进度。在筹备前期，如班干部的筹备出现问题，及时提出建议，但不做具体性指导。到了筹备中期的时候，所有准备内容要做汇报。第四，带出一支得力的班干部队伍。班主任要细心观察，对这些班干部的兴趣、特长、能力、性格要有清晰的了解，以便在分工时最大限度地让他们发挥所长。

26. 班主任如何简单明了地让家长了解学生在校情况？

答：编制《学生在校情况汇报表》是向家长反映学生在校情况的好方法。学生在校情况汇报表一般包括四个方面的内容：第一，考试成绩，将各科期中、期末成绩列表，同时，设置"全班最高分栏"做比较；第二，技能达标成绩，应将学期进行的各种技能达标成绩分栏列出；第三，常规表现，它是学生在校遵规守纪情况的综合评定，班主任应该对学生"常规量化总得分"情况做补充说明，强调高分来之不易（这个分数可进行班级排名）；第四，班主任评语，随着精细化管理的应用和推广，班主任评语越来越被家长看重，班主任要客观地评价学生，要以鼓励鞭策为主，不宜搞"戴帽子"式的评语。

27. 如何设计让家长喜闻乐见的家长座谈会邀请函？

答：第一种，邀请函全权由学生自己撰文、设计。版面可以由全班同学自己设计，内容可以经班委会讨论通过后确定，如："尊敬的×××同学的爸爸（妈妈），诚邀您参加××学校××班高一下学期家长座谈会。如果您能来参加，我们感到十分荣幸和高兴。如果您抽不出时间可以和班主任另约时间……××班全体同学恭候您的光临。"收到自己孩子发出的如此诚恳和热切的家长座谈会邀请函，家长又如何能拒绝呢？不能以为了孩子为借口抹杀孩子在家校沟通中的重要作用。相反，家校沟通应该把孩子作为其中最重要的一环，而不是将孩子视为旁观者。第二种，在孩子们邀请函的基础之上，班主任以微信的方式另发一封邀请函。

28. 家长座谈会通知发出后有家长以各种理由请假怎么办？

答：这个问题的确很常见且不太好处理，需要注意几点：首先，班主任在请假问题上要有很明确的态度，说话的方式和语气都应让家长觉得，不充分的理由是不能请假的。其次，可以在群里事先做好家长座谈会重要性的相关宣传，平时在群里发言要让家长养成"有事单独聊的意识"，避免有家长公开在群里请假或提一些让班主任棘手的问题。最后，要精心准备好家长座谈会，让参加家长座谈会的家长感觉有收获，想要来参加会议。可以在家长群里发一些学校家长座谈会的相关资料，让个别没来的家长感受到家长座谈会的气氛，甚至觉得后悔。当然，对真正有事来不了的家长，也得具体问题具体对待，座谈会后班主任还得花时间向其传达会议内容并交流其子女的学习情况。当然，这些道理，在家长座谈会之前也要向家长表明，让家长知道，他的缺席会给你增加很多额外的工作负担。

29. 班主任要指导班委会完成哪些家长座谈会前期准备工作？

答：教育教学活动的开展应遵循学生为主体、教师为指导的教育原则。班委会是学生自主管理的组织，是培养学生工作能力、组织协调能力、人际关系处理能力的平台，是家长座谈会的具体实施主体之一。班主任要指导班委会完成以下准备工作：第一，根据家长座谈会方案，制订班委会工作任务安排表。第二，根据家长座谈会议程安排，制作家长座谈会议程安排表。第三，家长座谈会会场布置，包括与主题相适应的教室装饰、宣传标语、黑板板书以及座位安排等。第四，收集家长座谈会资料，主要是学生学校学习生活音视频资料收集，包括晨跑、早餐、早读、上午课、午餐、午休、下午课、晚自习、晚就寝，社团活动，主题班会，学校重大活动，学生作业、试卷、成绩，等。第五，制作家长座谈会学生学校学习生活展示的演示文稿PPT。第六，根据家长座谈会不同议题的需要，准备其他书面材料。

30. 家长座谈会教室布置有哪些具体要求？

答：教室布置是家长座谈会的环境要素，也是影响家长对班级的第一印象的直接因素，需要班主任认真对待。教室布置一般有以下要求：第一，打扫卫生。桌椅抹干净，地板拖干净，垃圾倒干净。第二，整理教室。课桌横竖对齐，讲台干净整洁，教室墙面的张贴有班级特色，卫生工具摆放有序。第三，将每位学生的作业本、考试试卷、成绩单及相关资料统一摆放在桌子的右上角。第四，在黑板上写好欢迎标语，如"欢迎家长来校交流指导工作""家长您好""××班家长座谈会""××班欢迎家长来校座谈"等，标语四周还可以配上学生的装饰画作品。第五，要求学生告知家长班级的具体位置在学校哪栋楼第几层第几间，以及自己在班级教室里的具体座位。

31．如何在家长面前呈现一场积极向上、充满正能量的家长座谈会？

答：家长座谈会应从学生综合素质发展角度展示学校教育教学成果和学生的发展进步，包括学生的行为规范、品德言行、学业水平、沟通能力等方面。在家长座谈会上仅强调学习成绩不仅是低效率的，而且是有害的。家长来到学校，更希望听有关孩子的成长故事，而不是空洞的说教和指责。事实上，虽然学习是学生在校的主要活动，成绩对于学生来说是重要的评价指标，但是我们一定不能忘记，高中阶段学生的兴趣、志向、特长、心理健康等其他方面的情况对于他们今后的发展同样重要，而且这些方面的情况往往是影响学生学习成绩的重要因素。应该重视孩子的身心健康，通过介绍充满正能量的事例、学校或班级举行的各项活动，向家长们展示学生在活动中的表现和收获，让家长们了解孩子的成长过程，分享孩子成长的快乐。

32．家长座谈会上，如何选出合适的学生代表发言？

答：家长座谈会上发言的学生代表必须是有正能量的。可以是品学兼优的学生，也可以是学习、技能或品德等方面取得巨大进步或成就的同学。他们得是同学们公认的榜样或楷模，是家长心中充满希望的孩子，对未来充满希望，对父母、对老师、对同学、对社会都充满感恩之心。

33．班主任可以要求家长从哪些方面做好家长座谈会前期准备工作？

答：家长是家长座谈会的主体，是与学校教师对等的一方，班主任要提醒家长一定要重视自己的地位与作用，积极主动参与家长座谈会的筹备，与学校积极沟通，表达自身需求。班主任可以从以下方面要求家长积极准备家长座谈会：一是与班主任积极沟通，共同确定议题；二是根据议题准备好发言稿或发言提纲；三是对学校、班级、教师的工作提出合理的意见与建议。

34．家长座谈会上班主任通报学生情况时有哪些注意事项？

答：家长参加座谈会，最关注的是自己孩子的成长，因此，班主任在报告学生情况时，一定要把握好这点，注意以下事项：第一，以幻灯片或音视频介绍班级情况时，务必从不同的角度全面地把学生阳光的一面表现出来，诸如课堂学习、课外活动、技能比武、课余生活、同学友谊、师生情谊、班会开展等都要涵盖，给家长展示一幅学生在校表现的立体画面。第二，必须让每个学生都有画面或声音，让家长在观看时都可以找到自己的孩子。第三，对表现不尽如人意的学生，不宜在家长座谈会上点名批评，而只指出现象，这既照顾了家长的情绪，也为以后孩子的转变留下了空间，不点名批评比点名批评的效果要好。第四，对点名表扬的学生，尽可能展示其奋斗拼搏的精神，尽可能用具体的事例来说明其被表扬的原因，以树立正面形象和典型。第五，在班级建设中，要突出班级教师团队的作用，虽然任课老师会介绍其所教学科的情况，但从班主任的角度描述出来的教师团队更有说服力。第六，尽可能地把班级管理与学校要求结合起来讲，让家长感受班级管理有条不紊的同时，在潜意识里认识到选择本校就读是明智之举，对学校产生信任感，获得成就感和安全感。

35. 班主任如何把控好家长座谈会的进程？

答：家长座谈会是教师与家长面对面的交流，是双向互动。交流与沟通应是家长座谈会的主旋律。沟通的双方都应该是积极的主体。班主任把控家长座谈会的进程时要注意：一是要根据拟定的议题开展交流、讨论，形成共识；二是对个别特殊的学生，班主任应抓住这个教育的良好契机，在集体座谈之外积极与家长沟通，学校、家长、学生三方共同寻找行之有效的对策。

36. 家长座谈会结束后还有哪些后续工作要完成？

答：家长座谈会结束后，班主任应会同班委会及时整理音视频资料，形成书面会议纪要，及时在家长群发布。会议纪要应突出家校双方就议题达成的共识，以此指导后续工作，形成家校教育合力，推进教育教学活动向预定目标发展。班主任要完成以下后续工作：一是统计家长到会情况，在家长群通报。二是由班主任会同班委会根据会议记录，形成文字性的会议纪要并在家长群公布。三是与未到会家长联系与沟通。

37. 对于不来参加家长座谈会的家长怎么办？

答：家长座谈会有利于家长和老师相互了解孩子的情况，促进教育教学的顺利开展。当遇到这样的情况时，应先了解家长不参加家长座谈会的原因，然后根据不同的原因有针对性地劝导家长积极参加家长座谈会，实现家校沟通。如果是对教师有意见，则希望家长能及时指出教师的不足，并借这次座谈会的沟通机会解决与教师之间的矛盾与误会。如果是家长对家校沟通工作不重视，则应引导家长提高认识，积极配合教师的工作，共同促进学生的发展。如果家长是有特殊情况，那么就应与家长商量合适的沟通方式，将家长座谈会上的相关信息及时传递给家长。实际上，班主任应该把工作做在前面，在召开家长座谈会前，提前向家长介绍家长座谈会的目的和意义，引起家长对家长座谈会的重视，使其意识到家校合作的重要性。

38. 家长座谈会后，还要和家长沟通吗？

答：当然要沟通。和家长的沟通不能只局限于家长座谈会上，只有家校持续有效地沟通，才能帮助学生取得更大的进步。会后的沟通有几种情况：第一种是问题突出，必须请家长在座谈会当天留下来，通过会后学生、家长、班主任三方交流沟通解决的。这种情况留下来的学生家长不能超过3名。第二种是问题比较多、一时半会解决不了的，可以在会后进行家访，和学生及学生家长进行深层次沟通。第三种是学生家长缺席会议或会议过程中急着要走的家长，可会后通过电话再次沟通或另行面谈。总之，家校沟通是没有止境的，沟通得多、沟通得好，更有利于学生的成长。

39. 家长座谈会后个别家长问孩子在校表现，该怎么回答？

答：不论是家长座谈会后还是其他场合，当家长问及孩子在校表现时，班主任要注意以下几点：第一，报喜讯要先行。班主任要告诉家长孩子的优点和点滴进步，任何一个孩子一定有他的闪光点，不要吝啬对孩子的赞美。即使有的方面实在无法肯定，也可以用表达期望的方式提出希望和要求。一句话，能提醒的就不批评，因为即使你不说，家长也能听懂你的言外之意，而且从内心感受上家长更易接受，也能让家长感受到你对孩子真诚的关心和喜爱。第二，讲事例要具体。用具体事例更直观地来呈现孩子在校的表现，而不是用主观性的话语来对孩子进行定义或贴标签。第三，批评要重方式。曾国藩曾言："扬善于公庭，而规过于私室。"不论是批评学生还是向家长反馈孩子的缺点和不足，都应该选择单独交流。与家长交流时，避免用命令式的口吻对家长提要求，谈话的重点应该是如何促进孩子的进步和提高，可以多分析孩子行为背后的原因，提出专业性的、具体的建议，也可以听取家长的建议。

40. 家长座谈会上，班主任可以点名批评部分学生吗？

答：每学期的家长座谈会不会超过两次，通常只召开一次。家长们都是从百忙之中抽出时间来参加家长座谈会，如果只是来听批评，那太可惜了。受表扬的同学，名字可以不停地出现，但受批评的同学，班主任最好只提事件而不要提学生的名字，同时要提出解决的办法以及需要家长配合的地方。如果确实有个别学生，老师们用尽办法也没能让其改正，家庭教育也没有效果，则宜会后单独沟通，让老师、学生、家长三方一起解决。在所有家长面前点名批评学生这种方式，只会打消家长和学生的积极性，不利于学生的成长，不利于家校互动，无论如何均不可取。

（执笔：易去劣、李爱清、杜永微、向征、徐理文。统稿：易去劣）

三、家长接待、突发事件的处理常识经典问答

41. 为何要制定家长接待与突发事件处理规程？

答：校园内可能会突发一些意外情况，轻则影响到学生的正常生活及学习，重则造成师生生命财产损失或严重社会危害。因此，及时、妥善应对这些意外

情况，合理调度人员进行善后维稳尤为重要。突发意外后学校需要第一时间平复家长情绪、取得家长的理解与支持并配合学校工作，家校携手共同采取必要的应急处理措施以最大限度地减少损失，保障师生和学校安全。制定家长接待与突发事件处理规程，能确保相关事件的处理有章可循，工作有条不紊推进，大大提高工作效率。

42. 学校应该如何做好在突发事件中受伤害的学生及其家长的安抚工作？

答：一旦发生突发事件，学校应该迅速反应，从以下方面做好受伤学生及其家长的安抚工作：一是做好受伤害学生和受惊吓学生的慰问工作。一般采取班主任谈话的方式，并且对相关学生的日常生活多加关注，严重的应当由心理老师进行心理疏导，确保学生身心健康。二是及时与受伤害学生家长取得联系，依法依规做好受伤害学生家长的安抚解释工作。三是协同有关部门做好事件的善后抚恤及处理工作，依法处理、协调赔偿，如属于责任事故，追究责任，并进行相应处罚。对受伤害学生的赔偿要依据《民法典》《学生伤害事故处理办法》等法律、法规执行，努力维护学校和社会的稳定。

43. 学校家长接待与突发事件处理应当遵循什么原则？

答：学校家长接待与突发事件处理的基本原则是：（1）坚持以人为本。把保障师生生命安全和身心健康作为应急工作的出发点和落脚点，最大限度地减少突发事件造成的人员伤亡和伤害，确保师生生命财产安全。（2）坚持依法处置。根据有关法律、法规规定，区别不同情况，采取相应措施，快速反应，适时妥善处置，尽快平息事态，恢复秩序，维护稳定。（3）坚持分级管理。按照突发事件的严重性、可控性等因素，进行分级管理、分级处置。（4）坚持科学指导。不断改进和完善应急处置装备、设施和手段，提高预防和应对事件的水平。

44. 关于重大疫情防控知识，学校如何与家长互动？

答：一是通过 QQ 和微信推送知识指南、进行专题讲座、疫情防控作品征集以及主题教育等方式，引导家长完成疫情防控知识专项培训与系列技术方案的学习。二是下发《致全体学生和家长的一封信》，介绍学校的疫情防控措施、需要家长配合的事项等，加强家校疫情防控信息交流。

45. 学生因传染性疾病回家治疗后，家长如何帮助学生复课？

答：目前，学校采取复课证明制度，须经过开具复课证明和复课证明查验两个环节。学生在达到复课标准后，家长陪同学生由就读学校所在社区的卫生服务中心或乡镇卫生院开具复课证明。结核病应由学校所在地的结核病定点医疗机构医生开具复课诊断证明，并注明后续治疗管理措施和要求。学生携复课证明返校后，班主任应督促其先请校医（保健老师）查验复课证明，经校医开具复课查验证明后方可回教室上课。

46. 学校在突发事件中如何应对媒体采访？

答：学校一旦出现突发事件，教师个人不得私自接受媒体采访，避免因言论不当而引起恐慌或造成负面影响，而应经学校领导会议商议后，指定专人负责对外发布消息并接受媒体采访。第一，要坚持客观全面发布信息，消除不实报道。要对现场详细情况进行整理汇总，发布信息时做到客观全面、事实清楚。第二，要有服务和时间意识，尽可能地为媒体记者提供工作的便利，及时将现场的真实情况报道出去，让更多的人了解事实真相。第三，邀请政府宣传部门介入与指导，利用政府宣传部门的公信力，可以避免不明真相的人们听信小道消息，形成负面舆论，给事件的处理造成麻烦和不良影响。

47. 突发事件发生后如何向家长解释听从学校统一安排不会耽搁时间？

答：面对突发事件，听从学校统一的安排和领导是首要的，不会耽误时间。相反的，如果没有合理统一的安排，就有可能会事倍功半，甚至适得其反。第一，统一的安排和领导可以建立起良好的内部管理。不仅可以增强凝聚力，让大家都有一个共同为之努力的目标，还可以使得现有资源得到更加充分合理的利用，保证各个环节都有最适合的人员在处理，提高突发事件处理效率。第二，统一的安排和领导可以使突发状况处理更加合理有序。通过全方位的考虑和安排，可以最大限度地降低错误行为发生的概率，避免单独盲目行动造成的工作失误和重复低效。第三，统一的安排和领导可以保证突发事件处理过程信息透明。只有集中统一的领导和安排才能保证各环节信息的及时收集、整理和传递，才能保证后续工作的顺利开展，防止工作方向错误。

48. 家长担忧其孩子所在教室楼层较高，大型集会容易出现楼梯间拥挤，问万一发生楼梯踩踏事件，学校老师会采取怎样的应急处理措施，该如何回答？

答：为了防止楼梯踩踏事件的发生，学校平时会经常宣传教育学生们注意文明礼仪，上下楼梯注意安全。如果意外发生楼梯踩踏事件，事故第一发现者首先应该大声喝令所有学生在原地站立，停止再向前移动。疏散拥挤区域学生，指挥楼梯上剩余学生有序撤到楼上，为施展营救创造条件。同时大声告知被踩踏的学生尽量抓住固定物（楼梯扶手或倚靠墙壁），撑离地面，防止因压迫造成窒息，并立即打电话上报学校领导请求支援，让身边学生就近通知同楼层老师前来帮忙控制事态发展。若发现有受伤人员，要立即拨打120急救电话，等候救援。

49. 如果孩子在学校参加篮球比赛时发生意外伤害，应采取什么措施？

答：这种情况下，在场的体育老师应立即停止比赛，一边安慰孩子，一边找来衣服给孩子保暖。为了不造成二次伤害，老师应让孩子就地躺下，并立即拨打120急救电话，待120急救中心专业人员来进行处理，送往医院。为了不使其他同学产生恐慌，造成混乱，老师们还需要对围观学生进行疏散和解释。维持好现场秩序，并立即打电话上报学校，联系学校应急事件处理小组请求支援。同时电话联系学校的校医，请其迅速赶到现场指导救治。致电学生家长，告知相关情况，请其来校协商处理后续事宜。救护车到达后，孩子的班主任和班级生活委员陪同孩子到医院救治，并报告保险公司，待孩子痊愈后，协助办理保险赔偿。

50. 如果班里有同学打架，班长挺身而出进行劝架，但事后却不告诉老师，而是回家后偷偷告诉了家长，班长这样的处理方式是否合理？

答：班长应该是班主任的得力助手，班级出事时的确应该勇敢地挺身而出，但是像打架这样的突发事件可能产生的后果存在很强的不确定性，万一当事学生情绪过于激动，造成严重事故，班长是不可能一人承担的，因此需要及时告知班主任。正确处理此类问题的程序和方法是，若事态已经平息下来，班长应第一时间报告班主任，由班主任老师向学校应急事件处理小组的领导报告，并与相关学生家长取得联系，事件由学校学生科调查处理。若事态失控或后果严重，则应立即打110报警并报告班主任，班主任应立即向学校汇报。校领导会迅速集结优势力量（必要时携带防卫器械）赶到现场制止斗殴，并在斗殴现场设置警戒线，防止事态扩大。若有伤者伤情严重，可第一时间拨打急救电话120，及时将伤者送往医院救治。家长到校或者到医院后，校领导与班主任一同安抚好家长，待家长情绪平稳后如实说明事件发生过程，并请家长配合学校做好事件调查工作。

51．孩子在体育课上摔伤，学校应采取哪些措施？

答：这种情况下，体育老师应第一时间将孩子送到学校的医务室，并立即通知班主任。班主任第一时间打电话通知家长，告知孩子的受伤经过和伤情。如果孩子的情况比较严重，班主任应及时报告学校的行政部门，学校办公室及时调派车辆，与班主任和体育教师一起将孩子送往就近的医院进行救治，并通知家长迅速赶往医院。当孩子病情稳定、家长到场后，老师才能离开医院。同时，学校学生科通知保险公司，待孩子痊愈、将住院病历和发票送来学校后，学校将与保险公司协商赔偿事宜。另外，学校应对学校的运动场地和体育器材进行检修，并对所有学生进行体育课安全教育，尽量避免再次发生伤害事故。

52．学校如何应对可能出现的突发事件？

答：学校一般从以下三个方面来应对可能出现的突发事件：第一，提前预判。根据学校较常见的问题，预备一些应对突发事件的方法，加强老师的培训，提高对突发情况的认知，并建立起较为有效的反应机制。第二，事中处理。发生突发事件，班主任或任课老师应根据学校突发事件应急预案快速进行正确分类并选择正确的处理方法。发生较严重的并且自己无法单独处理的事件时，应上报学校领导，请求协作，以保证对突发事件的处理及时到位，将突发事件的影响降到最低。第三，事后总结。突发事件处理结束之后，及时对事件处理的过程和结果进行总结反思，积累经验，以确保类似突发状况再次发生时，能得到快速、有效的处理。

53. 是否存在处理突发事件的"万金油"方案，以防紧急事故发生时控制不住紧张情绪智商掉线？

答：其实，处理突发事件的所谓的"万金油"就是突发事件处理规程。教师在遭遇突发事件时，首先自己一定要保持镇静，以稳定学生情绪，在条件允许范围之内进行初步处理或者施救，同时派学生上报学校领导；情节严重时，除做好上述工作，还应立即拨打急救电话120及时将伤病学生送往医院救治，并联系学生家长，安抚家长情绪并说明事故发生过程，配合学校调查并进行反思，有必要时还可主持召开主题班会。作为青年教师，要对自己有信心。新教师和老教师之间不存在太多的能力差距，只是新教师经验相对少一些，但经验是可以积累的。事件处理完后，总结反思，找到规律，新教师很快也会成为有经验有心得、能妥善处理突发事件的优秀教师。

54. 新老师深夜接到家长电话，说孩子正在寝室与其他同学闹矛盾，怎么办？

答：第一，新老师应提高认识，不要一开始就抵触家长在夜里打电话影响自己的生活。既然担任了班主任就得有24小时待机工作的思想准备，要积极应对各种突发状况。第二，接电话的时候要注意语气与措辞，倾听为主，冷静地了解家长所反映的详细情况，有礼有节，安抚好家长，请家长尽量做好孩子的安抚工作，保证当晚双方情绪平和，不出事故。与家长沟通解决问题的方法，并承诺第二天一定及早处理事件。第三，如果确实是情况紧急，孩子可能有过激行为，应该立即联系寝室值班老师和同寝室其他学生或者班级寄宿生主要干部，第一时间出面调解矛盾，调换一下寝室床位，确保当天晚上孩子们就寝的安全，有问题先冷处理一下，等待第二天早上解决。第四，承诺的公平处理要说到做到，第二天尽早摸清情况，广泛问询学生了解事件细节，做到不片面、无偏见、不针对。掌握情况以后确定自己的处理方案，按照事件涉及面大小可以选择寝室内调解、班级内处理和上报学生科处分几种，需不需要请家长来校配合要具体问题具体分析。第五，与学生沟通处理完毕后，一定要记得回复家长，将事件的全貌和处理结果告知家长，取得家长的支持与认可。

55. 孩子上课偷偷玩手机，任课老师发现后想没收手机，遭到孩子的拒绝，并当场跟老师争执起来了，家长和班主任应该怎么处理？

答：这种情况下，当事人牵涉到师与生两个方面，作为班级第一责任人的班主任，既要维护师道尊严，保护好任课老师的授课积极性，又要弘扬班级正气，引导学生认识到遵守课堂纪律才能保证学习质量。处理办法很多，但是关键词在于一个"冷"字。由于学生与老师产生矛盾是在课堂进行中，情绪被放大的可能性很大，任课老师可能会觉得全班同学都不配合，因而义愤填膺，涉事学生又怕在同学们面前丢面子，因而硬顶着不肯承认错误。这个时候，班主任可以示意任课老师继续上课，先把涉事学生带离教室，走一走，谈一谈，让学生慢慢冷静下来，思考自己的行为有哪里不对。让孩子自己想清楚问题、后果以及他能接受的处理方式，例如按规定上交手机、向任课老师道歉和在班级公开检讨等。如果学生情绪还是过于激动，可先要求家长将孩子接回家冷静反省，等几方情绪都稳定后再请任课老师过来一起座谈，这样冷处理后比较容易让师生双方达成和解。最后，班主任一定要在全班同学面前透彻分析本次冲突的前因后果和处理办法，警示其他学生，维护任课老师正常授课秩序，弘扬班级正气。

56. 新生家长没有提前联系，突然带着许多礼物来办公室找班主任了解孩子情况，礼物推都推不掉，怎么办？

答：每一个孩子都是家长手心的宝贝，刚进入新的学习环境，家长特别担心，希望通过送礼物得到班主任的特殊照顾，这是人之常情，新老师不需要过于紧张。但是，按照教师工作规范，的确不能接受家长请客送礼，这个时候就要靠老师的经验灵活处理了。首先，可以把家长带来的水果零食打开，办公室各位老师和家长一起一边吃一边聊孩子情况，类似于一个茶话会，加深老师与家长的沟通了解。其次，整箱整件的酸奶牛奶什么的，叫孩子和寝室室友带去寝室，跟同学们一起分享。最后，跟家长讲纪律讲规范，谢谢他们对老师和孩子的关心，带来的小零食大家都分享了，心意已领，但除此之外的礼品如果接受就是犯错误了，请家长务必带回去，并与家长约定，以后了解情况可以经常通过电话、微信、QQ、邮件等方式，也可以来学校沟通，但是请再也不要带礼品过来了。

57. 学生之间闹矛盾打了架，被打学生的家长立马气势汹汹招来了好多个亲戚朋友，态度很不好，班主任老师怎么办？

答：孩子在学校被打，家长肯定十分愤怒。遇到类似情况，班主任可以从以下几点着手接待家长和处理问题。第一，遇学生打架，最忌讳的是家长来了，但班主任一问三不知。要争取在家长到学校之前摸清楚详细情况：时间，地点，为什么打架，怎么打的，哪些人参与，伤情怎么样，学生舆情怎么样，等等。提前把参与人、知情人控制住，最好是用文字客观而详细地写出事件过程，以备向家长说明全部情况并控制舆情发展。第二，遇学生打架，最重要的是应该确保涉事学生的人身安全。不管谁对谁错，应及时分派几个同学和老师陪孩子去查验伤情，分别与双方家长保持联系，告知检查和治疗情况。最好是由家长先分别接孩子回家休息，等待情绪冷静、伤情稳定后再带齐诊断治疗的凭证来学校处理后续问题。第三，如果担心情况不好控制，应马上告知年级组和学生科，请求协助。在家长们到达学校时即带往方便处理问题的办公室，由年级组长和学生科老师出面接待，避免与涉事学生直接接触，引发二次矛盾。

58. 家长说接到孩子的求救电话，说电梯故障，孩子被困在里面了。此时班主任该怎么办？

答：可以对家长这样说：您先不要着急，我会马上联系学校的生活老师前往您孩子所在的楼层电梯。如果您能联系上孩子，请告知孩子不要着急，保持冷静，按下电梯报警键，不要拍打、踢拽电梯门，紧贴电梯内墙站好，等待救援。我们的生活老师和电梯维护人员会马上赶来解救。同时，作为班主任，我也会马上赶过去，请您放心，我们有专业的物管，有专业的电梯维护人员，很快您的孩子就会没事的，一会儿我让孩子和您联系，报平安。今后我们会加强电梯的维护，避免再发生这样的事情。

59. 学生的父亲和母亲长期有矛盾，为了争取孩子的支持，两人闹到学校教室里面来了，班主任老师该怎么办？

答：不幸的童年需要一生来治愈，幸福的童年则可以治愈一生。一个好的班主任老师最大的成功就是走进学生的心灵深处，在关键时刻保护好他们，从而获得孩子的信赖和尊重。作为成年人的父母罔顾子女的健康成长，将自身的矛盾加注在孩子身上本来就不对，班主任老师应站稳立场，心态平和地处理该问题。先安排班干部陪同孩子离开教室，找几个与当事学生要好的同学陪其在校园内散散步、谈谈心，放松心情，避免学生因为情绪冲动对生活失去希望走向极端。再将吵架的家长请进办公室，并让他们分开坐下、保持冷静，如果觉得自己太年轻，没有家庭冲突处理经验，怕家长不信服，可迅速联系学生科、年级组长或者有经验的老教师来办公室帮忙处理。处理类似问题一定要注意方法，要将吵架双方分开分别谈话，先倾听再分析，最后以"一切为了孩子"劝阻家长们的吵闹，保证和谐平静的校园成长环境。将家长劝离校园后，一定要第一时间单独和当事学生静静地聊一聊，听完他的全部倾诉和想法，给出建议，并鼓励他更加刻苦学习，争取早日自立。另外，由于是在教室吵闹，对其他同学也产生了不良影响，要注意避开涉事学生后，有理有据地对其他学生加以教育和引导，杜绝同班同学在背后说三道四的情形和校园冷暴力，保护好涉事学生。

（执笔：李蓓、曾锋、吴琼军、顾竞。统稿：李蓓）

四、电话、短信、QQ（群）、微信（群）家校互动常识经典问答

60. 电话、短信家校互动适合什么情况？

答：这两种方式，双方沟通得更及时，主要适合涉及学生安全、身体健康等需要紧急处理的情况。

61. 家校互动为什么要建立微信群、QQ 群？

答：移动互联网时代的到来，改变了人们的生活。一个微信群或者 QQ 群就是一间会议室，通过这间会议室，家长和教师之间、家长和家长之间建立了即时的沟通与联系，便于老师及时发布信息（包括通知、告知、提醒等）、分享班级发展情况（例如课程与课堂、重大活动、庆典等），便于家委会发布信息和进行讨论，便于老师与家长公开讨论问题。

62. 家校互动微信群、QQ 群沟通有什么特点？

答：一是互动信息的时效性。通过微信群、QQ 群进行线上互动，可以让信息即时传达给目标受众，保证信息传播的时效性。二是互动信息的多样性。通过微信群、QQ 群，家校双方可以通过图片、语音、文字、视频等多种表达形式来进行沟通交流和共享信息。三是互动方式的便捷性。微信、QQ 已成为家长和老师常用的交流工具，通过微信群、QQ 群开展家校互动，操作简单，使用方便。四是互动信息的传播性。通过微信群、QQ 群不仅可以实时发布图片、文字、视频，还可以借助微信朋友圈的力量进行广泛传播，更具传播性。

63. 家校互动微信群怎么建立？

答：第一步，自行建立微信群，并取一个清晰简洁的、直观显现班集体名称的名字，最好选一幅温馨的图片作为群头像，这样能给家长以亲近感。第二步，打印群的二维码发给学生带回给家长扫描入群。在二维码下面，给家长一些温馨提示是必要的，这些提示需要指明这个二维码是 ×× 班级的微信群，

请家长们配合加入该群，并告知以后孩子在学校的常规表现、参加的各种活动、好的教育信息分享都将通过这个群发布。第三步，经过上面两步，应该有80%的家长会在第一时间入群。但中职学校的学生有一部分是留守家庭的孩子，家里只有老人，父母亲都在外地，不能第一时间看到二维码；还有因为工作繁忙而"老忘事"的家长；当然也有"小糊涂虫"学生，可能忘记将二维码带回家或者带回家了却忘记给家长的。这时候就得对照花名册一个个清查核对。对那些没及时入群的家长，就要电话沟通邀请入群。为了能对号入座，方便老师与学生家长、家长与家长之间及时沟通，一定要及时提醒家长入群后修改备注名，统一改为"学生名字＋爸爸或妈妈"。

64. 家校互动QQ群怎么建立？

答：最新版QQ的家校互动群功能齐备，有利于老师、家长、学生三者更好地在线上进行交流。其有两大功能：一是作业布置功能，即老师可以在线上布置作业、批改作业并对作业进行评分。二是定时公告功能，即群主可以通过设置定时的群公告来指定时间再次提醒群成员，这样省去了老师重复通知的麻烦，也防止学生和家长因为疏忽或过于忙碌而错过通知。

创建该群的基本步骤如下：第一步，登录QQ，点击群组的标签，打开群组页面后，点击左上角的"创建"菜单，在弹出菜单中选择"创建群"菜单项。第二步，在创建群页面中，选择要创建的群的类别，这里选择"家校师生"类型；填写一些必要的信息，如地区、学校等，填写完成后，点击"下一步"按钮，提交申请。第三步，添加学生家长到群组。可以在左侧选中相应学生家长后点击添加按钮，把其拉入QQ家校师生群中，也可以在创建完成后再添加。第四步，点击"创建群"按钮后，会弹出QQ群创建成功的窗口，学生家长们可以通过扫描左侧的二维码加入该群，也可以由老师或家长分享该群的加入链接给其他家长。

65. 家校互动微信群、QQ群沟通的注意事项有哪些？

答：班级微信群、QQ群由班主任管理，执行相应管理要求与规则，负责群成员实名制的落实、聊天监管、违规处理等。不定时检查群成员，对不应加入人员应予以清退。时刻关注群内消息，确保群内发布的信息与建群的初衷一致，实现家校互动共赢。为了避免干扰到大家，除老师及家委会发布相应的信息外，微信群平时应保持安静。除必要的通知外，老师及家委会分享和讨论的时间，通常应安排在晚上7点至9点，并要提前通知。禁止私发涉嫌暴露隐私，有关家校、家长、学生之间的私人恩怨，广告，攻击或羞辱性的言辞等与本群主旨无关或有违建群宗旨的所有信息。教师发言要注意措辞，有时候措辞需要庄重严肃，有时候措辞需要亲切随和。不能仅把家长微信群、QQ群作为通知平台，还应充分发挥它们的作用，将其打造成调动家长积极性、分享育儿经验、学习打卡、培养好习惯、传递正能量的，让人人充满期待、人人有所收获的平台。群内不得公布学生的成绩排名或可以对比学生成绩优劣的信息，不得发布学生的负面信息，不得布置课后作业，不得就个别学生问题进行讨论。

66. 微信群与QQ群管理对家长有什么要求？

答：班级微信群与QQ群只是一个家校沟通平台，并不具有权威性和唯一性，因此重要事情还要通过面谈、电话或其他途径保证信息及时准确地传达给家长或教师。家长不得在群内发布有关校方的负面信息，不得发布带有煽动性、过激性的言论，不在群内发布广告、推销商品或发布拉票、求赞链接等与本群无关的信息。群内的所有人都应尊重群内他人的发言，不能出现不礼貌的应答，不能就同一信息多次刷屏。未经群主或管理员同意，不得擅自拉非本班级家长进群。如果家长不遵守有关要求，班主任有权要求其退群。

67. 家长在QQ群、微信群很少看到自己孩子在校的身影，有些失落，班主任应如何处理？

答：班主任老师关注较多的是整体的学生，而家长关注的是自己的孩子，因此班主任发照片的时候，应注意顾及所有学生。假如碰到有些学生不喜欢参加集体活动，也不喜欢照相，这时老师应给他们更多的关注和爱，鼓励这些内向的孩子变得自信起来，让家长放心、开心、暖心。

68. 家长们经常为了孩子的日常生活事务通过QQ群、微信群请老师帮忙，将班主任当成孩子的保姆，面对这种情况应该如何处理？

答：在建群后，班主任在向家长强调群管理规则时就应明确：班主任管理的不是一个孩子而是很多孩子，同时可能正在上课或者忙别的工作任务，若不能及时回复相关信息，请家长理解，假如碰到紧急情况，请电话联系；同时请家长鼓励孩子学会自己的事情自己处理，培养其独立性。

69. 家长通过QQ群、微信群询问孩子的情况，报"喜"和报"忧"如何平衡？

答：家庭是孩子的第一所学校，家长是孩子的第一任老师，学校教育与家庭教育是紧密相连的。在与家长沟通时，老师对于学生的在校情况，要实事求是地向家长汇报；要坚持积极向上、正面肯定的原则，先报喜后报忧，多提建设性意见。

70. 怎样通过QQ群、微信群组建家委会？

答：在对家长群体有了初步了解后，主动挑选合适的家长作为组建家委会的牵头人。通过班级QQ群、微信群，发布即时性招募公告，收集相关信息、及时答疑、交流探讨，自愿与遴选相结合，找出合适的家长组建班级"智囊团"，从中产生家委会。当家委会组建以后，班级的各项重大活动、重要事务都可以充分利用这个团队的力量。假如可能，应单独建立家委会成员的交流群，班主任可以通过这个空间及时发布任务，团队成员在里面可以互相交流、探讨和及时反馈过程性或结果性的资料。

71. 通过QQ群、微信群，怎样与家长互动处理学生早恋现象？

答：在中职学校里，早恋现象确有存在。科学合理地对待和处理学生早恋，是职业学校班主任工作的一个具有挑战性的课题。通过QQ群、微信群，能够更有效地与家长互动处理学生早恋现象。举例来说，班上男生小李和女生小娟两人性格都比较内向，却谈起了恋爱，班主任了解这一情况后，就要思考让家长保持冷静，客观面对和正确处理。通常，家庭是导致该问题出现的因素之一，由于家长对孩子的关注不够，孩子感受爱的机会太少、缺乏安全感，就容易通过早恋来寻求补偿。班主任应及时通过 QQ 群、微信群，找到当事孩子的家长，通过客观地向家长反馈学生的目前状况，引导家长正确面对和科学处理孩子早恋问题，搭建家长与学生之间沟通的桥梁，并让他们多联系；帮助家长学会爱孩子，掌握表达爱的正确方式；同时，要通过 QQ 群、微信群，将孩子在学校的积极行为及时发布到群里，激发家长不断与孩子联系的主动性。只要家长与班主任积极配合，通过这种赏识教育，可以有效降低职校生对恋爱的关注度，逐步引导学生树立信心、明确目标，认真学习专业知识，刻苦练习专业技能，通过学业进步为自己开创一片新天地，不再一味地去寻找异性的关爱。

（执笔：杨琛兰、蔡宇、涂倚明、李蓓。统稿：杨琛兰）

五、新生班家校互动常识经典问答

72. 拿到新生名单后，班主任应怎样跟家长交流？

答：班主任拿到新生名单后，首先应根据名单了解学生毕业学校、家庭住址、家庭成员等信息，初步熟悉班上学生情况；接着建立班级 QQ 群或微信群，方便后续工作的统一布置与安排；建好班级群后，根据名单上家长的电话，给家长逐一发短信，短信内容包括自我介绍、学生所在班级、班级 QQ 群号或微信群名称等；等家长都加入 QQ 群或微信群后，班主任应精心撰写一封热情洋溢的公开信，发在家长群里，公开信应包含报到事项及班主任对家长的寄语。通过公开信，让家长对学校和老师有初步了解，急家长之所急，想家长之所想，拉近与家长的距离，为后续教育教学工作的顺利开展奠定基础。

73. 第一次与学生及家长通电话很重要，应该如何进行？

答：第一次电话要贯彻简洁、有效原则，给家长以精干、能干、肯干、负责之感。主要内容有身份告知（如，我是您孩子的班主任某老师）、报到时间及要求、必须携带的相关费用资料及其复印件、学生的风纪风貌要求等。

74. 如何向家长宣传班级家委会委员？

答：一是高度认识班级家委会的重要性：班级家委会是教育民主的主要实现方式，是班主任工作的助手，是家校交流的重要平台。二是班级家委会的组成人员数量为 5 ~ 7 人，要求主动自愿、热情热心，对子女的教育期待较高，有较强的沟通能力，等等。三是班级家委会的主要任务是凝聚班级所有家长与学校及班主任形成教育合力，协调处理学校和班级有关事务，配合班级开展学生活动，营造有利于学校工作开展和学生健康成长的舆论环境，等等。

75. 如何与家长一起高效、有序地完成新生报到工作？

答：一是高度认识新生报到工作的重要性。务求达到师生之间"一见钟情"，形成良好的教育情感基础，务求达到班主任与家长之间"一见倾心"，形成信任的教育关系。一句话，通过新生报到工作，让学生欣赏、喜欢、接近你，让家长放心、信任你。二是做好细致的准备工作。包括做好教室环境布置，编制并打印重要表格，如学生签到表（含到校时间、父母姓名及联系电话、家庭住址、是否要求寄宿）、班级寄宿生寝室安排表、班级新生校服型号统计表、班级新生情况摸底调查表、进寝室报到单等。明确班级辅导员或辅助报到工作老师的工作，一般让他们承担如下工作：相关收费单据的收取，班级学生健康保险费用收取及电子表格的上交；重要学生信息资料复印件的收集，主要包括身份证复印件、户口本复印件、家庭低保证或建档立卡贫困户证明复印件等；安排学校大门班级报到工作"学生引导员"并进行有效培训。三是工作细致有序，让家长对班主任及学校工作产生信任。家长的信任，是班主任有效教育的良好开端和保证。

76. 班主任第一次面对全班学生的讲话是家长比较关心的，班主任应如何进行？

答：面对全班学生的第一次讲话非常重要，既能充分展示班主任的个人魅力与能力，也能拉近师生之间的情感距离，让学生情感上亲近你、能力上佩服你，从而"亲其师而信其道"。时间以 15 分钟为宜，语言不能严厉但要有力量、不要打官腔而要实在、不要呆板滞涩而要活泼幽默，内容表达要清晰明白而不能模棱两可。主要内容有表达欢迎入校、入班之意，提出教育期待之目标，介绍个人工作风格及教育底线与原则，班级管理的理念、目标、方法，等。

77. 如何充分利用新生军训这一教育机会形成良好家校互动的情感基础？

答：军训期间的学生管理要贯彻有原则、有底线、有精神、有温度的原则。主要做法有：（1）充分做好军训动员讲话，起到鼓舞士气的作用；（2）高标准严要求，除非医院证明身体不适合军训者全员必须参加；（3）全程跟训，以身示范；（4）生活上多关心照顾，多下军训宿舍与餐厅，准备防暑降温常用药物；（5）关注重点学生，如体质相对较弱者、意志品质相对欠缺者等，以点带面温暖亲近学生。

78. 新生军训时应怎样进行家长心理抚慰让家长安心？

答：刚到一个新环境时，一般人都会有焦虑、有不安，这通常是因为"陌生"造成的。将孩子送到一个新的学校，孩子能否适应，能否健康地成长，能否学有所成，家长们心里都没底。这时，因为封闭式的军训，不能适时与孩子交流，不能了解孩子的生活学习情况，家长就难免会有这方面那方面的担心。所以，班主任在军训期间要多跟家长交流，多拍孩子们训练、就餐、就寝等方面的照片或视频，发给家长，让家长了解孩子们在学校的情况。同时，也可以邀请热心的家长做后勤服务志愿者，参与军训过程，还可以让家长给孩子写军训寄语，班主任将寄语整理，配合照片做成"美篇"推送到班级学生群和家长群，从而缓解家长的焦虑情绪。

79. 班主任如何满足家长心愿迅速准确认识班级每一位同学？

答：每一位家长都希望自己的孩子被关注。在最短的时间内快速认识每一位学生，是班主任必须练就的一项基本功，既能反映班主任的工作热情与投入度，又能亲近和温暖学生，取得家长的信任。主要措施有：（1）前期根据电子档案有意加强"人脸识别"。（2）充分利用报到、军训、学生会议、学生办公室见面等机会加强记忆与指认。（3）利用一切可以利用的点名机会进行班级点名。（4）抓住一切校园师生相遇的机会进行师生之间简单的打招呼和交谈。

80. 新生班的教室如何布置？

答：新生班的教室布置要以突出学生的年龄特质及班级文化氛围为原则，符合青春期孩子的特点，满足孩子们的正当要求。（1）可以布置展示学生青春靓丽形象、充满正能量的"全家福"，每人上交至少一张美照。（2）可以布置展示学生平时参加集体活动及专业实操成果的文化墙，及时更新。（3）可适当张贴一些励志字画，但是切忌太多，要适当留白。另外，教室桌椅摆放整齐，卫生角的工具要摆放规范整洁，黑板报版面要清新干净。

81. 怎样保证新生家长会的到会率？

答：要保证新生家长会的到会率，得从两个方面着手。一是要做好学生的思想工作。班主任要消除学生对家长会的顾虑，争取他们的配合和协助，从而让学生动员家长到会。二是要让家长明白家长会的重要意义，诚意邀请家长准时参加。一般来说，班主任可提前两到三周给家长发出邀请函，告知家长本次家长会的时间、地点、主题和内容，让家长们早做准备。邀请函的语气应表达出对家长的尊重和对家长参会的真诚希望，使家长阅后感受到老师希望他参与的诚意，营造平等、温馨的交流氛围。家长会召开的时间要便于家长参会，尽量安排周末时间，这样可以尽可能地保证家长会的到会率。对于时间无法调整的家长，班主任应统一安排备选时间补开家长会或单独约见，力求让每一位学生家长都能有面谈机会。

82. 如何确保第一次家长会高效圆满召开？

答：一是要有体现独特职业气质、大方得体、彰显教育魅力的教师形象。第一印象和首因效应很重要。二是要有良好的心理准备和适中的教育心理预期，不要把家长的教育能力素质想得过高或过低。三是要有一份目标明确、主题突出、内容翔实、安排合理的家长会策划方案。四是要有要求明确、意义宣讲到位、务求达成师生共识的一次班级动员讲话和一个班级家长群通知。五是要有一篇有责任担当、有学科学习和技能训练科学指导、有班级情况全面反馈、有科学亲子教育理念、有班主任个人独特思想、有班主任教育使命担当与激情的班主任讲话稿。这一点，不管你的班主任工作经验多么丰富，都应该精心准备。六是要有一个能依靠能战斗的学生团队。充分发动学生，充分依靠学生，凡是可以让学生完成的，在班主任加强指导的前提下都可以交由学生完成，班主任做核心工作。七是要有一场有提前规划、有针对性的个别接待。耐心热情、有针对性地做好办公室个别家长接待，是家长会的工作内容之一。

83. 如何利用家校互动对拉帮结派、社会化程度较高的学生开展有针对性的教育活动？

答：青春期的孩子感性、冲动，有的孩子由于家庭不完整而缺乏情感归属，容易被情绪左右而迷失。学生拉帮结派的行为不仅危害个人的身心发展，而且危害家庭、危害学校、危害社会，给个人、家庭、学校、社会带来很大的安全隐患。如果发现学生有拉帮结派搞小团体的情况，班主任首先要了解、关注学生的交友情况，对学生进行正面引导，让学生认识其错误和危害性，想办法分离其身边其他有拉帮结派趋势的同学。其次，要跟科任老师协作抓好这些学生的学习，鼓励其发展课外兴趣与特长，找到存在感、归属感，转移他们的注意力。最后，联系家长，跟家长讲清拉帮结派的危害，取得家长的支持，提醒家长关注孩子身边的朋友是不是有这种现象，并提醒家长艺术地做好孩子的思想工作，引导其正确交友。

（执笔：康丽、邓腊良、余艳萍。统稿：康丽）

六、学校开放日、技能训练成果展示等重要活动家校互动常识经典问答

84. 如何向家长介绍校园开放日？

答：校园开放日就是学校主动开放校园，对外展示学校办学思想、办学成果、办学特色的日子。开放日活动是学校展示自我、宣传自我的窗口，是学校主动接受家长和社会检阅的一次"大阅兵"。

85. 校园开放日活动有何意义和作用？

答：校园开放日活动，不仅是展示学生学习生活、展示教师教育教学能力的机会，也是更新家长观念的机会，有利于家长和社会进一步了解学校，有利于学校扩大社会影响，也有利于学校自觉接受家长和社会的评议，是学校民主治校、不断提升办学水平的举措。

86. 校园开放日以多少天为宜？

答：校园开放日的时长一般为一天。当然，也可根据开放日的具体内容，安排半天、两天甚至三天。

87. 职业学校开放日活动展示的重点内容与普通中学有何不同？

答：职业学校的开放日除了展示普通中学的展示内容外，还应重点展示学生的专业技能。

88. 如何确定开放日活动的内容与形式？

答：可以从两方面着手：第一，以教学活动展示为主要内容的开放日活动是常见的、传统的形式。家长通过观看老师的教学活动和孩子的学习活动，能对教师的教学水平形成一定的认知，还能直观地了解孩子的学习状态。第二，以学生能力展示为主要内容的开放日活动是职业学校常见的、更受欢迎的形式。通过学生的基础能力展示、专业技术能力展示和综合素养展示，家长可以看到一个个全方位发展的不一样的个体。

89. 开放日活动的筹备包括哪些方面？

答：开放日活动的筹备工作主要包括：（1）确定主题；（2）确定活动内容与形式；（3）制订活动方案；（4）制作家长意见反馈表；（5）预估活动效果，预设突发状况并制定解决措施；（6）融入家长意见，调整计划与方案；（7）动员家长参与筹备工作，获取家长支持；（8）创设环境，准备相关材料；（9）宣传与通知工作。

90. 动员家长参与活动筹备工作有何意义？

答：动员家长参与活动筹备工作有以下三个方面的意义：第一，尊重家长，让家长有主人翁的意识。第二，引导家长身体力行，从中获得教育教学体验。第三，增加家长视角，从家长视角看待问题、组织活动有利于让活动达到最佳效果。

91. 《校园开放日家长邀请函》发放途径有哪些？

答：《校园开放日家长邀请函》发放途径有以下几种：（1）学生放假时带回给家长；（2）学校邮寄；（3）通过班级 QQ 群或微信群发电子版，家长自行下载打印；（4）校园官网发布校园开放日相关通知，将《校园开放日家长邀请函》作为附件，家长自行下载打印。

92. 开放日活动实施阶段包括哪些工作内容？

答：开放日活动实施阶段的工作内容主要有以下七个方面：（1）邀请家长参加升旗仪式；（2）家长参观校园，考察校容校貌，包括运动场设施、食堂管理及卫生状况、寝室管理及安全状况、实训（验）室管理及安全状况等；（3）家长了解学校本学期工作计划和本周工作安排；（4）家长观摩课间操、大课间、社团活动和早晚自习，并提交意见反馈表；（5）家长按课程表选择相关课程，观摩课堂教学并提交意见反馈表；（6）组织家长分年级或班级座谈，学校领导接待家长，答疑解惑，听取家长意见，做好详细记录；（7）家长向班主任或年级组长反馈开放日感受，相关老师做好详细记录。

93. 家长资料袋中应该准备哪些资料？

答：家长资料袋中一般应放入学校简介、校园开放日活动安排表、学校作息时间表、家长听课安排表、家长意见反馈表等资料。

94. 校园开放日活动期间有哪些注意事项？

答：开展校园开放日活动期间，一是要加强安全保卫工作；二是要合理、有序安排各项展示活动，做到忙而不乱、活泼有序；三是要加强各工作组、各部门间的协调和联络。

95. 校园开放日是一个难得的窗口，如何展示师资力量？

答：可以开放教学课堂，体现教学水平；可以开放主题班会，体现育人能力；可以展示教师竞赛和教改科研成果，体现教育科研实力。

96. 学校在安排家长参观校园时应注意什么？

答：为了保证家长参观校园的安全性和有序性，学校在安排时应合理设计几条参观线路，避免人多拥挤；同时每条线路安排专人引导和讲解，以确保参观的高效性。

97. 校园开放日结束后，应做好哪些后续工作？

答：一是要汇总各工作组的信息资料；二是要进行信息筛选和整理，形成《校园开放日活动总结》；三是要召开专门会议，研讨家长和社会人士的反馈意见，扬长补短，促进学校发展。

98. 学生参加技能训练队假期集训，教师如何与家长沟通？

答：假期集训一定要提前与家长沟通好。沟通的主要内容包括：（1）集训的理由。根据学校惯例，为备战省赛、国赛，需要利用寒假（一般5天左右）、暑假（一般10天左右）的时间对选手进行集训。（2）集训的具体计划。指导老师事先制订好集训计划，发给家长，让家长清楚具体的集训时间及每天的训练内容，让家长确信孩子在学校每天都有收获，方便家长安排家庭的假期旅行等事宜。（3）告知家长集训期间孩子的吃住安排，包括每天的伙食标准等。（4）告知家长参加集训无须交培训费用，孩子全天都有老师进行管理。（5）集训过程中，老师每天会拍几张孩子集训的照片，让家长放心。

99. 专业技能成果展示活动需要家长如何配合？

答：（1）筹备期，家长需要知晓并理解展示活动的实际作用与意义。家长在理解的基础上承诺参加学生活动，这是给予学生的鼓励和支持。同时，家长应加强与孩子的沟通和交流，适时提出合理化的建议，甚至可以陪同孩子购买工具和耗材，这样对学生学习的了解会更直接、深入。（2）展示期，家长应尽量提前来现场观摩，激发学生的展示欲望；参与技能展示活动体验环节，交流感受并提出改进建议；通过微信朋友圈、QQ等方式宣传学生的展示内容。（3）结束后，家长应肯定学生取得的成果，适时提出合理化意见与建议，填写意见反馈表。家长可将校园网、学校微信公众号、报纸等平台发布的新闻在微信朋友圈进行推送，以示对学生的鼓励、认可和关爱，提升学校及专业的知名度和品牌效应。

100. 如何向家长解释专业技能展示活动所需耗材与费用的分担机制？

答：参加专业技能展示活动所需的耗材及费用由学校和家长共同承担。以美发与形象设计专业为例，支架、头模、肩颈模型、画框、舞台布置、服装租借、水、电等共性的费用由学校承担，染膏、烫发水、洗发水等与学生学习相关的个性化耗材的费用则由家长负担。

（执笔：翟芳华、王朝辉、贺佳、杨迪、王容、彭为。统稿：翟芳华）

（研究篇统稿：易去劣）

论 文 篇

家校互动典型
经验论文选

　　家校互动典型经验论文成果丰硕。限于篇幅，本书仅精选了 9 篇与本书研究篇、应用篇内容直接互补的优秀论文，另有多篇已发表或在省、市级论文评选中获奖的论文，特别是其内容已转化为本书研究篇内容的论文，均憾未收录。

基于长沙财经学校实际的家校互动策略研究

翟芳华

苏联著名教育家苏霍姆林斯基认为：没有家庭教育的学校教育和没有学校教育的家庭教育都不可能完成培养人这一极其细致和复杂的任务。家长是孩子的第一任老师，家庭教育是孩子教育的起点，对孩子的思想品德、心理素质、审美情操等起着启蒙和培养作用。家庭教育在孩子成长过程中是不可或缺的，家长的潜移默化强烈地影响孩子们的一生。学校教育是学生一生中所受教育的最重要组成部分，学生在学校里接受有计划性的指导，系统地学习文化知识、社会规范、道德准则和价值观念。从某种意义上讲，学校教育决定着学生社会化的水平和性质。在当今的信息网络时代，构建现代家校互动平台，为学生营造健康成长的良好氛围是学校教育工作的一部分，也是值得中职学校深入研究的重要课题。

一、家校互动的重要性

长沙财经学校（以下简称"我校"）属于中等职业学校，中等职业教育是我国高中阶段教育的重要组成部分，为我国培养与社会主义现代化建设要求相适应，德、智、体、美、劳全面发展，具有综合职业能力，在生产、服务一线工作的高素质劳动者和技能型人才，是我国经济社会发展的重要基础。而良好的学习生活环境是中职学生健康成长的前提，需要学校、家庭、社会合力创造。因为家庭教育既是素质教育的重要组成部分，也是学校教育的延伸和补充，是学校教育以外的重要教育力量。加强对家庭教育工作的指导，帮助家长树立正确的教育观念，掌握科学的教育方法，为学生健康成长营造良好的家庭环境，这不仅是当前基础教育新课程改革的需要，也是全面推进素质教育的需要。家校互动对学校教育起着重要作用，也有较高的要求标准，因此，如何取得家长的支持与配合，与家长共同商讨教育孩子的最佳方法，成了中职老师们面临的重要课题。长沙财经学校作为首批国家级重点中等职业学校、首批国家中等职业教育改革发展示范学校，在职业学校中起引领和示范作用，有责任在攻克这一课题方面有所建树。

家校互动是家庭和学校在育人实践中，相互沟通、相互配合，以达到育人目的的一种教育方式。促成家校教育互动旨在形成家庭、学校真正意义上的教育合力，实现学校、家庭在教育观念、教育思想、教育内容、教育途径和教育方法等方面的一致性与和谐性。它是针对目前家庭教育与学校教育之间存在的互相脱节的问题提出的。家庭和学校作为影响学生成长和发展的两个因素是相互作用、相互影响的，当家庭和学校能达成共识时，家庭教育与学校教育就会形成合力，而当学校教育与家庭教育的目标不一致时，就会产生冲突，出现干扰、阻止甚至破坏教育的行为，影响教育效果。当前，我们处于一个科技发展日新月异、生活节奏不断提速的时代，学生的家庭条件、家庭文化观念及家庭环境在不断变化，这些变化会对家校互动产生一定的影响。家校互动需要得到来自家庭方面的支持，需要得到来自学校方面的指导，使学校与家庭在育人这一共同目标上做到"知行统一"，达到"无缝衔接"。

二、目前我校家校互动过程中存在的问题

就我校目前的具体情况分析，家校互动过程中存在的问题主要表现在以下

四个方面。一是家校互动未达成良好的共识。我校自 1982 年创办职业教育以来，为我省培养了大量的专业技术骨干，也为高校输送了不少的人才。但社会、家庭对职业教育的偏见根深蒂固，甚至整个社会潜意识地认为职业教育就是次等教育。因此，虽然我校早已建立了家长学校，但部分家长对家长学校仍然没有足够重视，对学校的工作持应付态度。与此同时，个别老师也会埋怨家长素质差，从而在心理上形成沟通障碍。二是家校互动机制尚未成熟。目前，我校的家校互动还处于初期的摸索阶段，哪些知识是家长最需要的，该采取怎样的方法和形式以让家长最有效地掌握家教的理论，如何调动起家长的参与积极性以让他们乐意来配合学校的教育教学工作，等等，对这些问题的解决，我们都还处于探索之中。三是家校互动形式相对较单一。当前，我校的家校互动活动形式主要表现为召开家长会，因此家长会理所当然成为教师和家长难得的近距离交流的机会，但问题是，并不是每一次家长会所有的家长都能参加，也不是每次家长会都能解决所有的问题。老师与家长可能只停留在简单的陈述与汇报上，单向交流输出比较突出，缺乏双向对话，整体效果不好。四是家校互动内容相对较简单。在家校互动中，教师和家长的主要话题一般都集中在学生的学习方面，其他方面涉及不够或沟通不到位，在对待孩子的成长和教育目标问题上，教师与家长的交流相对肤浅。另外，面对现代社会对教育提出的新要求、新挑战，学校和家长都还没有找到科学的家校互动策略和方法。

三、我校家校互动的策略

家校互动有两个关键因素：一是学校如何主导的问题，二是家长如何积极支持、紧密配合的问题。因此，要使家校互动真正实现并卓有成效，首先需要学校为家校互动构建出科学、完整的实践体系，需要教师和家长通过交流和沟通，实现家庭、学校双方互相了解和相互支持；其次是要引导各位家长提高教育素养，积极回应与配合学校，使学生认可和接纳学校与家庭的教育，最终实现自主学习与自主发展。那么，具体如何达成家庭与学校互动共育呢？下面就四个方面的策略进行探讨。

（一）建立完善的家校互动运作体系

常言道："不以规矩，不能成方圆。"学校与家长互动交流，需要建立家校教育互动的制度及组织机构。制度的建立旨在确立一定的规则，能保证互动交流的畅通和家校活动项目按计划进行。而组织机构的建设有利于积极引导家长走进学校，参与学校的教育与学校管理，促进家长与学校在教育上的相互理解和尊重，营造共同培养孩子的氛围，为实现对孩子的培养目标服务。

在家校互动运作体系中，需要建立家长委员会、家长监督委员会、家长学校和社区服务中心等组织机构。家长委员会的成员要尽可能来自社会不同的阶层，如普通的农民、工人或企业家、商人、机关干部、知识分子等，要具有代表性，便于学校听取广泛的意见和建议。家长监督委员会的任务是制定家长委员会章程，监督学校的办学行为，使家校双方明确各自的权利和义务，督促定期召开家长委员会会议。家长学校是向所有学生的家长传授科学的家庭教育知识，帮助家长转变教育观念、改进教育方法的一种组织机构，它可以与一些权威教育机构合作，邀请家庭教育方面的专家学者来校举办讲座。社区服务中心可以帮助我们的家校合作走出校园，走进社区，加强学校与社区的联系，解决相关的社区教育问题。

（二）搭建现代家校互动的沟通平台

如果说以往的家校互动主要表现为形式相对较单一的家长会的话，那么比较完善的家校合作体系的搭建，为家校互动提供了多渠道的沟通平台。家长委员会的会议定期召开，一方面便于家长委员会委员全面了解学校或班级的办学情况、政策措施，另一方面便于学校聆听家长的意见，收集委员的提案，作为学校工作和学校发展的参考，并请家委会的委员们为学校或班级的发展出谋划策，共同探讨学校、家庭教育方面的有关问题，这样不仅能拓宽学校的办学思路，有利于提高学校的办学质量，而且能增强家长的责任感，使他们自觉地参与到学校的建设中来。家长监督委员会是学校健康发展的监督者，可以通过电话、书信等方式与学校进行沟通，可以定期举行座谈会。家长学校面向的群体是全体家长，因此也显得特别重要。家长学校安排活动要有新颖性，要能吸引家长。家长学校每一次举办授课、培训，都要确定相关主题，聘请名师按年级结合学生具体情况及年龄特征为学生家长做专题讲座，针对家庭教育中存在的热点、焦点和难点问题进行精辟分析、精彩讲解，做到既能向家长传授一些先进的家庭教育理念和科学的方法，也能向家长说明家庭教育与学校教育、社会教育联系的重要性。为了提高家长参与学习的积极性，还可将家长参加家长学校的情况登记在学生的成长记录中。只要长期坚持，家长学校就能很好地促进家庭教育与学校教育的共同发展。此外，在当今的信息网络时代，要运用现代高速发展并普及的新型信息传播方式进行沟通，运用固定电话、移动电话（手机）、微信、QQ及其他各种交流手段，通过文字、图片、语音、视频等多种方式进行交流，创建学校、教师与家长沟通的信息平台，实现学校与家庭、教师与家长、家长与学生、教师与教师、家长与家长、教师与学生之间的及时相互交流，建立老师、家长对学生进行同步教育的网络，形成科学量化的教育管理模式。

（三）建立家校互通的长效机制

要把家庭教育与学校教育真正有机结合，还需要建立家校互通的长效机制。前面介绍了如何从整体层面上实现家长与学校的互动合作，具体涉及学生个体的家校互动，则需要以更加灵活的方式进行。

第一，在综合素质评价手册中增设《家校连心桥》栏目。我校每个学生都有学生综合素质评价手册，是以学期为单位填写的，可将其进一步细化为以月为单位，教师在《家校连心桥》栏目上填写该月对学生在校表现的评语，月末由学生带回，家长在《家校连心桥》栏目上回填对孩子表现的评价及孩子在家的表现。这样以学生为桥梁，可把家长和学校很好地联系在一起。

第二，学校可通过设立意见箱、网上交流平台等方式，及时解答家长对学校或班级教育教学方面的疑惑，学校对家长提出的意见和建议要认真对待并及时答复，接受他们的监督，从而促进家庭和学校之间的相互理解与信任。

第三，开设现代化的家校沟通平台——"家校通"，为学校、教师与家长建立沟通快车。"家校通"每天将学校有关的一些重要事件、班里的表扬与批评、老师每天布置给学生的作业、学生的平时测试成绩、学生需要注意的一些细节问题等以短信的形式发到家长手机里，便于家长及时了解孩子在校的情况。

第四，鼓励老师家访。家访是一种既古老又永不过时的家校互动方式。学校可根据学生的实际情况要求班主任或科任老师对学生进行家访。这不仅给家长和教师提供了面对面直接交流的机会，也促进了学校与家庭、教师与家长及师生之间的感情，同时可以快捷地解决一些疑难问题。

第五，建立学生成长记录档案。学生的成长经历是学生一生中最宝贵的财富，对学生从入学到毕业的成长经历进行记录是呵护学生健康成长的责任体现。当然这需要学校老师和家长的共同努力。学生成长记录档案根据实际情况大致分为成长记录册和成长记录袋（家长可根据其需要再细化）这两种形式。成长记录册是一个电脑软件系统，由学校班主任和任课老师记录学生基本信息、每学期学业成绩、综合表现评价、身体健康状况、班主任和任课老师的评价与寄语等；成长记录袋则由家长用于收集孩子每学期的代表性作业、书画作品、家长和教师的寄语、获奖证书等见证孩子成长的材料。

（四）深化家校互动的活动内容

随着家校联系的进一步增强，家校互动的形式更加灵活多样，家长和教师参与家校互动活动的积极性也不断提高。但社会的进步和人们素质的提高要求我们不断深化家校互动的活动内容，努力探求更优的互动方式，从而更好实现和完成教书育人这一极其细致且复杂的工程。

第一，举办教育教学开放日，邀请学校相关老师和家长一起参加活动。一方面，为积极推进新课程改革，优化课堂教学活动，提高课堂教学效率，教师应积极参与教学开放日活动。每位开课老师都要精心准备，采用一定的教育手段，着力探索教学方式的转变，倡导学生自主探究、合作学习，促进课堂教学的有效性，使课堂生动活泼，精彩纷呈。另一方面，为了更好促进孩子的健康成长，家长可从学生的养成教育入手，秉持共促孩子成长的教育理念，采用进入课堂授课的方式参与教育开放日活动。家长的社会职业、生活阅历与自身专长是一笔丰富的教育资源，是对学校教育资源的有效补充。由于家长们讲课内容丰富、形式多样、不拘一格，既能令学生耳目一新，拓展孩子们的视野，又能丰富课堂教学内容，让孩子们分享到与平时课堂不一样的知识和快乐。

第二，开展"亲子秀"活动。为了更全面地了解学生，促进他们身心健康和谐发展，开展形式多样、有益有效的家校间的亲子共育活动是非常必要的。"亲子秀"活动的内容可以丰富多彩，诸如猜灯谜、踩高跷、滚铁圈、玩跷跷板、拔河比赛、看感恩节目、做感恩活动等。这个活动其实也是一个平台，它既能增进孩子和家长之间的了解，也为家长之间提供了交流学习的机会，还能让老师和家长通过活动进行充分的交流与沟通。

第三，组织家长带领孩子一起参加社会实践活动。利用双休日或节假日，由家长委员会组织家长与孩子一起上街开展各种有益的活动，并邀请相关老师参与。实践活动是学生积累社会经验，加深对社会的全面了解，实现早日适应社会、融入社会的基础。如开展爱心义卖社会实践活动，既可锻炼孩子们的胆量，又能丰富他们的课外生活；节假日，老师与家长带领孩子到敬老院或敬老中心进行慰问活动，让孩子感受敬老爱老的好风尚；带领孩子体验交警或协警、值勤员的日常工作，让孩子们感悟维护交通秩序的重要性。

第四，家校联合开展引导学生养成健康心理的相关活动。学校教师给学生营造一个健康、积极、向上的班级活动氛围是非常重要的，教师的态度和管理方式有助于学生形成安全温馨的心理环境。因此，教师要在一日常规的各个环节中关注学生的心理健康，要善于利用各种活动培养学生健康的心理。在学生行为出现问题时，应认真分析、谨慎对待，坚持正面教育为主。而家庭的配合对学生心理健康教育尤为重要，父母是孩子的"底线"，要给孩子以安全感，父母对孩子的包容、理解、接纳和支持是孩子心理健康成长的基石。因此，开展丰富多彩的户内、户外心理健康教育活动，可增添学生的兴趣和爱好，也可提高学生对环境的适应能力。

总之，我们要不断优化家校互动工作，尽可能地利用家庭、社会各种教育资源，如爱国主义教育基地、家庭劳动基地、德育基地等，扩充学校教育和家庭教育内容，丰富教育活动形式，促进学生的健康成长和全面发展。

（本文获湖南省教育厅关工委 2014 年家庭教育科研论文评选一等奖，本书收录时有修改）

与中职学生家长互动现状及对策分析

涂倚明

苏联著名教育家苏霍姆林斯基说过："学校里的一切问题，都会在家庭里折射出来，而学校复杂的教育过程产生困难的根源也都可以追溯到家庭。"《中共中央关于进一步加强和改进学校德育工作的若干意见》明确指出："学校教育、家庭教育、社会教育紧密配合。学校要主动同家长及社会各方面密切合作，使三方面的教育互为补充、形成合力。"学校应主动把家长纳入学校合作伙伴范围之内，通过开展积极有效的家校互动工作，构建家庭教育同学校教育和谐共育的局面。我们应该清楚地认识到，父母是孩子的第一任老师，家庭教育具有学校教育所不具备的、不可替代的价值。与学校的规范化和专业化教育相比，它虽然有着亲情上的优势，但是受到家庭文化背景、家长素质、情感交流程度、居住环境等诸因素的制约。因此，在学校教育与家庭教育之间寻求切合点，加强与家长的联系和交流，引导家长与学校教师在共同教育孩子方面达成共识和默契，互相补充，是学校教育工作的重要内容之一。

一、中职学校家校互动现状分析

（一）中职学校学生家庭的区域分布特征阻碍了家校互动

随着经济不断发展，学校区域规划也发生了相应的变化。以长沙财经学校为例，学校在 2010 年整合了四所学校，这就意味着学校容纳了比过去区域要大得多的中职学生；同时，他们居住地的分布是比较分散的，这便决定了学校学生家庭区域分布的特征是面广、点散、量大。

（二）中职学校学生家长缺失德育的意识阻碍了家校互动

中职学校学生家长的文化水平普遍偏低。据统计，长沙财经学校被调查的近 500 名家长中，有 56% 的家长只有初中文化，23% 是高中文化，大专及以上者寥寥无几；家长的职业多样，个体、务农、待业者占 90%。这些因素决定了家长素质整体较低，家长教育观念整体落后。他们存在的主要问题有：

第一，对家庭教育的认识粗浅。有部分家长认为，一切教育的任务都是由学校和老师完成的，作为家长，只要配合一下学校和老师的教育，并没有过多的责任。部分家长甚至希望把子女全天候地托付给学校，把学校当成"托儿所"，无视自己子女问题之所在。

第二，对家庭教育力不从心。很多家长忙于生计，根本没有时间关注自己子女的学业和成长。相当一部分家长在外打工，把孩子托给祖辈照管。久而久之，形成了"只养不育"的局面。

第三，特殊家庭的教育严重缺位。很大一部分学生的家庭是单亲家庭、再婚家庭、离异家庭，他们的家庭教育存在严重问题。实际上，这些学生的问题不能简单归结为思想品德问题，更多的是心理障碍问题。

存在以上问题的家长，普遍缺失家庭德育意识，忽略了从精神上关心孩子，往往不能与孩子进行平等、积极、有效的沟通和交流，也很少积极主动与学校联系，很难有效配合学校的相关工作，难以实现家庭教育与学校教育的协调互动，家校沟通和互动往往成为学校一厢情愿的事情。

（三）中职学校学生家长错误的德育方法阻碍了家校互动

据长沙财经学校在校内的调查，真正认识到自己对子女教育负有责任，并能较好地担当起这一责任的中职学生家长只占25％。即使这部分家长，也普遍存在着用物质刺激和打骂的方式教育孩子、将在孩子的同伴或老师面前损伤孩子的自尊作为惩罚和教育孩子的方式的行为，很少顾及自己的行为会给孩子带来怎样的影响，也往往忽视了十六七岁正是孩子个性很强的年龄阶段。这些家长由于从未与子女进行积极平等的对话，因此在家庭教育中形成了与子女长期对抗的局面，从而大大地削弱了学校德育的成效。

（四）中职学校教育管理的分工阻碍了家校互动

长沙财经学校规模比较大，内部分工较细，各方面都抓得紧，虽然一直在倡导"人人都是德育工作者"，但在实际的工作中，德育工作更多落在了班主任、学生科老师的肩上。家校互动需要家庭和学校各方面的积极配合，不能仅仅由班主任担任组织者角色，任课教师也应在一系列的活动中担当重要角色，学生科、教务科等应积极有效地进行配合。

二、中职学校家校互动的对策

针对上述现状，我们应重新审视中职学校家校互动工作的功能和定位，把家校互动作为学校德育工作的重要组成部分，坚持"三性"原则将家校互动工作抓好抓实。一是坚持互补性，强化家校互动的整体优势。家庭和学校要加强联系和交流，充分利用一切教育机会，在教育态度、教育内容、教育策略上，利用各自优势做到互通有无，达到优势互补。二是坚持及时性，发挥家校互动的协作效益。根据青少年生长发育过程中生理、心理发展变化快的特点，及时有效地确定教育策略，有效控制或剔除孩子成长中的不良因素，引导其朝着健康方向发展。三是坚持艺术性，提高家校互动的教育技巧。家校互动要讲究艺术性，才能达到教育效果，这要求家庭、学校在教育孩子时讲究策略，使教育达到一种"润物细无声"的境界。

（一）成立家长学校委员会

邀请不同层次的家长代表和有关专家、教师、学校行政人员组成家长学校委员会，共同参与家长学校的管理，并在家长学校中构建校长室分管、学生科主管的行之有效的管理机制。针对家长素质现状，请有经验的教师做"家庭教育中家长的素质"专题讲座，同时，由家长学校委员会定期对部分家长进行培训。在确定培训主题和内容时，学校可以选择有助于家长在教育子女时做到既符合社会要求，又能满足学生成长发展需要的主题和内容，并印发给家长，以提高辅导的实效性。如"创设和谐家庭环境，争做合格家长"（内容包括"做一个合格的家长""复杂的'问题家庭'""家庭教育误区谈""如何和孩子做朋友"等），"加强生命教育，提高学生生存能力"（内容包括公众防灾应急等），等等。这些讲座和培训可以帮助家长明白，家长作为孩子的第一任老师，其素质、行为对子女有着极为重要的影响和作用，可以让家长知道当今时代的家长应具备的各方面的素质要求，从而使家长了解自我、提高认识、增强意识、树立信心，进而提高家校共育的质量和水平。

（二）开展校园开放日活动

为了提高家校互动的实效，学校应每学期组织一次校园开放日活动。各年级组组长、各班班主任均应高度重视此活动，广泛宣传，认真组织，设计好活动方案。在开放日，应邀家长可进入学生所在班级的主题班会中，走进学生的实训课堂中，这有利于促进教师课堂教学水平的提高，有利于促进家长在教育孩子方面责任感的增强，有利于促使教师与家长、家长与学生之间关系融洽，让教师、家长、学生之间的距离拉得更近，从而增进相互之间的了解、尊重和关心，促成学生督促家长做模范家长、家长教育子女做好学生的可喜局面。

（三）定期召开家长会

这是学校家校互动的常见活动，通常的做法是以一个班或一个年级为单位，把家长召集到学校来一起研讨学生的教育问题，探讨解决的对策。这对传递全局性的信息，解决家长中普遍存在的问题，大范围地纠正中职学生家长错误的教育方法等很有效。但由于学生的区域分布特点以及一些家庭的特殊情况，家长到会率得不到很好保障。为解决这一难题，学校可以创造性地试行分片家长会和分类家长会。

分片家长会：按学生家庭分布的区域把整个年级所有学生分成一定的组别（每组通常在 25 人左右），利用双休日的时间，组织本年级的任课老师、班主任和学生家长举行座谈会，学习、商讨学生的教育工作。

分类家长会：在分片家长会的基础上，根据学生的表现和他们的家庭环境，为每个片区的学生撰写相应的个案，然后把各年级中地域上同片、家庭情况相同（或相似）的学生归成一个个小组，分小组召开家长会。

1. 准备阶段

根据同类家庭信息和同类学生教育普遍问题汇总形成家长会工作表；开会前，相关人员落实好研究任务，准备好发言材料，让家长知道近阶段该从哪些方面对学生进行家庭教育。

2. 家长会过程

（1）家长到会情况统计。

（2）分发相关材料。

（3）向家长们介绍近期内学生们在校具有代表性的表现（或思想倾向）和学校工作近况。

（4）由班主任或学生家长主持专题讲座，进行主题学习。

（5）家长和结对教师单独交流沟通。教师把学生在校的具体表现情况以学生成长档案的形式呈现给家长，家长把子女在家的表现情况介绍给教师，相应的教师及时把所得的信息填写在《家访工作表》的对应栏目中。

3．研究阶段

家长会结束后，班主任要把自己所获得的信息加以汇总分析，对有代表性的问题写成个案或总结，并把这些个案或总结上升到理论的高度加以分析，力争发现新问题，找到新方法。学生在成长过程中总会在品德、学习、生活等方面出现这样或那样的问题，学校为这些"问题学生"撰写个案，目的在于帮助家长在碰到类似问题时做出科学的分析和判断，找到合适的处理和解决问题的办法。

（四）对特殊学生的家长进行个别联系

包括教师上门家访，电话、微信、QQ 联系，家长到校单独商谈等多种方式。上门家访和通知家长到校单独商谈实质是一回事，只是交流的地点不同。采用这种方式开展工作前，教师（主要是班主任）先要充分了解该学生的实际情况，确立好交流的主题，这样才能保证工作的效率。和家长交流时，教师要向家长解释家访或请家长来学校的缘由，说明要解决什么问题并记录好交流的实际情况，尤其要记录好从家长那里了解到的关于学生的新信息。访问结束后，班主任要对个案进行研究。

现如今，电话、微信、QQ 联系基本普及，已成为家校联系沟通的有效途径。为了方便联系，各班班主任在开学时，就得把每位学生的家庭住址、父母联系方式等情况汇总起来统一制表，然后再将汇总表分发各任课老师。实践经验告诉我们，家校互动的效果，取决于管理水平。只有不断探索，实施科学的管理，才能达到理想的效果，才能使家校互动步入良性发展的轨道。

（本文获湖南省教育厅关工委、湖南省家长学校研究会 2014 年度家庭教育科研论文评选一等奖，原标题为《与中职学生家长沟通现状及对策分析》，本书收录时有修改）

网络条件下学校与家长沟通的现状与策略分析
——以长沙财经学校为例

徐理文

英国著名教育家洛克说过，家庭教育"给孩子深入骨髓的影响，是任何学校教育及社会教育所永远代替不了的"。让学校教育与家庭教育形成一股合力，特别是调动家长的积极性，让学校与家长就孩子教育问题形成良性的持久的沟通互动，是家校互动的重要议题。在科学技术日新月异的网络时代，家校互动涌现出了一些新的形式与途径，家校沟通互动上了新台阶，取得了新进展，同时也暴露出一些问题，必须进行研究并加以解决。本文以长沙财经学校为例展开分析。

一、网络条件下学校与家长沟通的现状

（一）学校高一新生家长使用网络工具交流的背景调查

对长沙财经学校 2017 级高一新生 1368 人的问卷调查显示：父母双方均有微信的学生人数为 832 人，占总人数的 61%；父母中仅一方有微信的学生人数为 285 人，占总人数的 21%；父母双方均有 QQ 的学生人数为 1045 人，占总人数的 76%；父母中只一方有 QQ 的学生人数为 199 人，占总人数的 15%。本

校城镇学生家庭拥有电脑和互联网的占 90% 以上。从调查结果来看，绝大部分家庭已具备网络条件下家校互动的基本条件。

（二）网络条件下学校与家长沟通的主要途径

网络信息技术的快速发展，为家长和学校的沟通交流提供了便利。利用网络聊天工具，家长和教师之间可进行即时的沟通交流，既便于家长了解学生在学校的情况，也便于教师掌握学生在家中的情况，让家校双方可以对学生进行有针对性的监督和指导。通过家校互动形成家校教育合力，能够引导学生树立积极的学习心态，高效地完成学习任务。

1．建立班级 QQ 群或微信群

目前，长沙财经学校共有班级 78 个（其中高一年级 28 个班，高二年级 32 个班，高三年级在校 18 个班）。班主任自发创建的班级家长 QQ 群 78 个，已覆盖所有年级的全部班次；微信群 52 个，占总数的 67%。通过家长群，家校沟通摆脱了时间和空间的限制，家长和教师能随时随地进行有效的沟通与交流。群交流的方式，能在一定程度上拉近家长与教师的距离，使家长能针对学生出现的问题进行积极的讨论，并提出自己的意见和看法。通过和家长交流，教师能了解学生出现问题的原因，有针对性地进行引导，使学生摆脱压力，积极地进行学习和探究。

2．建立班级博客

因相关教师的工作精力和思想认识等方面的原因，目前学校各班级中创建并持续维护班级博客的仅有 6 个，占 7.7%。已创建的班级博客的班主任常把班级发生的事情写到博客中，并针对各个事件和现象发表自己的评论，让家长通过查看博客了解孩子在学校的动态及班主任对有关问题的意见。这样做的主要意义在于：通过互动让教师和家长较为精准地掌握学生的情况，便于正确处理学生存在的问题，激发学生的学习积极性；可以让学生观看家长对博客的评论，从中获得激励，为了回报父母的关心，更加积极努力地学习；在班级管理上，家长能在博客中各抒己见，帮助班主任出谋划策，减轻班主任的工作负担。

3. 建立家委会成员交流群

家委会成员交流群与前述两种网络家校互动形式有异曲同工之妙，其最终目的都是了解学生，增强互动，激励学生成长进步，只不过前述两种形式以教师为主导，由教师引导家长参与，而家委会成员交流群以积极的家长为主导。据不完全统计，目前学校的班级家委会成员交流群仅有 4 个。

二、网络条件下的家校沟通的优势

与传统手段相比，网络条件下的家校沟通具有明显的优势。

第一，有效解决了运用传统手段面对面交流难度大、成本高的问题。我校常规班级每班人数在 50 人左右，学生来自全省不同地区，大部分离校较远。家长工作类型也多种多样，有的常年在外工作，有的经常出差，有的在乡务农……因此，无论是家长应约到学校面谈，还是班主任上门家访，在时间成本和经济成本上耗费都比较大，而利用现代网络工具沟通，就较好地解决了这一问题。2016 年高考前夕，118 班一永州籍女生突然情绪不稳定，班主任在束手无策的情况下电话联系家长，希望家长能来学校，稳住这个在班上成绩遥遥领先的学生。但学生家境贫寒，往返车票要 300 多元，单程的时间要 8 个多小时，成本过高，家长在电话里倾诉自己的无奈。后来在学生邻居的提议下，班主任加这位邻居为微信好友，让家长和学生在每天晚自习前通过微信视频聊天。经过一周的调整，学生心态恢复正常，最终考上了理想的本科院校。

第二，有效解决了交流方式单一、对学生教育滞后的问题。原来家校联系方式一般是一学期召开一次家长会或偶尔进行电话交流，家长与老师单独交流的时间太少，难以有针对性地发现问题和解决问题。例如，开家长会时，主要是教师分析学生的学习情况、教学的目标以及完成情况，时间一般也限制在两个小时左右，一个班几十个家长几乎没有发言的机会，家长会成为老师工作汇报会，不能有效发挥家长的作用。学生的优秀表现不能及时地反馈到家长那里，只有学生违纪时，老师才匆匆去个电话，致使家长很害怕接到老师的电话。而运用网络工具进行家校沟通，可即时、不断展示学生的点滴进步，家长与教师交流的积极性随之增高。

第三，有效解决了教师与家长工作时间冲突、交流不畅的问题。学校教师，特别是班主任，工作任务繁重，除了上课、开会、教研外，还要关注、照顾和协调学生的生活、情绪变化及家长关系等。班主任工作时间与家长时间可能有冲突，联系时间不是很"对口"。当家长迫切需要了解班级情况、学生学习与生活情况、有关学生的重要事项时，传统的沟通手段存在诸多不便，而运用网络工具沟通，就能较好地解决这一问题。2004年，笔者班上的一名男生，母亲生病后不能与人正常交流，而父亲在街道当环卫工人，工作时不能接听电话，早上4点多出门，中午休息一个小时，晚上下班时间是凌晨12点半。该男生有在外上网并且缺课的现象，每次我打电话与家长沟通都无人接听。几个任课老师分头在巷子里的网吧找人，我多次给家长打电话并上门找家长，但均未联系上，最后不得不放弃让家长和学校共同教育的想法。该生在高考时考上了一个专科学校，毕业典礼那一天，家长破天荒地来到学校，感谢老师对孩子的教育，并且自责地说，每次他闲下来想打电话给老师，一看是老师的休息时间就放弃了。这一情形要放在今天，我会把该生的情况以图片或文字或语音的形式发到这位忙碌的家长QQ上，让他在闲下来的时候了解自己孩子的状况，并且及时在网络上留言和我沟通。

三、网络条件下学校与家长沟通存在的问题

（一）学校层面存在的问题

首先，学校虽有微信公众号，但没向学生和家长推广，平台内容没有家校沟通的版块，只是向教师推送一些学校资讯或美文。学校也没有与第三方平台

合作开通校讯通进行家校联系。学校官网上也没有设置家校互动栏目。在 2018 年 3 月学校引进的 SEEWO（希沃）教学平台中，虽然家长可以在老师的允许下登录，但也只能看到孩子被老师评价后的结果，并不能和老师进行互动。其次，学校没有形成正式的文件或制度对教师利用网络与家长沟通进行指导和约束，任由老师自由利用和管理。没有明确规定老师与家长沟通的频率，没有指导沟通的方法，没有监控沟通后的效果。在老师组建的 QQ 群中，很多群名存实亡，只有发通知的时候用一用。有的班级微信群疏于管理，不仅发布有微商的广告，甚至还出现了不良社会言论和视频。

（二）家长层面存在的问题

由于对职业教育缺乏正确的认识，对孩子在职校成长的期望不高，不少家长缺乏运用网络工具开展家校沟通的主动性与持续性。在实际操作中，很多家长认为，孩子读职业学校，未来发展已基本定型，除了成绩优异、读升学班的家长对进行家校沟通的主动性、积极性较高，就业班的学生家长则往往采取消极被动的态度。另一个方面的问题是，由于大部分学生家长的文化素质和教育素养层次不高，家长在家校沟通中大多只关注学生的生活问题，对学生未来成长成才的期望较低，关注较少，导致家校沟通质量与频率均不高。在一个 53 名学生的 2017 级高一对口升学班的班级家长群中，群内家长人数有 87 人（有学生的父母同时加入本群）。在建群初期，每位家长都会在周末及时报平安，但持续时间不长。在 2018 年 3 月 9 日家长报平安统计中，只有 37 位家长按要求报平安。3 月 12 日，班主任发了一个《一周健康预报——校园要注意提防这些传染病》的链接并要求家长回复，结果只有两位家长回复"收到，谢谢老师"。点开这个链接的家长应该不止两位，但从回复的人数可以看出，家校互动还任重道远。

（三）学生层面上存在的问题

一方面，部分学生由于平时表现一般，不愿甚至阻挠家校沟通，有的学生直接告诉家长不要在群里发言，这就导致部分家长在 QQ 群和微信群中处于潜水状态，从不与老师交流；另一方面，部分学生由于缺乏自信，羞于主动参与到家校沟通环节中去，有意向家长或学校隐瞒自己的学习、生活情况，在一定程度上迟滞了学校和家长对学生的全面了解，为家校正常沟通、促进学生成才设置了障碍。

四、提升网络条件下家校沟通质量的策略分析

（一）思想提质

学校和教师要进一步提高认识，充分把握网络条件下家校沟通工作的重要性、艰巨性、安全性。一是强化组织领导。要健全工作机制，主动营造集宣传、引导、管理于一体的舆论氛围，开辟家校互动工作新格局。二是强化正面引导。要加大宣传力度，不断巩固壮大学校主流舆论，有效防止各种负面信息的传播。三是预防网络诈骗。在家校沟通过程中，要防止不法分子乘虚而入，利用微信群或 QQ 群发不实广告，窃取个人信息，骗取钱财。

（二）耐力提升

教师要充分理解与家长沟通工作的长期性、复杂性。由于现实的各种原因，家校沟通往往会出现"学校热、家长冷"，家长"一时热，长期冷"的现象，学校和教师作为家校互动工作的管理者、引导者，一定要增强耐力、力戒浮躁，巩固阵地意识，投入精力引导家长积极利用网络工具与教师充分沟通，逐步提高家长思想意识和认知水平，力争使家庭教育与学校教育步调一致、协同发展。

（三）能力提高

教师要努力掌握网络条件下与家长沟通的工作技巧。一方面，教师要对当下流行的各种网络交流工具能驾轻就熟地使用；另一方面，教师要对班级各类信息资源进行精准采集、科学分析，巧妙运用传播学、教育学、心理学等各种专业知识和技能，以"正面、实时、巧言、聚力"为目标培育家校沟通的网络软环境，增强网络条件下学校沟通的吸引力。比如，要展示学生专业技能或才艺的时候，可以拍小视频发布到家长微信群中，直观形象地向家长展示孩子的进步。若学生性格过于内向，教师可以利用微信中的语音功能，让学生用语言来介绍自己的学习和生活，家长听到自己孩子的声音后会备感欣慰，更加乐意参与群里的互动。

（四）硬件提质

要积极完善学校网络设施设备，开通并完善相关家校互动网络平台，充分发挥网络环境下，与家长沟通的便捷性、渗透力。例如，在学校官网和已开通的微信公众号中引入家校互动版块；创建校讯通，及时公布学校发展的重大事件，让家长知晓，激发其对学生发展的关注；在新引进的 SEEWO 平台中，让家校互动版块的功能更加齐全，让家长在下载 App 并登录后能和老师良好互动。

（五）行动提速

教师要以更强的责任心，投入更大的精力，就班级重要事项和学生个人重大事件及时通过网络与家长沟通交流，防止因平台的因素而出现内容迟滞、热点分散、交流时间滞后等影响家长沟通热情的负面事件发生。以"言必全面、言必客观、言必有爱、言必及时"为工作标准，增强家校沟通的及时性、灵敏度。

在网络条件下，教师和家长要与时俱进，充分利用网络交流工具便捷高效的优势，深化沟通交流，形成教育合力，做好学生的守护者、引导者。

（本文获湖南省职业教育与成人教育学会中职教学管理工作委员会2019年年会论文评选一等奖，本书收录时有修改）

家校互动视角下的中职学校家长座谈会改进策略

易去劣

教育的目标是实现人的发展，人的发展有体、能、格三个要素，即身心健康、睿智敏行、人格健全。中职学校教育与普通高中阶段教育一样，是人的发展的关键时期的教育，必须引起教育研究者的重视，必须充分发挥中职学校教育的作用。在学校-家庭-社会三元教育结构中，单靠学校教育是不够的，还必须通过家庭与学校之间、老师与家长之间的良性互动，构建学校、家庭共同参与，教师、家长共同发挥作用的良好的育人环境，促进学校教育与家庭教育形成合力，实现教育目标。家长座谈会是联系学校和家庭的重要纽带，是实现家校良性互动的重要环节。研究分析当前中职学校家长座谈会存在的问题，提出改进的策略，对促进中职学校家校互动工作的研究良性发展具有重要意义。

一、当前中职学校家长座谈会存在的主要问题

（一）学校与家庭主体地位不平等

在学校-家庭-社会三元教育结构中，学校目前处于强势地位，家长座谈通常是由学校、教师来组织的，会议的时间、地点、内容、形式由学校决定，

很少从家庭、家长的角度来考虑。学校、教师把持着话语权，家长往往只有听的义务，没有说的权利，只有被动接受，没有主动回应。加之中职学生家长的文化程度、社会地位、收入水平普遍较低，部分教师对待家校合作的态度与价值取向存在偏差，不能正确认识教师角色在家校合作中的作用，对家校合作的有效开展产生了消极影响。在家长座谈会的组织开展过程中，教师往往没有把家长作为家长座谈会的平等参与主体对待，而是把学生家长看成是被教育或培训的对象，把双方关系看成是教育者与被教育者的关系，忽视了家长的感受、体验和需求，信息单向流动，缺乏交流。由于缺乏民主、平等的氛围，家长的主观能动性不能充分发挥，积极性不高，难以与学校产生共鸣，难以形成家校合力，达不到共同育人的效果。

（二）内容单一，以智育技能为中心

中职学校学生面临巨大的升学与就业压力，家长座谈会通常以智育技能为中心，围绕学习状况和技能水平分析展开。家长座谈会的一般流程是：全体家长集中听取学校领导关于人才市场现状、学校工作目标及任务、学生升学就业情况、教育教学情况等方面的报告；然后再分班级开会，由班主任介绍班级整体情况，重点分析学生各科的学习情况和技能状况、文化考试成绩和技能考核成绩，继而各任课老师轮流上台，根据各科成绩情况和技能考核情况进行分析、总结、表扬、批评，在家长面前强调该科目的重要性，指导家长如何抓好这一科目的学习；最后，班主任留下有问题的学生家长继续开会，分别指导。这种内容单一的家长座谈会耗时长、效率低，常常是几个小时下来，家长只记住了自己孩子的学习成绩和名次，是受到了表扬还是挨了批评。但成绩优秀的学生毕竟是少数，学习成绩一般和较差的学生被普遍忽视，挫伤了多数家长参加家长座谈会的积极性。

（三）形式呆板，墨守成规

从家长座谈会召开的形式来说，大多数情况下家长座谈会采用的是传统的类似于课堂教学的方式：教师在台上讲，家长在台下听；教师激情澎湃，家长昏昏欲睡；教师关心的是班级整体情况、目标与现实的差距、要求家长配合的事项，家长关心的是自己子女的具体情况、差距何在、希望教师怎么辅导等。因为家长获得的真正对自身有价值的信息不多，家长感觉参加家长座谈会没什么意义，导致教师付出很多精力组织的家长座谈会，往往达不到理想效果。

二、以家校互动策略改进中职学校家长座谈会

（一）尊重家长，坚持地位平等

在学校-家庭-社会三元教育结构中，学校与家长的地位是平等的，双方应该以相互尊重为前提开展交流与合作。在以往教师与家长的合作关系中，教师一直以主体自居，处于支配和控制的地位。教师以"合法权威"的方式迫使家长与教师、学校合作。家长与教师在教育知识和技能上不平等是必然的，但这与双方地位的不平等并不存在必然的因果联系。虽然在教育知识和技能上，教师与家长相比是优势群体，但家长对于社会需求的理解、对于学生个性特点的把握优于教师，所以，教师与家长在知识上应是互相学习的伙伴，而非教师是教育者，家长是被教育者。教师与家长应是"相互学习、相互尊重、相互支持的平等合作关系"[1]。学校和教师要主动与家长联系，认真听取意见和建议，取得家长的支持与配合，对待家长要像对待自己的朋友一样，热情、主动、虚心。

（二）目标一致，形成家校合力

关注学生的终身发展是教育的最高追求。教育的终极目标是塑造德、智、体、美、劳全面发展的人，是个体综合素质的不断提升。开家长座谈会的目的也是促进学生的全面发展，家长与教师共同交流学生在学校与家庭学习生活的

情况，发现问题并探求解决问题的办法，形成教育合力。因此，家长座谈会上教师和家长应该有一致的目标。学生的成长、发育是一个呈阶段性的动态的过程，中职阶段是学生人格、体格、人生观、价值观形成的关键时期，不同学期的家长座谈会应有不同的具体目标。

（三）主题明确，有的放矢

确定每次家长会的主题，做到有的放矢。在家长座谈会筹备阶段，要详尽、准确地掌握学生和家长的情况，比如学生在家庭生活学习的情况、学生在校期间学习生活的情况、思想品德表现、人际交往情况，家长的文化程度、工作性质、收入水平、希望解决的问题等。可以采取召开学生座谈会、征求家长意见、发放调查问卷或调查表的方式获得相关信息，在调查研究的基础上确定本次家长座谈会的主题。针对不同年级学生的年龄特点和家长的文化层次，各学期家长座谈会重点探讨的问题应有所区别。譬如，针对高一学生依赖性强、缺乏主动性的特点，可以确定"自立·自主·自强"的主题；针对高二学生惰性强、学习动力不能持久的特点，可以确定"多督促，常鼓励"的主题；针对高三学生竞争加剧、学习压力大的特点，可以确定"公平竞争，快乐学习"的主题。教师需要思考中职三年不同阶段学生面临的不同任务、成长中容易出现的问题，从关注学生心理健康发展、学业水平提高、人际关系和谐、社会适应能力提高、团队合作意识提升等角度出发，设计不同主题的家长座谈会，让家长感受到教育的魅力，进而激发他们参与、配合学校工作的积极性。

（四）丰富内容，展示成果

家长座谈会应从积极正面的角度展示教育教学成果，从学生综合素质发展的角度展示学生发展的现状，包括学生的品德言行、行为规范、沟通能力、学业水平和职业技能等方面。过分强调学习成绩与职业技能不仅是低效率的，而且是有害的。家长来到学校，他们更喜欢的还是听有关孩子的成长故事，而不是空洞的说教和指责。事实上，虽然学习是学生在校的主要活动，成绩对于学生来说是重要的评价指标，但是我们一定不能忘记，中职学校学生的兴趣、志向、特长、心理健康等其他方面的素养对于他们今后的发展同等甚至更加重要，而且这些素养往往是影响学生学习成绩的重要因素。在家长座谈会上，不能只向家长汇报学生的学习成绩，还应该展示学校和班级举行的各项活动以及孩子们在活动中的表现和收获，让家长们了解孩子的成长过程，分享孩子成长的快乐。

（五）注重互动，形式多样

家长座谈会是教师与家长面对面的活动，是双向互动。交流与沟通应是家长座谈会的主旋律。沟通的双方都是积极的主体，应当形成信息交流的闭环。当教师作为发信者时，家长就为受信者，这时教师是主体，家长是客体；反之，当家长作为发信者时，教师则为受信者，主客体的位置互换了。只有双方信息相互交流、形成反馈才是有效沟通。沟通中的对话不仅指二者之间的有声语言的交流，而且指双方的理念输送和接纳，既有向对方施加影响，也有对对方的倾听，是家校双方互相吸引、互相包容、共同参与、良性互动的过程。日新月异的现代多媒体技术为我们改进家长座谈会的形式提供了强有力的技术支持，教师要充分利用现代多媒体技术，根据需要合理运用新型家长座谈会形式，例如成果展示型、门诊型、网络型家长座谈会，提高家长座谈会的吸引力和有效性。

1. 成果展示型家长座谈会

目前，家长座谈会上批评太多、鼓励太少，只见学习成绩难见其他。中职学校的特色是学生职业技能培养，成果展示型家长座谈会可以做到别开生面，精彩纷呈，树立学生与家长的自信。在成果展示型家长座谈会上，教师可以指出每个学生的亮点，可以向家长展示学生职业技能方面的作品，展示职业教育的办学成果。在这种氛围中，学校、家长和学生共同体验成功，见证成长，肯定彼此做出的努力，分享彼此的成果，相互鼓励，共同进步。

2. 门诊型家长座谈会

每个学生情况各异，而集体的家长座谈会又不能面面俱到，不能照顾到每个学生，因此更具有针对性的门诊型家长座谈会可以作为有效的补充。学校可以固定某天或某半天为家长问诊日，家长根据所需，选择相应的教师进行咨询，然后"对症下药"，共同探讨帮助孩子进步的策略和方法。

3. 网络型家长座谈会

目前，网络在家庭中的普及程度较高，尤其是对于城市家庭来说，家长和孩子都已具备上网的条件和技能，这就为召开网络型家长座谈会创造了条件。网络型家长座谈会是以数字技术为基础，以网络为载体进行的线上会议。网络型家长座谈会打破了时间、空间等因素的限制，为家庭中的所有成员参与学生培养提供了条件。在会议过程中，家庭成员可以提出问题，和学校领导、班主任、各科任课教师实时互动交流，进而最大限度地实现学校和家庭的充分沟通，使学校和家庭形成教育合力。网络型家长座谈会具有传统家长座谈会无法比拟的优势，具有节省家长花费在交通上的时间和精力、开会时间更加灵活、交流氛围更加随意轻松等优点。

参考文献：

[1] 朱赛红，朱亚峰. 从配合到合作——论家长与教师的关系 [J]. 上海教育科研，2003（10）：55-56.

[本文发表于《现代职业教育》2019 年第 14 期，获湖南省职业教育与成人教育研究会 2019 年度论文评选一等奖，是湖南省家庭教育"十三五"规划重点课题"基于家校互动策略的家校互动规程（手册）的研究"（课题编号为 SJY-1601014，课题主持人为陈全宝）的成果，本书收录时有修改]

家长会的准备工作及注意事项分析

康 丽

　　教育工作需要家庭、学校与社会共同努力形成教育合力，方能取得良好的教育效果。家长会是学校主动联系家长的一种方式，是家校间沟通、了解、互动的平台。召开家长会，学校和家长互通情况，有利于提高家长对中职学校教育的认同度，树立对孩子的信心；同时，家长会也有利于提高家长对家庭教育重要性的认识，提高家长的家庭教育能力。

　　一直以来，长沙财经学校非常重视家长会，每期至少召开一次全校性的家长会。为了有针对性地开好中职学校的家长会，充分发挥家长会的作用，笔者对 2012 年接手的 592 班的家庭情况进行了深入了解与调查，对班上学生的家庭特点进行了分析和总结。592 班是美发与形象设计专业，班上共有 28 名学生，其中单亲家庭学生有 9 个，农村家庭学生有 24 个，父母有大专以上学历的学生仅有 1 个。由此可见，班上学生家庭的主要特点：一是单亲家庭学生比例较大，这类缺失父爱或母爱的家庭容易导致孩子性格发展畸形；二是农村家庭学生非常多，这类家庭的家长通常在外的时间较多，接触与了解孩子的时间较少，家长与子女之间的亲密度不够；三是家长普遍学历不高，这类家庭往往教育理念不先进，欠缺适当的教育方法。现根据学生家庭这些特点，就中职学校开好家长会的准备工作及注意事项谈几点看法。

一、做好充分的准备是开好家长会的基础

俗话说，"不打无准备之仗"。家长会的成功与否，很大程度上取决于班主任的会前准备工作做得如何。要开好家长会，班主任必须做好充分准备。例如，要弄清楚每个学生和家庭的情况，充分考虑应对不同家长的技巧；要做好学生的思想工作，保证不向家长"告状"，以彻底消除学生的顾虑，争取他们的最大配合和协助；要确定家长会主题，主题的确定不能由学校或教师单方面决定，要事先听取家长和学生的意见，可采取在会前征求家长意见的方式；要明确家长会的目的，即通过这次家长会，需要达到什么样的目的；要确定家长会的形式，总的原则是形式应该根据内容来确定，而不是拘泥于形式本身；要有详细的会议方案，从家长的召集、准备，到会议的发言顺序、总体时间的把握等，以时间为顺序把会议涉及的人、事、物尽量明确下来，明确的流程有助于班主任避免疏漏，更好地掌控会议全程。总之，充分的准备工作是开好家长会的基础，只有把准备工作做好、做足了，班主任才能胸有成竹，才能确保家长会取得圆满成功，达到预期的效果。

二、家长会的准备内容

（一）教师的准备

1. 个人形象和心理的准备

在家长会召开前，班主任要对个人形象进行必要的修饰。优雅大方的形象、得体的言行举止能够给家长留下良好的第一印象，反之，不得体的形象和言行就会引起家长的反感。另外，班主任也要做好心理准备，不要对家长的家庭教育能力估计过高。

2. 邀请函的准备

温暖、体贴、充满人性关怀的邀请函，能够消融教师与学生家长之间的隔阂，调动家长的积极性。一般来说，班主任可提前两到三周给家长发出邀请函，告知家长本次家长会的时间、地点、主题和内容，让家长们有所准备。家长会召开的时间要方便家长参会，如果有可能可以安排两个时间让家长选择，最后确定的会议时间以大多数人的意见为准，这样可以尽可能地保证家长的到会率。对于时间无法调整的家长，班主任应统一安排备选时间补开家长会或单独约见，力求让每一位学生家长都能参与到对孩子的共同教育中来。邀请函应表达出对家长的尊重和对家长参会的真诚希望，使家长阅后能感受到教师希望他参与的诚意。邀请函最好不要求家长填写回执，以淡化"必须参加"的命令式语气，营造平等、温馨的交流氛围。

3. 发言稿的准备

教师个人的准备材料中还有一项重要内容，即班主任在家长会上的发言稿。班主任准备发言稿时最好能集思广益，认真收集学生和任课老师们的意见。介绍情况既要全面，又要重点突出，既谈成绩，又谈不足；对家长既有鼓励，又有要求，既有商讨，又有指导。如有两位以上教师发言，应事前商定各自发言内容，务必各有侧重，互为补充。

对于年轻班主任，更应该准备详细的发言稿，否则匆忙上阵，极有可能出现发言前言不搭后语、不得要领的情况，容易给家长留下准备不充分、工作不细致的印象，从而影响教师形象，降低家长对学校教育的信任。发言稿的内容大致应包含这样几个方面：（1）学校及班级整体情况介绍；（2）一个阶段的班务工作及措施；（3）班级的主要成果；（4）各方面典型和先进介绍；（5）存在的不足及需要家长配合解决的问题；（6）下一步努力方向及美好前景；（7）其他应说明的问题。

（二）会场的布置

相对于教师而言，家长是学校的客人。在召开家长会时，学校首先要让家长感到来学校是受欢迎的，这可从会场布置入手。会场的布置要体现出学校对家长的重视。教室的布置要简洁大方，不可太奢华，否则容易引起家长的反感。黑板报设计要独特、新颖，让家长感到温馨。家长会召开前，把教室打扫干净，在黑板上写上家长会的主题，可以在教室的后面摆上学生的作业、集体和学生个人的获奖证书等。最好在每位家长的桌面上放些能体现自己工作细致的材料，如精批的作业，或者放一个信封，里面是他（她）孩子近期的成绩和表现（多提孩子的优点，顺便指出一些不足），信里要说明需要家长配合的具体方面。有条件的学校要给家长准备饮用水。当家长到来时，教师要在教室门口迎接，以表达对家长的尊重，同时，有助于减轻家长的紧张感。

为了创造更好的交流气氛，场景的布置也需要讲究。以往召开家长会时，一般是以讲台为中心，教师站在讲台上讲，家长坐在学生的座位上听。这种以讲台为中心的交流格局，将台上的教师与台下的家长置于对立的心理位置上，容易在教师与家长之间形成心理距离，而教师也容易产生居高临下的感觉，双方难有平等的交流。因此，可改变这种以讲台为中心的会场布置，让教师与家长坐在一起，空间距离的缩短能相应地缩短人与人之间的心理距离。同时，在会前以及会议的间隙最好能播放一些抒情的音乐，以创造一个温馨的环境。

（三）学生的准备

家长会虽然主要是学校教师和家长之间的交流，但学生在其中的作用也不可忽视。班主任首先要消除学生对家长会的心理顾虑，让他们认识到召开家长会是为了给老师和家长建立一个良好的沟通平台，更好地帮助学生成长。思想上的负担解除以后，可动员学生做一些家长会的准备及接待工作。比如负责布置教室，包括搞好教室卫生、整理桌凳、给每个学生的座位粘贴姓名和拟写欢迎标语等，此外还可让他们负责迎接家长到会入座、为家长添茶倒水、登记到会家长的姓名、整理教师的相关材料等。班干部是班主任的得力助手，这时完全可以让他们发挥积极的作用。

三、家长会的注意事项

（一）全面了解学生及家庭情况

在家长会召开前，班主任有必要做一些调查研究工作，不仅要充分了解学生的在校表现，而且要对学生家庭成员及经济状况，家庭的氛围、家教状况，家长的文化水平、职业等有所了解。只有这样，开家长会时才能有的放矢地与家长进行交流。如果是接手新班，对学生家庭各方面的情况尚未了解，可以设计一个调查表，表格内容包括学生和家长两方面：学生一方有学生姓名、性别、家庭住址、出生年月、上学期成绩、个性爱好、曾担任过的职务等，家长一方有家长姓名、文化程度、工作单位和职务、对班主任的意见和建议等。对于反馈的情况，班主任一定要全面分析和归纳，以便跟家长交谈的时候，对相关问题和语言表达能更好地把握。

（二）做好充分的思想动员

有时，学校花了很大的精力召开家长会，但最后家长到会率不高。其中一个重要的原因，可能是没有做好学生和家长的思想动员工作。在动员家长参会时，一方面要让家长明白家长会的重要意义，诚意邀请家长准时参加；另一方面一定要消除学生的顾虑，让学生协助动员家长到来。

（三）营造轻松活跃的会议气氛

开家长会时，会议气氛要轻松活跃，教师不要高高在上，而应该走下讲台，站到家长们中间，真诚地和家长对话。家长会应该是交流会，教师不能搞一言堂，要让家长自由讨论、踊跃发言，积极和教师沟通。要虚心听取家长的意见和建议，并做好记录。学校、教师应该留更多的时间给家长，让家长相互之间多交流教子的心得或困惑，让家长们能够通过家长会取长补短，共同提高。班主任和任课老师的发言应注意语气，要充分肯定学生的优点，委婉地指出学生的不足，尽量保护学生那颗脆弱而敏感的心。要避免将家长会开成"告状会"或"批斗会"，这样会让家长难堪，也容易让学生产生对立情绪，反而不利于今后的管理。一定要让家长会在平等、友好、愉快的氛围中进行，使家长高兴而来，满意而归，从而为下一次会议打好基础。

（四）要胸有成竹，不能随意发挥

家长会前，班主任要充分了解每个学生的情况，做到胸有成竹，这样既能表现出你对孩子的关心，又可以掌握话语的主动权，和家长产生共鸣。切忌心中无数，随意发挥，一会儿说学生某方面好，一会儿又说不够好，模棱两可，自相矛盾，使家长捉摸不透。对一个学生的评价要一分为二，不要以偏概全，把自己喜欢的学生说成一朵花、没有一点瑕疵，把自己不喜欢的学生说得浑身毛病、毫无可爱之处，这样会使家长对孩子丧失信心，导致放任自流或棍棒教育，使孩子产生逆反心理和敌视情绪。要特别强调的是，教师不要反复拿学生的成绩说事。有很多教师总是在家长会上张贴或宣布学生的各科成绩，甚至公布名次，这会让大部分家长和孩子感受到更大的压力。此外，要为后进生留下足够的转化空间。在这方面，一个重要的原则是尽量发现他们各方面的闪光点，即使不很明显，也要予以足够的肯定，使学生找到方向，让家长看到希望。

（五）要指导家长正确进行家庭教育

父母是孩子的第一任教师，家庭是孩子的第一课堂，孩子从出生第一天起，直到长大成人，都在受着家庭的各种影响，因而学校教育与家庭教育密不可分。然而，由于多数中职学生家长文化水平不高，对家庭教育一无所知或只是一知半解，不懂得怎样对孩子进行家庭教育，有些家长在教育孩子的方式与方法上存在一些不良倾向，甚至与学校教育背道而驰，所以班主任应该在家长会上对家长就家庭教育进行适当的方法指导，帮助家长树立正确的家庭教育观，提高家长的家庭教育水平，让家庭教育与学校教育保持一致。

（六）要留出时间和家长沟通

一次完整和成功的家长会，往往需要"大会"和"小会"相结合。有些家长因为平时工作很忙，在家时间少，对孩子的关注及与班主任的沟通都不够，所以开家长会时喜欢和教师单独聊，此时"会外会"是一种可以考虑的形式。还有，与后进生有关的一些问题，也可放在大会之后，作为扫尾工作个别解决。因为这类问题往往具有鲜明的个性，不宜也不能在大会上统一解决。把这些问题放到"小会"上解决，与家长个别交流，能有效避免家长出现感情用事的不理智行为。在与家长个别交流时，要特别注意方法，要讲究谈话的语气，既要谈学生的问题，也要谈优点，一定要尊重学生、尊重家长，尽可能地保护和调动学生与家长的积极性。

总之，中职学校的学生更需要关心和鼓励。家长们普遍希望自己的孩子能在中职学校学得一技之长，成就未来。因此，中职学校应该充分利用家长会这一家校互动的平台，引导家长积极协助和配合学校的教育教学工作，努力形成家校教育合力，促进学生的健康成长。

（本文获湖南省家长学校研究会2014年度论文评比一等奖，本书收录时有修改）

家校互动中存在的问题与对策

王朝辉

家校互动，顾名思义，就是学生所在的家庭和学校之间通过各种方式和渠道搭建沟通的桥梁，就孩子的教育问题进行充分的沟通、协调和配合，从而形成教育的合力，使学生得以健康成长的工作过程。在信息技术日趋成熟的今天，家校互动平台、家校互动网站、家校互动系统层出不穷，各种教育机构和软件公司针对这一领域大力开发新的产品，乐此不疲，也许是步伐迈得太快，也许是太注重外在的形式，家校互动效果并不显著，相反，家长和学校的矛盾时有发生。在家长越来越重视教育、越来越关注教育是否公平的今天，我们应该好好反思这一现象。

一、家校互动中存在的问题

（一）对家校互动主体的理解很狭隘

不少家长甚至学校的领导和老师提到家校互动，就认为这是家长和孩子所在班级班主任之间的事情。以长沙财经学校为例，孩子在学校读三年书，家长往往只认识班主任老师，其余学科的老师姓甚名谁不曾关注。而从任课老师角度来看，所任教班级的学生一旦出现状况，自己难以解决时习惯向班主任反映，由班主任出面处理，很少与家长直接沟通解决问题，这种模式成了普遍现象。

（二）对家校互动方式的理解不全面

随着网络技术的发展和智能手机的普及，家校互动的方式日益多样。目前，家长与学校教师联系沟通的常见方式有 QQ、微信、电话及专门的家校互动平台等。虽然技术这么先进，老师和家长联系很方便，但家校互动不应该只是相应信息的传递和被传递的关系，更应该是老师和家长人格、情感相互作用的过程，这种情感建立在双方认识和深入交流的基础上。如果老师和家长三年都未曾谋面，只是通过网络相互回复了几条信息，那互动的效果肯定会大打折扣。

（三）对家校互动内容的理解太单一

有不少家长认为学校向家长发布学校活动、通知等有关信息就是家校互动，将家校互动的内容片面地理解成学校给家长发通知。在不少老师的心目中，虽然认可家校互动是老师和家长双方的事，但无论是在观念上还是在实践中，都倾向于认为只有学生在学习中出现了问题时才有必要互动，才会和家长沟通，一起寻找解决问题的办法，而没有将互动看成是双方长期的、常规的相互沟通、相互作用的过程。

二、解决家校互动问题的对策

（一）要建设规范的家校互动管理体系

如果把家校互动只看成班主任和家长之间的事情，其作用肯定大打折扣。家庭和学校要在更高的层面上统筹家校互动工作。学生的主要学习生活场所是家庭和学校，如果简单地理解成学习是学校老师的事，吃穿是家长的事，那学生的培养教育容易出现真空地带。无论是学校层面还是家长层面，都应该有对应的机构来组织、管理该项工作。学校层面，应成立家校互动领导小组，校长担任组长，分管学生工作的副校长、学生科负责人、团委负责人、班主任代表、辅导员代表、任课老师代表共同组成领导小组。家长层面，应成立家长委员会，每个年级成立分会，由具有较强组织能力和活动能力、对子女教育有一定成效和方法、在家长中有一定威望且热心于学校教育工作的家长组成。家长委员会要名副其实，成为学校和家长联系的纽带，立足于学生的教育和成长，对学校的教育教学、活动安排和开展提出建议和想法，将学校相关教育信息传递给每个家长，这样，学校的教育管理工作才会更加得心应手，家校之间的矛盾也才能得到更为及时、妥善的处理。

学校家校互动领导小组和家长委员会应定期召开交流研讨会。学期之初，共同商讨本期的教育主题、活动安排，吸纳家长委员会的合理化建议；学期之中，应邀请家长委员会成员参与学校教育教学管理，让家长理解学校的良苦用心，得到更多家长对学校工作的理解与支持；学期结束时，家长委员会一起参与对学生的评价，充分认识和了解学校教育无法触及的教育空当，并通过家庭教育完善和补充。在这样的环境中，学生才会沿着正确的轨道茁壮成长。可见，家和校在孩子成长过程中同等重要，只有建立规范的管理体系并使之有效运行，才能保证家校共同发力，达到教育孩子的目的。

（二）传统的家访模式不应被舍弃

由于信息技术和互联网技术的发展，微信群、QQ 群、平台软件无疑成了家校互动的主要方式。不可否认，在老师工作强度大、社会生活节奏快的今天，这些方式能及时地让家长知晓孩子在学校的状况，也方便家长及时联系、咨询老师，与老师共同探讨孩子的教育问题，给教育工作带来了方便，但传统的家访交流方式依旧有其不可替代的存在价值。

1. 能深入了解学生的家庭环境，以利于因材施教

在微信群、QQ 群里的交流，家长一般不会很详细、很深入地和老师谈较

深层次的话题，如下岗、离婚、家暴等，只是浅层次地回应老师的一些通知。如果老师能走进学生家中，亲眼看看学生的成长环境，近距离观察家长们的谈吐言行，并对家庭成员的文化程度、知识背景、经济状况有正确的总体判断，那么老师在教育孩子的时候就有更强的针对性，会清楚有些学生为何非常内向孤僻，有些学生又为何如此叛逆，等等。英国教育家洛克说过："家庭教育，给孩子深入骨髓的影响，是任何学校教育及社会教育所永远代替不了的。"

当然，家访说起来容易做起来难，因为老师工作繁忙，家长也忙忙碌碌为生计奔波。要求老师走访每个学生家庭难度很大，也不现实，所以老师应有针对性地选择实地家访的对象，尤其是教育难度大的学生，只有深入了解其家庭背景，找到问题的根源，才能对症下药，让教育变得顺畅起来。

2. 能让老师在实践中丰富教育资源

作为老师，尤其是刚大学毕业到学校任教的年轻老师，社会经验欠缺，在处理和解决学生问题时容易生搬硬套有关规定，或束手无策，不知所措。与家长开展面对面的有效沟通，可以帮助老师积累社会经验。家长的文化程度高低不等，个人素质层次不一，每个家庭教育孩子的理念也千差万别，老师如果近距离走近家长，走进学生的家庭，搜集、整理相关教育素材，可积累起非常可观的案例和资源。老师要意识到学生间有个体差异是很正常的事情，这些个体差异的表现及其形成原因是教育教学的宝贵资源，是老师专业成长的养分和土壤，对其进行分析和思考，是老师教育水平提高的重要途径之一。正因为目前教育中这一方面的经验和资源积累不足，不少老师在处理相关问题时方法单一、生硬，常常引起家长不满，激发家校矛盾。

3. 能让学生和家长理解老师和学校的良苦用心

说实话，现在的家校互动，学校在平台上发发通知，老师在群里发发消息，家长早已习以为常，不会给予太多重视。但如果老师能在繁重的工作之余，抽空去走访学生的家庭，对家长的潜在影响就会不一样。家长会认为老师对自家孩子的教育如此重视，作为家长就应该更好地配合老师，好好管理和教育自己的孩子。

　　当然，老师家访时要特别注意，家访要有计划，不能等学生违反了纪律才去家访，去和家长商量对策。这种临渴掘井的做法，一方面显示出教育的滞后和被动，另一方面易引起学生的反感，以为老师来家里告状，很有可能心生怨气，反而增大以后教育和沟通的难度。所以什么时候去，去的目的是什么，如何与家长交流，如何通过对孩子家庭的观察得到相关的素材和信息，这是一门艺术，也是老师的一门功夫。老师只有不断积累，增加功力，才能做到得心应手，炉火纯青。

（三）应丰富家校互动的内容

　　家校互动，除了平时我们所理解的学校和家长之间就学生的教育问题相互协商，让孩子更好地成长这一内容外，个人认为，家校互动的内容应能让学校和家长相互受益、相互提高。对学校而言，要办人民满意的教育，那先得弄清楚人民对教育的要求。当然，大的方面，肯定是教育公平、教学质量高，但如何保证教育公平、提高教育教学质量才是重点。每个学校校情不同，办学模式和教育教学方式与方法肯定不一样。因此，站在学校的角度，一方面要引导家长提高家庭教育的能力和水平，配合支持学校教育，另一方面要充分了解家长的意愿，听取家长的建议和意见，凡有利于学校发展的就要吸收和采纳，为学校工作的开展和决策的出台提供依据和支撑。对于家长而言，不仅要在家校互动中了解孩子在学校的情况，通过交流学习让自身的素质和育儿水平得到提升，而且要为家校共同教育孩子贡献自己的智慧和力量。学校的家校互动工作，可以通过开办家长学校、开展家长培训会等方式，让家长受益。家长学校、家长培训会应有明确的目标和主题，内容可以是教育学心理学知识、青春期孩子教育注意事项、特殊学生的教育技巧、教子有方的家长经验交流等。如果家长通过家校互动，获得了教育信息，提升了家庭教育素质，获取了育儿知识，能成为合格家长甚至优秀家长，则互动不仅实现了共同培养孩子的目标，更实现了学校服务社会、提高公民素质的功能，发挥了学校在服务经济建设方面的更大作用。

三、家校互动中应注意的问题

（一）家校互动工作应纳入学校常规工作

学校工作千头万绪，教育教学工作、宣传工作、招生就业工作、安全保卫工作等，无一不是学校工作的重要内容。家校互动工作，似乎与学校工作没有很直接的联系，所以往往靠边站，常常是放在大会上吹吹，挂在嘴上说说，在很多学校，都未将其纳入学校常规管理工作。而只有将家校互动工作纳入学校常规工作进行管理，规范地开展多种形式的家校互动，才能从根源上剔除阻碍学生成长成才的不利因素，找到有针对性的促进学生健康成长的教育方式和方法，聚集学校和家长共同的能量，将每个学生的培养落到实处。如果每个孩子的培养能落到实处，那学校教学质量自然就会整体提高。

（二）家长会要有创新

目前，每学期召开一次家长会成了学校惯例，而且家长会的组织已经形成了固定的模式，那就是向家长传递学校和孩子的一些信息，告诉家长班级开展了哪些活动、取得了哪些荣誉，然后表扬成绩优异和表现好的学生，指出学生中存在的一些不良现象。这种以老师为主导的家长会，不少家长之所以参加是因为孩子的要求和考勤的需要，有的学生为了不挨老师批评甚至请人代替家长参加家长会。在一些家长和学生看来，参加家长会只是完成一个硬性任务而已。要改变这种状况，家长会的形式应更灵活，全校性的、年级的、班级的、班级部分家长的都可以，根据需要召开。家长会除了班主任、辅导员老师参与，各门学科的任课老师都应参与。不能是单纯通报学习情况，更应和家长交流教育方式方法，针对学生的具体问题指导家长如何进行教育。根据班级特点，家长会还可以邀请专家参与指导或安排有经验的家长分享做法，解答家长们的疑难困惑，解决实质性问题。

（三）家校互动要有相应的保障机制

国家颁布了一系列与学生相关的法律法规，但针对家校互动的条款很少。目前迫切需要做的就是学校加强对该项工作的考核，将指导家庭教育纳入教师的工作考核范围中，充分调动教师参与家校互动的积极性，带领本班学生的家长参与到班级和学校的教育活动中，这样才能将家校互动从形式走到实质，提高互动工作的效率。

总之，家校互动是一个常说常新的话题，大家都意识到其重要性，但如何加强这项工作还在不断探索之中。教育是一个系统工程，培养一个人实属不易，家庭教育是基础，学校教育是核心，两者越接近，产生的合力越大，营造的成长氛围就越好。因此，起着核心作用、处于主导地位的学校和老师，更要努力使学校教育和家庭教育达成统一战线，将孩子培养成对社会有用的人。

（本文获湖南省职业教育与成人教育学会中职教学管理工作委员会2019年年会论文评选一等奖，本书收录时有修改）

对中职学校家校互动教师问卷调查的分析与对策研究

彭　为

苏联教育家苏霍姆林斯基非常重视家庭与学校的合作，他说："最完美的社会教育是学校教育和家庭教育的结合。"学校教育与家庭教育是社会的两大教育系统，家校合作使双方优势互补，为孩子健康成长营造一个良好的育人环境。当今，部分中职学生缺乏良好的家庭教育，中职学生被普遍认为是"问题学生"相对集中的群体。所以，中职教师正视家校互动问题、加强家校互动工作显得尤为重要。

一、问卷调查目的

本调查旨在分析影响中职"问题学生"的家庭特点，全面了解中职学校教师当前的家校互动情况，以构建有序有效的教育平台，形成有效的协同教育机制，更好地发挥学校教育和家庭教育各自的优势，使中职教师在教育教学工作中都能事半功倍，进而创设突破时间和空间限制的、省时高效的家校互联网络，真正为每一个学生成长、成人、成才奠基。

二、研究内容与方法

（一）研究内容

本次教师问卷调查的问卷内容分为三部分：教师的基本信息、中职教师家校沟通的影响因素和教师家校沟通的方式方法。期望通过对本次问卷调查的分析研究，能找出家校互动时必须解决的主要问题，以便对症下药。

（二）研究方法

1. 问卷调查法

本次问卷对长沙财经学校的全体教师进行随机性匿名问卷调查。问卷内容是围绕影响中职学校教师家校沟通的因素和相应有效的家校互动策略进行设计的，经预试、反复修改后形成，问卷题型主要采用选择题的形式。

2. 一对一谈话法和座谈法

通过一对一谈话或座谈会等形式获取信息，进一步了解教师的教育方式和价值取向。访谈时随机选择了愿意接受访问的 65 人。

以上两种形式形成互补，相互促进，使我们的研究更具客观性、普遍性。

三、问卷数据汇总与基本分析

（一）教师的基本信息

本次问卷调查对象为长沙财经学校的教师。我们一共发放问卷 260 份，收回 242 份，剔除无效问卷后，共获得有效问卷 240 份，有效率 92.3%。样本构成情况如表 1 所示。

表1　问卷调查样本构成

项目		人数（人）	占比（%）
性别	男	50	20.83
	女	190	79.17
教龄	10年之内	145	60.42
	10年之上	95	39.58
岗位	行政管理人员	14	5.83
	班主任	62	25.83
	辅导员	50	20.83
	任课教师	114	47.50

（二）调查结果分析

1. 中职学校教师家校互动情况的综述

中职学校学生的家庭状况统计数据显示（见表2），全体样本中近一半的学生家庭为农业户口，有72.56%的学生家长为工人、农民、个体劳动者、下岗人员，绝大部分家长未接受良好的高等教育，一半以上的家庭平均月收入在2000元以下。学生中30.38%来自因丧偶、离异、子女长期交由他人抚养等形成的非常态家庭。

表2　中职学校学生家庭状况统计表

选项内容	所占比例（%）
农业户口	49.83%
家长为工人、农民、个体劳动者、下岗人员	72.56%
家长高中或高中以下文化	90.61%
家庭平均月收入2000元以下	56.39%
非常态家庭	30.38%

综合图1数据可知：教师与家长互动缺乏计划性，大部分中职教师是在学生学习或思想出现问题时与家长联络，家校互动比较被动，未能防患于未然。

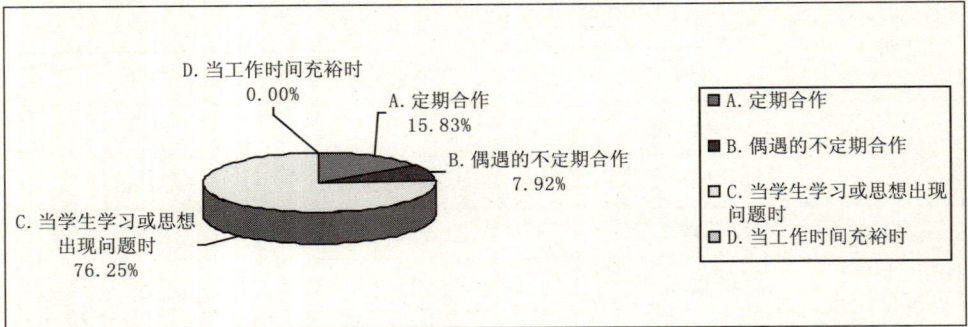

图1 中职教师主动联络家长情况统计图

图2显示，教师认为家校互动最有效的沟通方式是打电话和面谈，电话沟通及时方便，面谈更有利于与家长的双向交流。而家长会因为人多、时间仓促，效率不高，不能有针对性地、及时高效地解决学生问题。

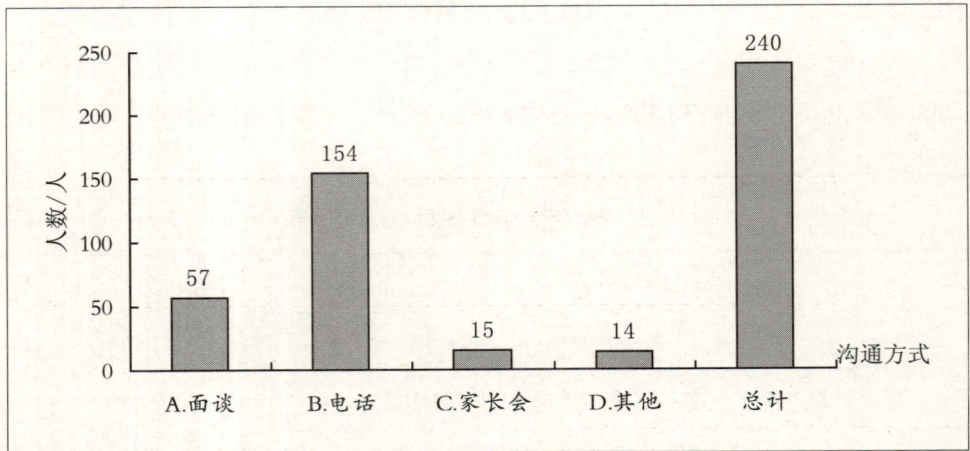

图2 中职教师与家长沟通最有效方式情况统计图

2．中职教师家校沟通的影响因素综述

从图3可以看出，学校教育要高效，家长科学密切的配合是关键。另外，班级规模过大，也导致教师难以关注到每个学生，学生问题处理流于形式。

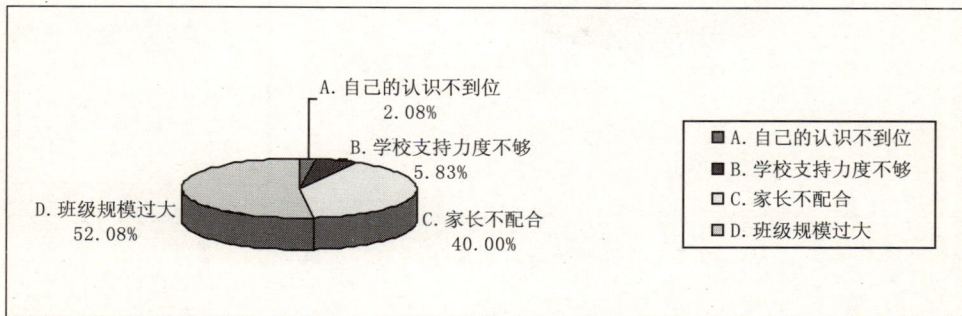

A. 自己的认识不到位
2.08%

B. 学校支持力度不够
5.83%

C. 家长不配合
40.00%

D. 班级规模过大
52.08%

- A. 自己的认识不到位
- B. 学校支持力度不够
- C. 家长不配合
- D. 班级规模过大

图3 影响中职教师与家长沟通的主要因素统计图

从图4可以看出，加强家校合作意识，是解决家长进行家校沟通这一问题的关键。

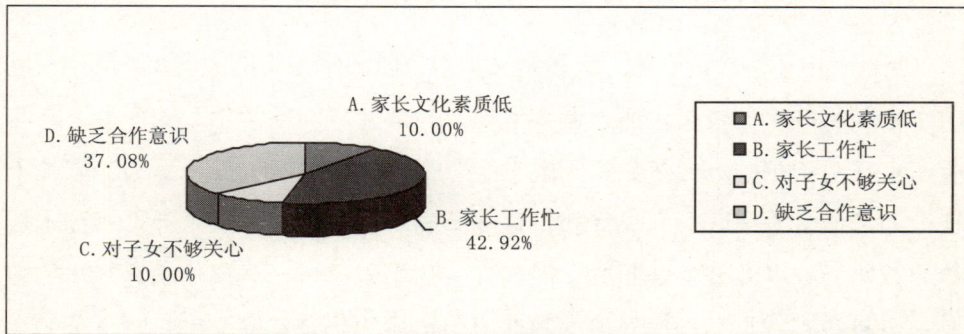

A. 家长文化素质低
10.00%

D. 缺乏合作意识
37.08%

B. 家长工作忙
42.92%

C. 对子女不够关心
10.00%

- A. 家长文化素质低
- B. 家长工作忙
- C. 对子女不够关心
- D. 缺乏合作意识

图4 影响家长与中职教师沟通的主要因素统计图

3．中职教师家校沟通的方式方法综述

从图5可以看出，大部分教师都已明白注入了自己的真心、真爱的教育活动才能有教育实效。

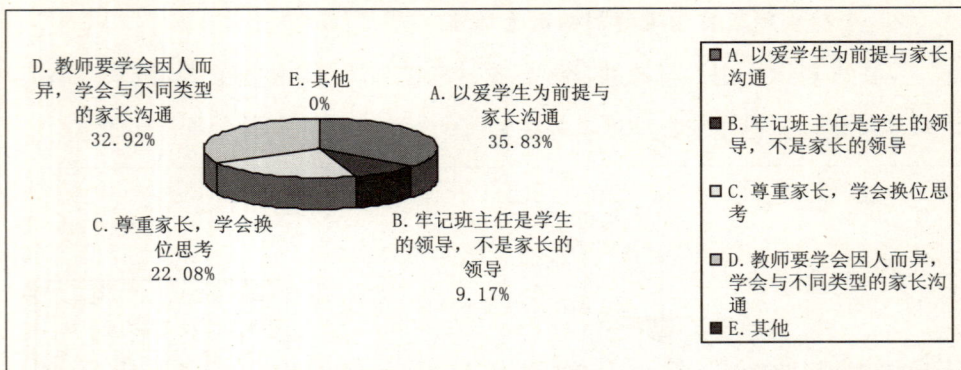

图 5   中职教师与家长沟通技巧情况统计图

四、中职学校家校互动亟待解决的问题

尽管家校互动的重要性早就受到政府、学校的关注，但在实践过程中仍然存在一些问题。

（一）家长文化素质低，对于教育子女束手无策

当前，中职学校的学生，大多是义务教育阶段学习上的失落者，其中"问题学生"所占比例较高。通过调查发现，大部分"问题学生"的产生，与其所在家庭密切相关。大多数"问题学生"来自单亲家庭或父母下岗、家长不良行为习惯多的家庭，家长受教育程度不高。许多家长忙于生计，将孩子托给爷爷奶奶或者外公外婆照顾，而老人一味溺爱孩子，对孩子缺乏严格的教育；还有些家庭是父母离异或由其他原因造成的单亲家庭，家长对孩子的关心不够。从对"问题学生"的家庭背景资料分析来看，家庭环境是产生"问题学生"的重要原因。

（二）学校和家庭未给家校沟通创造足够的时间和空间

从学校角度看，由于课业负担沉重，教师难以抽出足够的时间与"问题

学生"的家长长期保持经常性的沟通。

从家庭角度看，家长虽然乐于与学校沟通，但由于忙于工作，很难与老师见面，更抽不出时间定期与老师保持联系。所以，尽管学校想出了很多好的沟通途径，如亲子活动、家教讲座、家长会等，却有一部分家长很难到学校参加。

（三）教师与家长对于家校沟通的认识有错误

有些教师错误地认为，与家长沟通就是告诉家长孩子出现的问题，或者是在孩子犯错误时向家长"告状"。这种方式虽然能引起家长对孩子教育的重视，但是很容易引起家长的反感，或导致家长害怕与老师联系，不能真正把家长的力量纳入教育合力中来。

一些家长也不能正确地理解家校沟通。他们认为，家校互动无非就是问问孩子的身体状况、考试成绩。他们往往不重视孩子的思想品质、心理健康、交友情况等方面的发展。因此家长往往处于被动的状态，认为沟通应该是学校的事，也就把教育的重任完全地交给了学校，导致家校互动失衡、学生问题得不到有效解决。

（四）家长会有待改进，家长参与形式多于实质

在学校教育中，家长会的作用是毋庸置疑的，但目前中职学校家长会大多形式单一、程序呆板，使得家长会的作用大打折扣。而且，由于中职学生初中时候成绩不是很理想，有些学生的行为表现也不尽如人意，因此他们的家长成为在家长会上被冷落的一族，久而久之，这些家长对家长会充满着抵触情绪。此外，有部分家长对自己孩子的学习不抱太大希望，因此很少主动联系班主任和学校。这些状况导致家长参与学校教育仍然停留于比较表面化的层面。在这种情况下，要很好地开展学校与家长的合作，必须努力争取获得家长支持，并对家长会进行改革。

（五）互动随意性多于计划性，缺乏针对性

学校只是每学期统一召开一两次家长会，其余时间的家校沟通均是为了解决孩子出现的问题由教师与个别家长进行的，随意性较强。这种活动缺乏计划性和系统性，家长不能从活动中学习到较系统、较稳固的家庭教育观念、知识和方法，难以形成时间上和效果上的强化。即使给予家长家庭教育知识，家长所获得的也只是一些简单的技能和零碎的知识，无法从根本上形成一套相对完整的家庭教育观念和方法体系。现阶段家校沟通的方式，多数是在同一时间，面向全体家长进行，没能对某一类学生家长或某些特殊的个体进行更有帮助的指导，因此，不能满足家长的个性化需求。

五、中职学校家校互动策略

针对调查中发现的问题，笔者认为，缺乏家庭教育，学校教育孤掌难鸣。学校教育必须得到家庭教育强有力的支持，家庭教育是学校教育强有力的后盾，无论是学校、教师还是家长都应将二者紧密结合起来，相互配合，促进学生素质得到全面的发展。既然家校合作是一种重要的育人力量，就应该合理、科学地使用这一力量。建构科学、合理的家校合作体系，避免家校合作流于形式，具体可以采取以下几项策略：

（一）要有计划性，将家校协作工作落到实处

家校合作是一种双向活动，是家长参与到学校教育中，与教育工作者相互了解、相互配合、相互支持，其中关键词在于"双向"和"相互"。有效的家校合作是双向的、互动的。我们倡议家长积极参与到学校教育中来，这种参与不仅可以促进学生的学习，而且对学校教育工作也能起到积极的推动作用。教师要把家校协作工作落到实处，要多和家长沟通，经常做好家访工作，和家长保持好通信联系，特别是要让学生家长和学生一样对老师有一种亲近感，这样学生家长就会和老师有话必谈。有的老师只是在学生出现问题或成绩下降时，

才通知家长来解决问题，这让学生家长都有怕接到老师电话的思想，这样，就形成学生家长很难与老师沟通的现状。而有的家长自己读书较少，认为自己的孩子到了学校就是老师的事了，成绩不理想就是老师的责任，因而对老师形成抵触情绪。老师遇到这样的情况时，要积极构建好家校互动的立交桥，发扬好定期家访的优良传统，把学校对孩子的教育及良好素质培养的内容、目标和要求及时传达给家长，帮助学生家长调整家庭教育的目标和内容，保证学校教育和家庭教育的一致性。应该创造性地开展家校合作，如开发家校互动网络平台等，实现家校便捷的双向和多向交流，不断拓宽家长参与学校教育的广度，挖掘家长参与学校教育的深度。

（二）适时更新家长的教育观念

变以往的成绩通报会为素质教育汇报会，加深家长对素质教育的理解，让家校双方全方位把握孩子成长的信息，增强学校教育和家庭教育的实效性。学校已有的家长学校要充分利用起来，不要流于形式，要切实担负起更新家长教育观念的责任，引导学生家长形成现代家庭素质教育观，使家庭教育和学校教育真正融合，让中职学生在良好的家庭与学校教育环境中茁壮成长！

（三）提高自身素质，树立良好形象

亲其师而信其道，这是一种境界。这种境界，不是创设出来的，而是靠教师自身的人格魅力、渊博的知识及对事业的执着追求铸造出来的。如果一名教师不受大多数学生和家长的拥戴，那问题的原因只能在教师自己身上。教师只有通过不断学习，提升自己的教育理论水平与实践能力，提高综合素养，才能形成"桃李不言，下自成蹊"的人格感召力。

（四）保持家校同步，合力打造平台

家校同步是难而又难的。一个班约50个学生，其家长各有其思维方式、

行为习惯、价值观念。班主任和他们——沟通，非得动脑用心不可。一个优秀的班主任，统率他的一班学生，既要特别注意学生差异，也绝对不能忽视家长的个体差异。班主任必须在差异中求统一，想方设法，保持家校同步，各方形成合力方可搭建起学生发展的平台。许多传统的、现代的家校互动的方法就是保持家校同步的好方法，班主任可以针对本校本班的具体情况，针对各个学生及其家长的具体情况，在选择使用家校互动方法时扬长避短，循序渐进地进行。

（五）创新沟通渠道，丰富沟通形式

沟通，是一个能动的过程，如果长期采用单一的模式或对各个家长采用同一种模式，未免显得呆板，效果不佳。班主任的工作是创造性的工作，变则通，通则活。传统的家校沟通渠道是登门访谈、请家长访校、召集家长会、成立家长学校授课等。今天，科技发展，花样翻新，班主任信箱、电话采访、网上聊天、发 E-mail、发网上论坛、发手机短信、写博客、设家长接待日等众多方式，大大丰富了班主任家校互动的渠道和方式，但教无定法，班主任不可依葫芦画瓢，随意乱搬，一定要有辨别能力、创新能力，因校而异、因班而异、因人而异，因时因地制宜，才能在创新的基础上，借它山之石以攻玉。

（六）开发家长资源，借力为我所用

家长中有丰富的教育资源。他们中有企业精英，有教育行家，有自学成才者，有默默耕耘者……班主任一定要学会借用他们的力量，取得他们的支持，如此会有很多意外的收获，使自己的班级管理锦上添花，让自己的班级工作游刃有余。比如，请企业精英说优秀员工必须具备的素质，请教育行家联手抓教育，请奋发有为者介绍其奋斗史，等等。来自身边的事迹会使学生获得更多的感悟与更大的提升。

（七）心诚则灵，爱孩子是家校互动的前提

班主任和家长沟通，一定要有爱心和诚心，做到用心，讲究技巧。要牢记

班主任与家长的地位是平等的，班主任不是家教的施舍者，不是家长的领导，要以爱孩子为前提与家长沟通，尊重家长，表现出合作的真诚愿望。要定期与家长分享一些合作的理念与技巧，比如有的班主任与家长共同实施"五个一"工程，形成家校和谐合作局面：

达成一个共识：学生是学校的，也是家庭的，教育是家校共同的。

明白一个道理：学生的成长不是一帆风顺的，家校付出的劳动是艰辛的。

统一一个认识：单方面教育是不行的，家校合作是必须的。

学会一个技巧：沟通是相互的，目的是同样的。

明确一个目标：孩子是成长的，是发展的，是家校共同培育的。

学校与家庭，两个半圆一个圈，家校合作自和谐。学校、家庭、社会是保障学生健康成长的一根永恒链条。在这个链条中，学校是主体，家庭是温床，社会是沃土。教师应将自己和学生置于社会这一沃土之中，开展家校和谐互动，方能达到事半功倍的教书育人效果。

（本文获《德育报》社、中国陶行知研究会师范教育专业委员会 2015 年度"教师成长及专业发展"科研论文评选一等奖，本书收录时有修改）

针对中职学校特殊家庭进行家校互动的实践研究

吴琼军

中职学生的家庭之间差异性很大，其经济状况、教育文化背景差距较大，家长的社会地位、对孩子的素质教育的认识和理解也参差不齐，其中不乏一些特殊类型的家庭，既给孩子的身心健康成长造成困扰，又给学校教育增加了很大的难度。

班主任是沟通家庭与学校的桥梁，只有积极主动地研究、探索多元家校互动的形式和方法，才能不断提高对特殊家庭的教育效率。班主任要针对不同类型的家长进行分类指导，对"症"下药，才能取得良好的效果。

一、中职学校特殊家庭的主要种类及其特点

（一）单亲家庭

笔者目前所带的班级，全班 51 人，因为父母离异、死亡、服刑等各种原因造成的单亲家庭的学生有 18 人，单亲家庭学生的比例高达 35%。因为家庭破裂的痛苦和生活的沉重负担，单亲家庭的父(母)亲常常无暇顾及孩子的生活，更别提孩子的学习和教育了。家庭的不完整，使得孩子缺乏父母的关爱，他们

大多性格内向，沉默寡言，孤僻偏激，而且还常伴有自卑、消沉、逆反等不良心理倾向。长此以往，学生和家长、老师之间容易产生对立情绪，甚至会产生摩擦和冲突。

（二）留守型家庭

有的学生家长长年在外地经商或打工，而把孩子留在家中，委托家中的长辈或亲戚朋友照看。这些家长，大多靠勤劳养家，自己文化水平不高，对子女的要求也不高，只要孩子不外出惹祸，学习好不好无所谓，其中有一些经商致富的，更觉得孩子将来可以继承家业，可以像自己一样，即使文化水平不高也能赚大钱。因此，大部分留守家庭的孩子学习积极性差，行为懒散，自律能力较差，课上课下都爱玩手机，易与社会不良少年混在一起，严重的还会走上违法犯罪的道路。

（三）困难型家庭

改革开放已 40 多年，人民的生活水平得到了极大提高，但仍有部分学生家庭处于经济困难状态，特别是一些交通不发达的连片地区的学生家庭。这些学生的家长或者仍然脸朝黄土背朝天，收入微薄，或者每天为生计奔波，工作地点不固定，收入不稳定。他们对孩子的教育有心无力，有的家长甚至想要孩子辍学打工，早点为家庭分担一些责任；有些家长因为无力改变现实变得意志消沉，成天唉声叹气，对孩子的教育放任自流。这种家庭里成长的孩子往往学习上没有明确目标，学习时无精打采，成绩难以提高，对学校活动也不积极参加，情绪低落。

（四）暴富型家庭

一些家庭物质生活条件很丰裕，但其财富不是经过辛勤劳动积累而来，而是因为房屋拆迁或其他一些原因，在短时间内快速得来的，属于暴富型家庭。

这些家庭的家长们，大多对孩子从小娇生惯养，全家老小都听孩子的。这样家庭的孩子，在学校里嚣张跋扈，对规则规定没有敬畏心，对老师、家长没有礼貌，而且不愿意吃苦受累，学习上没有目标，学习成绩好坏无所谓，一切凭心情。心情好，就认真学；心情不好，就上课讲话，不但自己不学，还影响他人。老师讲一句，他（她）可以讲十句，家长也拿他们没有办法。

（五）"棍棒型"家庭

一些家长，自身文化素质不高，缺少正确的教育方法，奉行"孩子不打不成才"的教育理念，对孩子轻则骂，重则打；缺乏正确的与孩子沟通的方式，不管三七二十一，凡事只能听家长的。这种家庭里成长的孩子，在学习和生活中缺乏自信，而且因为害怕父母的打骂，遇到问题时只报喜不报忧，有时甚至扯谎，变得不诚实，在心理和人格上存在缺陷，很容易成为"问题学生"。

二、针对特殊家庭特点，开展有效的家校互动

（一）家访

对单亲家庭的学生，班主任可以主动上门进行家访。通过家访，可以摸清家长、学生的思想和生活状况，了解他们在生活中遇到的困难和问题，并以真情拉近老师、学生与家长三者之间的心理距离，使得家长和孩子都能真切感受到来自学校和班主任老师的关心和爱护，同时帮助家长及时疏通其思想上的一些症结，使他们对孩子树立信心。在此基础上，班主任再与家长一起商讨如何让孩子发生转化，形成具体的计划和方案。在后面的实施过程中，要随时注意与家长保持联系，及时交换意见，达成教育孩子的共识，加强教育和管理。

（二）电话＋微信＋QQ

对于留守型家庭的学生，班主任要主动与家长取得电话、微信和QQ的联

系，双方随时交换意见。班主任每周主动将孩子在校的表现如实地反馈给家长，引起家长的高度重视。要经常与家长沟通，充当孩子的"第二父母"，通过代管钱财、带传消息拉近师生的情感距离，通过关爱给孩子带来温暖。同时要告诉家长：在孩子成长的道路上，父母的爱无人能够替代，教育子女也是父母的天职；青春期的孩子，需要的不只是物质财富，更多的是精神财富和创造物质财富所需的知识与技能；家长千万不要为了赚钱让孩子失去父母的陪伴，否则，将来钱再多也买不来孩子的健康成长。

（三）亲子活动

对经济困难型家庭的学生，学校和班主任要主动伸出援助之手。可帮助他们申请助学金，对他们适当减免学费，并发动学校和社会人士献爱心。可帮助家长进入爱心企业工作，帮助学生在学校里或学校附近利用业余时间进行勤工俭学，使家长和学生体会到社会、学校和班主任老师对他们的关爱，激发他们正视生活困难的积极向上的进取心。要努力使家长明白"知识可以改变命运"，帮助家长树立良好形象，自觉为孩子树立榜样，改造家庭教育环境，给孩子以满满的正能量，帮助孩子树立积极的人生观，激励孩子通过努力学习知识和技能去改变自己和家庭的命运。通过开展家庭读书活动、家庭演唱会、家庭体育活动、家庭双休日德育基地考察活动，促使家长关注孩子，帮助家长了解孩子的学习生活情况，和孩子共同成长。学校要引导家长开展亲子活动，并拍摄视频和照片，使家庭学习生活化，密切家长与孩子的感情，形成有效的家校互动局面。

（四）及时反馈综合素质评价

对暴富型家庭的孩子，我们可以创设综合素质评价，引导学生在校做个好学生、在家做个好孩子、在社会做个好公民。在综合素质评价中，把孝敬父母、热爱劳动、勤俭节约、养成良好的生活习惯等内容交给家长进行评价，把学校的学习、卫生、常规纪律等素质评价结果及时通过微信群、QQ群反馈给家长，让家校联手，共同教育好孩子，使学生德、智、体、美、劳全面发展。同时要告诉家长，不要让孩子感觉一切来得太容易，要多带孩子去福利院、落后乡村看看，要让孩子懂得珍惜今天的幸福生活，努力培养孩子的爱心和对法律规则的敬畏心，帮助孩子树立远大理想。

（五）家长学校＋家长论坛＋家长会

对"棍棒型"家庭的家长，我们可以通过家长学校和家长论坛，帮助家长认识到自己教育方法的错误，认识到"棍棒"是社会道德所不允许的，而且触犯了《未成年人保护法》，关键是不利于孩子的健康成长。还可通过召开家长会、进行周末家访、开展家庭教育咨询、编印教育资料等方式，帮助家长掌握正确的家庭教育方法，使他们明白家庭教育的科学性和艺术性，促进家长提高素质。

总之，对于中职学校特殊家庭学生的教育，既是对学生的教育，也是对家长的正确引导和帮助。班主任一方面要理解特殊家庭的孩子，另一方面要主动与家长进行有效沟通，帮助家长解决其在教育过程中遇到的困难，树立正确的家庭教育观，学会与孩子沟通，建立起民主、平等、真诚的家庭氛围，为孩子健康成长提供良好的家庭环境。教师在学校要从德、智、体、美、劳诸方面对学生进行全面关心和教育，而不能听之任之、放任自流。当学校教育和家庭教育通过家校互动实现有机结合，我们对学生的教育会收到事半功倍的效果。

（本文获2019年湖南省职业教育与成人教育学会论文评比二等奖，本书收录时有修改）

基于互联网的五位一体家校互动模式研究

邓琤玲

一、前言

教育从来都不是学校的单方面行为！从我国古时的孔子立学与孟母三迁，到近代西方教育学的渗透与融合，直至社会主义教育体系的建立，无不体现出学校、家庭、学生之间的良好互动才是教育成功的关键。

随着科学技术的不断发展，越来越多的新工具、新方法得到运用甚至普及，这也带来了教育模式的创新，互联网正是这诸多新工具、新方法中影响最为深远的。由华尔街证券分析师玛丽·米克尔（Mary Meeker）在美国发布的《2017年互联网趋势报告》指出：2016年中国移动互联网用户数量突破7亿，移动互联网用户每日在线时长合计超过25亿小时，同比增长30%，增速超过网民用户数量的增长率，由此可见，互联网已经深深地融入中国人的学习、生活当中。利用互联网极强的受众性，通过网站、QQ、微信、论坛等技术手段，建立起学校与家庭之间的桥梁，实现中职家校互动的合理双赢，是本文研究的主旨。

二、学校层面的家校互动现状

（一）初步的家校互动网络制度建立

现阶段，普通中学以及中职学校大多已通过互联网开设了本校的网站，并借助网络为社会大众提供了学校信息，向教师群体提供了教学资源，让家长了解孩子的学习生活情况，替学生建立了远程学习的平台。可以说各学校为此投入了大量的资金，信息部门也收集整理了各类相关资料，完成了原始资料的积累工作。

不少学校，特别是走读制的普通中学，通过短信和微信方式，建立了与家长有效沟通的机制。短信、微信与校园的智能化管理系统相结合，能及时向家长反馈学生的到校、离校情况，作业表现与测试结果，甚至连用餐金额也能一一显示在家长面前。这样，家长就能及时了解自己孩子的学习和生活情况，合理安排孩子的学习时间与生活费用，家校互动不再拘泥于教师电话联系这种单一的手段，在一定程度上也减轻了班主任与家长联系的工作量。

（二）传统的家校互动方式依然存在

教师与家长之间交流的传统方式有电话联系、面谈、家长会等。一般情况下，教师与家长采用电话联系的方式，就学生的学业以及在校表现情况进行沟通。在学生存在较大问题或与家长电话沟通不便的情况下，教师才会采用面谈方式。而每期一到两次的家长会更是校方、班主任、任课老师与家长进行面对面交流的主要时机。

这些传统的家校互动方式不仅能让家校双方相互交流信息，便于对学生进行管理，而且增强了学校与家长之间的信任，提升了教育教学效果。教师方对于这些传统互动方式的运用已经熟练于心，能借此很好地实现设定的目标；家长也习惯了这些交流方式，觉得直接、简单、明了。这说明传统的家校互动方式还有很大的生存空间。

（三）现行家校互动模式的不足

现在大部分学校实施的家校互动仍属初级模式，仅仅是建立一个网站、开通一个短信或微信平台、设置一个 QQ 群的粗放方式。在网络资源的采集、学生信息的精准提供、家长对学校信息的分类反馈、学生对校方的利益诉求、社会方对"家校互动"的参与度等方面都存在着诸多不足，还有"深耕"的余地。

就很多学校的网站而言，受限于资源收集困难和网站设计外包，无法进一步对网站内容进行细分，互动只表现为在交流版块留言，缺乏实时交互性，使得校方成为信息的单方面发布者。这种单向性的行为，使家长方只能成为信息的被动接受者，而不能积极参与到教育活动中来，让家校双方很难形成一个沟通回路。

短信平台能实现点对点的信息发布，具有及时性的特点。其优点在于学校方能针对每个学生联系到相应的家长，家长能实时收到关于孩子的信息，不像网站那样没有确定的受众方。但仍存在信息发布者单一的缺陷，无法在学校（教师）和家长（学生）之间产生"信息发布—信息接受—信息反馈—信息再接受"这样的闭环，这不便于家校双方的交流。

微信平台和 QQ 群借助于网络，在提供沟通方面有着先天优势。其优点在于平台的大众化，能让广大的家长、学生参与进来。不足在于平台的开放性，使得管理的难度加大，一些组织不当的语言或工作上的失误容易产生信息失真或使负面影响放大，一些不实或过激的言论容易使教师与家长双方产生误解和隔阂，甚至可能导致舆情突发事件。

三、基于互联网的五位一体家校互动新模式

（一）新模式的理论基础

1．模式理论

模式是指事物的标准样式，它表示的是一种方式、方法和手段，讲究突出、

新颖、不落俗套。

2. 社会互动理论

群体活动和社会过程是由互为条件和结果的社会行动为基础的，相关双方相互采取社会行动时就形成了社会互动。社会互动也称为社会相互作用或社会交往，它是个体对他人采取社会行动和对方采取反应性社会行动的过程，与此同时，我们不断地意识到我们的行动对别人的效果，而别人的期望也影响着我们自己的大多数行为。它是发生于个体之间、群体之间、个体与群体之间的相互的社会行动的过程。

本文所提出的五位一体的家校互动新模式是从事物的本质出发，以互联网作为支撑点，通过多种现代化信息交流方式，将学校、教师、家长、学生、社会有机地连接在一起，形成学校为主导方、教师为主控方、家长为实施方、学生为参与方、社会为服务方的有效沟通机制，形成信息传播与交流的有效回路和完美闭环。

（二）基于互联网的五位一体家校互动新模式的实施

1. 学校层面

学校作为家校互动的主导方，是家校互动活动的核心组织者和规划者。它与教师方是管理者与被管理者的关系，与家长方是双向交流关系，与学生是教育者与被教育者的关系，和参与家校互动的企业方是雇佣与被雇佣的关系。综上所述，校方在家校互动中起着决定性的作用。

学校主要承担着前期规划与后期整理性的工作。前期规划包括家校互动整体框架的设计（含章程），家校互动实施细则的拟定，家校互动机构的设置与人员安排，教育、教学、信息、总务等诸多部门的工作协调，社会服务方的考察、分析、引进，等。

具体的实施思路是：一要"搭好台"，即以信息部门为龙头，以科室、学生资料为基石，以互联网企业为依托，建设好本校的网络平台。网站不再局限于学校信息的发布平台，而应成为信息双向交流、论坛与微博并存的信息交互平台，也应成为教育教学信息查询、学生业务办理的便利性平台，更应是教学资源共享、远程网络教育的学习平台。这种综合性网络平台建设比较困难，主要困难在于达成远景目标所需的条件与现有资金、技术力量有较大距离差。但校方必须清醒地意识到，系统、全面、缜密的网站建设虽然艰难，但比"小打小闹"的"千人一面"网站要实用，比修修补补的"填充式"网站要完善。众多的网站建设案例表明，一步到位的网站比模板性网站和修补性网站，最终花费要少得多。

二要"唱好戏"，即在建设好网络平台的基础上，不断充实信息资源，将视频、微课、图片、音频、文字等各种信息化资源利用起来，丰富家校互动接口。可以对家长群体和学生群体进行认知定位、"市场细分"，即区别不同家长和学生的利益需求，划分不同专题、不同层次的交流渠道，改泛性教育为个性化教育，提高家长与学生的认同度。

2．教师层面

教师是家校互动的主控方，根据其所承担的教育教学内容划分为班主任和任课教师两个角色。其中，班主任主抓班级建设与管理，是班级德育工作的第一人；任课教师主要担任课程教学工作，在教学活动中渗透德育工作，贯彻立德树人根本任务。两者在人员组成上存在着重叠，即担任班主任的教师同时也承担课程教学任务。很多学校又在班级管理层面设置了副班主任、辅导员等职务，由任课教师担任，协助班主任做好日常班级管理工作。因此，在教师层面，班主任与任课教师存在着一定的互通性。

班主任在负责班级日常管理的同时，要注重与各位家长沟通交流。双方信息交流的方式中，基于传统模式的电话联系、短信通知、面谈和家访等，要区分不同情况进行。如学生入校、离校、自习、就寝等日常情况，只需家长知晓，可采用短信通知；学生的成绩情况也可通过短信平台告知家长；关于学生事假、病假以及违纪问题可采用电话联系的方式；当学生存在严重违纪情况时就需要采用面谈或家访的方式进行家校之间的沟通。

班主任应将互联网技术引入到家校互动中。组建班级家长的 QQ 群和微信群，及时提供各类信息，如：学校组织的各项大型集体活动，各类省、市、校级竞赛活动，班级组织的学习、文娱、体育活动，费用的上缴与退、补，困难补助和助学金的政策与发放情况，等。

班主任在组建和管理班级家长 QQ 群和微信群时，要遵守国家的有关法律法规，强化群管理，自己不发布虚假、违法或不实的信息，并避免群内散发此类消息，而应以正面信息为主，将群建设成为传播正能量的舆论阵地。

任课老师应与班主任一起做好班级 QQ 群和微信群的建设。作为教师群体的重要组成部分，任课老师应通过熟练掌握的多媒体技术，推送反映班级情况和学生生活的图片、音频、视频，让家长了解孩子的情况；可利用 QQ 的群活动、视频电话功能拉近与家长之间的距离；通过群投票的方式民主地决定班级的一些活动，让家长们有更大的热情加入班级建设中来。

3. 家长层面

家长是家校互动的实施方。现实中，家长在家校互动活动里扮演着被动接受者的角色，往往要等到学校和教师通知要求家长配合完成某件事或到校时，他们才姗姗出现。作为教育者的教师对于不少家长的延迟行为十分头疼，而校方对此也无能为力。而事实上，正是旧有家校互动模式存在的弊端，造成了这种家校联系不畅通的情况。

以家长会为例，其传统形式往往是：先由学校领导就全校性工作进行宣读，再由科室领导就本部门工作进行阐述，然后由班主任就班级整体情况进行总结，任课老师就学科情况进行分析，最终以表彰先进结束。整套流程成为校方和教师的一言堂，家长只是信息传播的接受者，很难发表个人的看法和建议。而且这种校方和教师方的信息传播活动是针对全体家长的，并不是针对某一个家长或学生的。因此，这样的信息传播具有广泛性，不是点对点的，缺乏个性，家长参与的热情不够高。

站在学校层面，从宏观角度来看，家长群体是全校学生父母及亲属的集合体，家校交流的方式是群体信息传播者—群体信息接收者，这是一种泛众结构模型，不能采取点对点的信息交互模型无可厚非。但从教师的角度出发，就不能采用这种方式，应尽可能地采用点对点、个性化的信息交互模型，针对每个学生和每个家长设定好交流的主题，及时接受对方的信息反馈，优化交流策略，对班级工作和个人教育教学进行调整，跟进双方的交流进度，提升交流效果。

每一个学生家长都有自己的核心利益诉求——自己的孩子！他的学习、他的生活、他的健康、他的就业……这一切就是与每个家长休戚相关的、家长关心的主话题。一个学生对于学校而言只是几千分之一，对于班级而言只是几十分之一，而对于一个家长而言是他生命中不可割舍的部分，甚至是全部！因此学校方应对家长群体进行细分，尽量满足不同类型的家长群体的需求。作为教师方，班主任和任课教师应一起做好每个家长的工作，组织好家委会，建立好家长学校，让家长们因自己孩子能更加健康、快乐、优秀地成长而融入学生管理和班级管理，让他们成为教育的主动方，搭建优质的家庭教育与学校教育双平台，补齐以前家庭教育的短板。

4. 学生层面

学生是家校互动的参与者。学生作为接受教育的一方，受到学校、教师、家长的联合教育，他既是教育的载体，也是家校互动的特定对象，还是教师与家长间信息交流的关键节点。学生教育成功与否是检验家校互动是否合理、有效的主要标志。

学生在家校互动中应成为能动的主体。他们能通过学校网站了解校内的各件大事，能通过网络平台的开放性资源进行自主学习，能与好友一起创建自己感兴趣的论坛，能在微博中畅谈学校生活的点点滴滴，能在班级 QQ 群和微信群中发表自己学习的感悟和对班级管理创造性的建议……

学生是教师与家长双方联系的纽带，在教育事件背后充当着说明者和辩白者的角色，他们对学习进步和生活质量提高也有自己的利益诉求。校方、教师和家长要认真倾听他们的意见，合理的要采纳，不合理的要说明不能实施的理由，让学生心悦诚服。

5. 社会层面

社会层面是服务方。无论是学校网站的建设与维护，还是点对点信息平台的搭建与提升，都不是学校一个信息部门可以解决的。面对高速发展的互联网科技，学校层面的技术力量已力不从心，需要借助社会力量，从社会尤其是互联网企业获取技术支持。

在线教育如今成为一个热门话题，不少互联网企业看中教育板块的巨大潜力，纷纷加入在线教育大军当中。他们倡导的 K-12 模式，涵盖了小学、初中、高中的网络教学资源，既针对学校、学生、家长提供教育信息综合运用服务，还以中职为对象，根据不同专业技术提供实践性综合教育服务。这些企业将互联网信息技术融入教育活动与交流当中，服务于教育领域，拓展了原有信息平台的服务内容，解决了学校面临的困难，成为家校互动中不可或缺的坚实力量。

四、结束语

综上所述，在科学技术不断进步的今天，家校之间的深度融合与内涵合作已成为教育领域改革与创新的重要内容，家校互动业已成为多方合作、共同发力，促进青少年健康成长的有力保障。只有意识到家校互动对我国新时代教育教改的重大意义，才能促成学校、教师、家长、学生、社会有机地联系在一起，在共同利益目标的驱动下，以互联网及相关技术为支撑，形成一个信息高效传播、沟通毫无障碍、反馈互动及时、满足各方面需求的五位一体家校互动新模式。

[本文发表于《科学咨询（科技管理）》2020年第 8 期，本书收录时有修改]